REDACCIÓN

REDACCIÓN

ANA MARÍA MAQUEO

LIMUSA
NORIEGA EDITORES
MÉXICO • España • Venezuela • Colombia

Dᴇʀᴇᴄʜᴏs ʀᴇsᴇʀᴠᴀᴅᴏs:

© 1998, EDITORIAL LIMUSA, S.A. ᴅᴇ C.V.
GRUPO NORIEGA EDITORES
Bᴀʟᴅᴇʀᴀs 95, Méxɪᴄᴏ, D.F.
C.P. 06040
☎ 521-21-05
01(800) 7-06-91
🖷 512-29-03
🖳 cnoriega@mail.internet.com.mx

CANIEM Núᴍ. 121

Dᴇᴄɪᴍᴏséᴘᴛɪᴍᴀ ʀᴇɪᴍᴘʀᴇsɪóɴ

Hᴇᴄʜᴏ ᴇɴ Méxɪᴄᴏ
ISBN 968-18-2078-9

QUÉ ES LA REDACCIÓN

¿Cuántas veces creemos, sentimos, que lo que estamos escribiendo no manifiesta con toda precisión lo que pensamos? Tenemos clara una idea, sabemos que deseamos transmitirla y, sin embargo, en ocasiones no resulta fácil hacerlo: no sabemos redactar.

De la redacción —la expresión escrita de nuestras ideas, pensamientos, sentimientos— depende en gran medida la comunicación. Si ésta no es completa, clara y precisa, da lugar a la incomprensión, en nuestro caso de un escrito; a la elección de palabras inadecuadas; al empleo de formas gramaticales erróneas, etc.

El lenguaje —oral o escrito— constituye nuestro medio de comunicación por excelencia. El lenguaje se halla relacionado con todas nuestras actividades. De nuestra capacidad para redactar una pequeña nota, un recado o cualquier tipo de escrito, podrían depender muchas cosas: conseguir un empleo, una beca, por ejemplo. Nuestra forma de usar el lenguaje es una especie de tarjeta de presentación: habla sobre nosotros, dice quiénes somos y cómo somos.

Del conocimiento y manejo del lenguaje depende, entonces, el logro de una buena comunicación, esencial en toda actividad humana: social, política, económica, personal.

CÓMO SE "APRENDE" A REDACTAR

Una buena redacción es el resultado, por una parte, del conocimiento de la lengua y, por la otra, de la práctica.

Si queremos aprender a escribir, hay que escribir. Escribir mucho. Observar cuidadosamente, ordenar nuestros pensamientos y expresarlos por escrito.

La lectura es, sin duda alguna, otro de los caminos para llegar a la escritura. Contribuye a enriquecer nuestra visión del mundo, a esclarecer nuestras ideas, a conformar nuestro pensamiento; nos familiariza, además, con las formas gramaticales y léxicas propias de nuestro idioma.

Vamos, pues, a leer y escribir.

REDACCIÓN Y GRAMÁTICA

Hablamos líneas arriba del conocimiento de la lengua. Con esto no se quiere decir que hay que ser un especialista de la ciencia del lenguaje o un gran conocedor de la gramática para poder redactar con propiedad y corrección. Significa, más bien, que tendremos que acercarnos a la revisión de ciertos conceptos gramaticales básicos cuyo conocimiento nos permitirá escribir mejor.

No podemos ignorar que todas las actividades humanas, todas las ciencias y disciplinas siguen un orden preestablecido, están apoyadas en normas; esto es, están reglamentadas. El lenguaje no es una excepción. A la formulación de un enunciado cualquiera subyace un conjunto de reglas que todos los hablantes conocemos y compartimos. A la existencia de esas reglas se debe, precisamente, el que todos los miembros de una comunidad puedan utilizar la misma lengua y, cuando lo hacen, se comprenden unos a otros.

Ahora bien, hemos dicho ya que la redacción debe ser clara y precisa. Para lograrlo deberemos acercarnos al conocimiento de ciertos aspectos gramaticales que nos serán de gran utilidad y sin los cuales parece improbable llegar a alcanzar un buen dominio de la lengua escrita.

Por supuesto éste no es, no pretende ser, un manual de gramática. Aquí se incluirán únicamente aquellos conceptos básicos o necesarios para nuestros fines; se dará énfasis a los aspectos que en términos generales se consideran como fuente de problemas.

CÓMO ES EL MANUAL

Para fines prácticos el Manual se ha dividido en tres partes: **la palabra, el párrafo** y **el escrito.** Las dos primeras combinan la revisión de aspectos gramaticales con la práctica de la escritura. En la tercera, síntesis y continuación de las anteriores, se proponen diversas clases de ejercicios de redacción.

Al final del Manual (página 265), se encuentra la sección de COMPROBACIONES. En ella se dan, siempre que es posible, las respuestas de los ejercicios, con el objeto de facilitar el manejo del texto. Permitir al alumno que compruebe por sí mismo sus aciertos o sus fallas, hace posible que pueda ir avanzando en forma gradual y que reconozca, particularmente en lo relativo a la gramática, los conceptos que debe reforzar.

El Manual contiene también su correspondiente ÍNDICE y una BIBLIOGRAFÍA. En ella se incluyen exclusivamente las obras citadas en este libro.

CONTENIDO

Qué es la redacción   5
Cómo se "aprende" a redactar   5
Redacción y gramática   6
Cómo es el manual   6

PRIMERA PARTE
La palabra   11

1
Los signos de puntuación   13
El punto   13
La coma   15

2
El punto y coma   27
Los dos puntos   31
El paréntesis   35

3
El guión largo   39
El guión   40
Los puntos suspensivos   41
Los signos de interrogación   42
Los signos de admiración   43
Las comillas   44

4
Nociones gramaticales   47
El sustantivo   47

5
El adjetivo   53
Colocación del adjetivo   53
Concordancia del adjetivo   54
Los antónimos   58

6

El verbo 61
Concordancia del verbo 62
El adverbio 64
Adverbios en mente 65
Abuso de adverbios en mente 66
Los verboides 67
El gerundio 68
Gerundio modal 68
Gerundio explicativo 70
Gerundio condicional 71
Gerundio causal 72

7

Pronombres personales (lo-le) 75
El objeto directo 76
El objeto indirecto 77
Abuso de ciertos pronombres 82
Su-sus 83
Abuso de ciertas palabras 85
Cosa-algo 85
Abuso de ciertos verbos 87

8

La oración simple 95
El sujeto 97
Estructura del sujeto 98
Infinitivo como sujeto 99
Estructura del predicado 100
Elementos de enlace 101

SEGUNDA PARTE
El párrafo 109

9

Estructura de la oración (núcleos, modificadores y nexos) 111
Modificadores del sujeto 112
Aposición de sustantivo 114
Oraciones adjetivas 114
Que/el cual 119
Cuyo 121
El párrafo 122

10

La oración compleja 127
Oraciones adverbiales 128
Oraciones circunstanciales 129
Oraciones cuantitativas 131
Oraciones causativas 133
Redacción de párrafos 137

11

Funciones del sustantivo 139
Oraciones sustantivas 139
Características del párrafo 142
Redacción de párrafos 143

12

La voz pasiva 149
Formas sustitutas de pasiva 150
Oración sustantiva agente 152
Cualidades del párrafo 153
La claridad 155

13

La oración compuesta (oraciones coordinadas) 161
Sino-si no 162
Que-de que 164
La exactitud 166
Desorden de las ideas (oraciones incompletas) 170

14

La sencillez 177
Sencillez: las palabras 178
Sencillez: la forma 179

15

Vicios del lenguaje 187
Barbarismos 187
Solecismo 188
Cacofonía 192
Anfibología 193
Pobreza del vocabulario 196

TERCERA PARTE
El escrito 205

16
La descripción 207
Características de una descripción 208
La narración 210
Clases de narración 212

17
Descripción-narración 215

18
La exposición 227
El resumen 228

19
Investigación y análisis 247
Análisis 250

Bibliografía 263

Comprobaciones 265

PRIMERA PARTE:
LA PALABRA

En esta sección compuesta por ocho lecciones, vamos a trabajar las palabras. Por palabra entenderemos aquí una categoría gramatical o una forma de expresión. A lo largo de estas lecciones veremos, pues, la función o el significado de las palabras. Se inicia esta parte con tres lecciones sobre los signos de puntuación. En seguida, se procede a una revisión de los temas que se consideran indispensables. En cada lección se proponen ejercicios de confirmación y práctica.

En cuanto a su extensión, nos hemos fijado la oración como límite para los ejercicios de redacción que se sugieren en esta primera parte.

LOS SIGNOS DE PUNTUACIÓN

Vamos a iniciar nuestro curso de **Redacción** haciendo un repaso del empleo de los signos de puntuación. Este tema lo hemos visto ya en nuestro curso de Ortografía. Sin embargo, dado el carácter vacilante en el uso de los signos de puntuación, nos ha parecido necesario recordarlos y ejercitarlos también en estas lecciones.

Recuerda que la redacción, la ortografía y la puntuación son, en buena medida, resultado de la práctica constante: para aprender a escribir con corrección y fluidez, hay que escribir, escribir y escribir.

EL PUNTO

I. Lee cuidadosamente.

A LA DERIVA

''El hombre pisó algo blanduzco, y en seguida sintió la mordedura en el pie. (1) Saltó adelante, y al volverse, con un juramento, vio una yararacusú que, arrollada sobre sí misma, esperaba otro ataque. (2)

El hombre echó una veloz ojeada a su pie, donde dos gotitas de sangre engrosaban dificultosamente, y sacó el machete de su cintura. (3) La víbora vio la amenaza y hundió más la cabeza en el centro mismo de su espiral; pero el machete cayó de lomo, dislocándole las vértebras.''(4)

HORACIO QUIROGA
*Cuentos**

* Todos los ejemplos que se presentan entre comillas, en esta lección y en la siguiente, corresponden a diferentes cuentos de Horacio Quiroga.

Sabemos que, en muchas ocasiones, el empleo de algunos de los signos de puntuación está en relación con el estilo del que escribe. Sin embargo, es necesario conocer y saber usar las reglas de puntuación.

> Se usa el **punto** al final de una oración. Se llama **punto y seguido** cuando sirve para separar enunciados que se relacionan entre sí. El **punto y aparte** se emplea cuando lo que se dice a continuación ya no está estrechamente relacionado con lo que se decía antes. Al terminar un escrito usamos el **punto final**.

En la lectura hay cuatro puntos. ¿Qué clase de puntos son?

1. _el punto_   3. _punto aparte_
2. _punto y seguido_   4. _punto final_

II. Coloca los puntos que se han suprimido en el texto siguiente. Cambia por una mayúscula la letra que va a continuación del punto.

(7 puntos 6 mayúsculas)

"El dolor en el pie aumentaba, con sensación de tirante abultamiento, y de pronto el hombre sintió dos o tres fulgurantes puntadas que, como relámpagos, habían irradiado desde la herida hasta la mitad de la pantorrilla movía la pierna con dificultad; una metálica sequedad de garganta, seguida de sed quemante, le arrancó un nuevo juramento llegó por fin al rancho y se echó de brazos sobre la rueda de un trapiche los dos puntitos violetas desaparecían ahora en una monstruosa hinchazón del pie entero la piel parecía adelgazada y a punto de ceder, de tensa quiso llamar a su mujer, y la voz se quebró en un ronco arrastre de garganta reseca la sed lo devoraba"

HORACIO QUIROGA
A la deriva
(Comprobación 1)

OBSERVA:

Sr. Lic. Raúl Espinoza García
Depto. de Finanzas y Prestaciones
Srta. Profra. Ma. Elena Robles Sánchez

```
        ┌─────────────────────────────────────────────────┐
        │                                                 │
        │   Usamos **punto** después de las abreviaturas.  │
        │                                                 │
        └─────────────────────────────────────────────────┘
```

III. Agrega los puntos que se han suprimido.

Dra. Ma. de la Luz Contreras P.
Dir. Gral. de Asuntos Laborales
Depto. de Prestaciones
Presente

Anexo envío a Ud. una breve relación de los puntos que se trataron en la reunión de ayer.

Atte.

Lic. José M. Montiel R.

_____ LA COMA

IV. Lee cuidadosamente.

1. Horacio Quiroga es autor de excelentes cuentos:
   A la deriva, La gallina degollada, El almohadón de plumas, En la noche, etc.

2. Los temas que fundamentalmente preocupan a este escritor son: la muerte, el horror, la selva, la anormalidad, la locura.

```
        ┌─────────────────────────────────────────────────┐
        │                                                 │
        │   Se usa **coma** para separar todos los elementos de │
        │   una serie de palabras, excepto el último si éste va │
        │   precedido por alguna de las conjunciones **y, e, ni,** │
        │   **que.**                                       │
        │                                                 │
        └─────────────────────────────────────────────────┘
```

V. Agrega las comas que hagan falta.

1. La crisis actual no es más que el resultado del desorden, la corrupción, la ignorancia y la falta de organización.

2. No es necesario exaltarse ni gritar ni proferir insultos. Se trata más bien de proponer soluciones.

3. Algunas características de una buena redacción son: claridad, precisión, sencillez y adecuación.

4. Para el examen deben traer lápiz, regla, goma, compás, escuadra y tres hojas de papel.

(Comprobación 2)

VI. Lee cuidadosamente.

"Y de pronto, con asombro, enderezó pesadamente la cabeza: se sentía mejor. La pierna le dolía apenas, la sed disminuía, y su pecho, libre ya, se abría en lenta inspiración."

A la deriva

"Vio, reconoció el muro de cinc, y súbitamente recordó todo. El perro negro, el lazo, la inmensa serpiente asiática."

Anaconda

> Se usa **coma** para separar oraciones o frases breves que aparecen seguidas, aunque lleven la conjunción **y**.

VII. Agrega las comas que hagan falta.

1. Regresaron tarde, se prepararon un café, revisaron las ventanas, y se fueron a acostar.

2. El hombre se quedó allí, inmóvil, a la espera, pero nada sucedió.

3. Cuando desperté recordaba el sueño con claridad, lo veía a él, oía sus palabras, sentía la fuerza de sus dedos en mi brazo.

4. Oímos el disparo, pensamos en Jorge, salimos corriendo hacia el patio. Nadie entendía nada, nos empujábamos unos a otros, todos queríamos llegar primero.

(Comprobación 3)

VIII. Lee cuidadosamente.

Quiroga, escritor uruguayo, es una figura importante de la literatura contemporánea. *aposición*

"—¡Soy yo, Alicia, soy yo!"

vocativo

El almohadón de plumas

"—¡Así fue, señor! Estuve dos meses en cama, y ya vio cómo me quedó la pierna. ¡Pero el dolor, señor! Si no es por ésta, no hubiera podido contarle el cuento, señor—concluyó poniéndole la mano en el hombro a su mujer."

En la noche

"—¡Papá, ya me muero! Papá, hazme caso. . .una vez en la vida. ¡No tomes más, papá. . .! Tu hijita. . ."

Los destiladores de naranja

> Se usa **coma** antes y después de un vocativo (la palabra o palabras que se emplean para dirigirse directamente a una persona o para llamar a alguien). Cuando el vocativo va al principio de la oración, lleva la coma después; cuando está intercalado, va entre comas; cuando va al final, la coma se coloca antes.
>
> También va entre comas la aposición del sujeto (palabra o palabras que determinan o aclaran al sustantivo).

IX. Subraya con una línea los vocativos que encuentres en los ejemplos del ejercicio VIII. Con dos líneas, las aposiciones del sujeto.

X. Agrega las comas que hagan falta.

1. Quiero presentarles a Luis, mi hermano mayor.
2. Ven, Carmen, para que hablemos.
3. La Habana, capital de Cuba, es una hermosa ciudad.
4. Licenciado, le ruegan que les diga la verdad.

5. Júpiter, nuestro perro, se escapó ayer de la casa.
6. Es necesario que me escuches, Jorge.

(Comprobación 4)

XI. Lee cuidadosamente.

"El paisaje es agresivo y reina en él un silencio de muerte. Al atardecer, sin embargo, su belleza sombría y calma cobra una majestad única."

A la deriva

Sin embargo

"En ese extraño nido de amor, Alicia pasó todo el otoño. No obstante, había concluido por echar un velo sobre sus antiguos sueños. . ."

El almohadón de plumas

"En fin, siempre a la deriva, mezclado con palos y semillas que parecían tan inmóviles como yo. . ."

En la noche

"Prometíase aquel entonces no abandonar un instante a su compañero, y durante algunas horas, en efecto, la pareja. . ."

El alambre de púas   Entonces *para subrayar algo que así sucedió*

---

expresiones/nexos retóricas

Van entre comas las expresiones:

esto es	es decir	en efecto
por último	no obstante *aunque*	en fin
o sea	finalmente	sin embargo ✓
por ejemplo	tal vez	quizá
además	hasta cierto punto	etc.

XII. Agrega las comas que hagan falta.

1. Es necesario que, además, comenten en voz alta su trabajo.
2. Primero tienes que ir a la biblioteca y a la hemeroteca y, por último, iniciar la redacción del trabajo.   *periódicos/revistas*

3. Es quizá la parte esencial de la exposición.
4. Debemos ser muy reservados es decir no hablar con nadie de este asunto.
5. Jorge puede conseguir el equipo, la herramienta, el instructivo o sea lo más importante para empezar el trabajo.
6. Hasta cierto punto yo coincido con ustedes. Sin embargo no apruebo todo el plan que proponen.
7. Por último nos gustaría señalar algunos detalles de los que no se ha hablado: la falta de cooperación de muchos de ustedes por ejemplo.
8. Creo que en efecto la reunión ha sido útil en muchos sentidos.

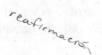

(Comprobación 5)

XIII. Lee cuidadosamente.

"—¡Te pedí caña, no agua! —rugió de nuevo."

A la deriva

"A las nueve en punto corría a la puerta de la calle y recibí yo misma a mi novio. ¡Él, en casa, de visita!"

Más allá

Se pone una **coma** en el lugar de un verbo que se ha suprimido porque se encuentra ya expresado anteriormente y no es necesario repetirlo. Puede también suprimirse por razones de estilo.

XIV. Agrega las comas que hagan falta.

1. Esos artículos parecen interesantes; aquellos aburridos.
2. No podía creer que hubieras venido. Tú aquí conmigo.
3. Pueden visitar dos comunidades por ahora. Las otras el mes entrante.
4. Nosotros tenemos que ir al museo hoy; ellos a la biblioteca.

(Comprobación 6)

XV. Lee cuidadosamente.

continuación

"Fue, pues, corriendo a abrir la puerta, y el hombre, furioso, entró con el revólver en la mano y buscó por todas partes sin hallar nada."

Juan Darién

causal

"¿Me habían salvado, pues? Volví la vista a todos lados, y junto al velador, de pie como yo, lo vi a él. . ."

Más allá

razón

"Fuimos rectamente el uno hacia el otro(. . .) y nada nos dijimos, pues nuestros ojos expresaban toda la felicidad de habernos encontrado."

Más allá

"La mujer se agachó y levantó en las manos un tigrecito de pocos días, pues aún tenía los ojos cerrados."

causal

Juan Darién

---

entonces

Cuando **pues** es una conjunción continuativa (que implica idea de continuación) va **entre comas**. Cuando es causal (expresa causa, razón o motivo) va **precedida por coma**. *porque*

XVI. Agrega las comas que hagan falta.

1. Les digo, pues, que esto es innecesario.
2. Dijeron que no vendrían, pues no tenían interés en este asunto.
3. Es importante, pues, que todos participen.
4. Debe haber sido bastante tarde, pues ya no se veía ninguna luz.
5. La mujer se quedó callada, pues sabía que si hablaba iba a cometer una equivocación.

(Comprobación 7)

XVII. Lee cuidadosamente.

". . .Luis y yo veíamoslo todo en una perspectiva nítida, pero remotamente fría y sin pasión."

Más allá

"Iba y venía de un cuarto a otro, asistiendo sin interés alguno al movimiento de mi familia, aunque alguna vez me detuve en la puerta del comedor. . ."

Más allá

Antes de las conjunciones adversativas (pero, sino, mas, aunque) suele ponerse una **coma**.
Sin embargo

XVIII. Agrega las comas que hagan falta.

1. Me gustaría mucho ir a ese viaje, pero no creo tener suficiente dinero.
2. No es indispensable que leas los tres volúmenes, sino que elijas lo que es importante para tu trabajo.
3. Ellos piensan abrir el negocio en sociedad, aunque todavía no saben cuándo.
4. Se hicieron muchos planes, se habló mucho del asunto, mas no se tomó en cuenta el problema del clima.

(Comprobación 8)

XIX. Lee cuidadosamente.

"En ese extraño nido de amor, Alicia pasó todo el otoño."

El almohadón de plumas

"Sólo cuando un grito más alto, un verdadero clamor de tortura rompía la noche, las manos de la mujer se desprendían a medias del remo."

soltaban

En la noche

"Con sólo unos días de descanso, con unas horas nada más, se curaría."

El desierto

Cuando se invierte el orden SVC (Sujeto + verbo + complemento), suele usarse una **coma**. Lo mismo cuando se cambia el orden de las oraciones.

XX. Cambia el orden SVC. Usa una coma cuando sea necesario.

1. Se encaminaron hacia el río lenta y silenciosamente.

_____

2. Nos quedamos allí acompañándola hasta el amanecer.

   Acompañándola hasta el amanecer, nos quedamos allí

3. Lo ayudaron todos sus vecinos cada uno en la medida de sus posibilidades.

   Cada uno de sus vecinos en la medida de sus posibilidades, lo
   *   ayudaron,*

4. No volvieron a pasar por aquí desde aquel día.

   Desde aquel día, _____

(Comprobación 9)

XXI. Cambia el orden de las siguientes oraciones. Usa una coma para separarlas.

Ejemplo: Los perros no ladran si no los molestan.
         Si no los molestan, los perros no ladran.

1. Te llamaremos en cuanto esté todo listo.

_____

2. Nos van a prestar esos artículos si tienen tiempo para buscarlos.

_____

3. Luisa no compraría esa blusa aunque tuviera el dinero.

_____

4. Tratan de practicar inglés siempre que tienen la oportunidad.

_____

(Comprobación 10)

XXII. Lee cuidadosamente.

"Los peones, **que lo vieron caer,** lo llevaron aprisa al rancho. . ."

La insolación

Observa que la oración en negritas va entre comas. Es una oración **explicativa** que nos dice que todos los peones vieron la caída del hombre. Ahora bien, si quitamos las comas, cambia el significado.

OBSERVA:

Los peones **que lo vieron caer** lo llevaron aprisa al rancho.

En este caso la oración en negritas, al no llevar comas, se vuelve una oración **especificativa** y significa que sólo algunos peones vieron caer al hombre y lo llevaron al rancho.

XXIII. Lee cuidadosamente.

A 1. El hombre que estaba furioso golpeó a un policía.

B 1. El hombre, que estaba furioso, golpeó a un policía.

2. Los estudiantes que exigían justicia se reunieron para discutir la situación.

2. Los estudiantes, que exigían justicia, se reunieron para discutir la situación.

En las oraciones A 1 y A 2 se informa cuál hombre y cuáles estudiantes. En las oraciones B 1 y B 2 se nos dice cómo estaban el hombre y los estudiantes (todos los estudiantes).

Van **entre comas** las oraciones de relativo, cuando son explicativas.

XXIV. Agrega las comas necesarias para volver explicativas las oraciones especificativas que aparecen en los ejemplos siguientes.

1. Los animales que sirven para los experimentos están en las jaulas del laboratorio.
2. El señor que fue agredido por esos muchachos está presentando una denuncia.
3. Los empleados que no estaban de acuerdo con las decisiones tomadas, se pusieron de pie y se fueron.
4. Los abogados que no saben nada sobre ese asunto, no están entendiendo una palabra.

(Comprobación 11)

XXV. Lee cuidadosamente.

A 1. La obra de Horacio Quiroga, dijo el orador, representa una visión peculiar del mundo latinoamericano.

2. Sin embargo, opinó un alumno, también tiene un valor universal.

B   1.   "La joven, con los ojos desmesuradamente abiertos, no hacía sino mirar la alfombra a uno y a otro lado del respaldo de la cama."

El almohadón de plumas

  2.   "El sol había caído ya cuando el hombre, semitendido en el fondo de la canoa, tuvo un violento escalofrío."

A la deriva

Cuando se interrumpe una oración,

- para citar al autor, indicar la obra o indicar el sujeto (A 1, A 2),
- para insertar otras palabras (oración o frase) con las cuales se amplía o se aclara lo que se dice (B 1, B 2),

las palabras que suspenden momentáneamente lo que se comunica van **entre comas**.

XXVI. Agrega las comas que hagan falta.

1. La verdad dijo la maestra han estudiado poco.
2. Las olas que en esa región alcanzan gran fuerza asustaron mucho a los niños.
3. La deuda externa que tiene graves repercusiones en nuestra economía es un serio problema nacional.
4. Todos nosotros aseguró el licenciado debemos participar activamente.
5. Los campesinos con gran atención y seriedad escucharon las palabras de sus líderes.

(Comprobación 12)

XXVII. Lee cuidadosamente.

Ya sea que leas novelas, ya que leas ensayo, es conveniente que te acerques a la literatura.

Unas veces participan activamente, otras con su opinión y estudio, pero siempre están involucrados en la problemática nacional.

Cuando las expresiones ya. . .ya, unas veces. . . otras veces, ora. . .ora, bien. . .bien, etc., van acompañadas de otras palabras, usamos **coma** entre cada oración y al final de la segunda.

XXVIII. Agrega las comas que hagan falta.

1. Ya dices una cosa ya dices otra lo cierto es que no te ves muy firme en tus opiniones.
2. Unas veces dicen que van a trabajar otras que a estudiar la realidad es que están desorientados.
3. Ora piensas una cosa ora otra por eso pareces tan inseguro.

(Comprobación 13)

XXIX. Vamos ahora a leer con atención una parte del cuento *A la deriva*. Deliberadamente se han omitido en él todas las comas. Trata de colocarlas.

(33 comas)

Recuerda que, en muchas ocasiones, la puntuación es sólo cuestión de estilo. Es conveniente, entonces, que comentes en grupo, con tus compañeros y maestro, aquellos usos que no te parezcan claros. La puntuación también varía de acuerdo con la época. Horacio Quiroga (1878-1937) es un escritor uruguayo de principios de siglo.

A LA DERIVA

El hombre pisó algo blanduzco y en seguida sintió la mordedura en el pie. Saltó adelante y al volverse con un juramento vio a una yararacusú que arrollada sobre sí misma esperaba otro ataque.

El hombre echó una veloz ojeada a su pie donde dos gotitas de sangre engrosaban dificultosamente y sacó el machete de la cintura. La víbora vio la amenaza y hundió más la cabeza en el centro mismo de su espiral; pero el machete cayó de plano dislocándole las vértebras.

El hombre se bajó hasta la mordedura quitó las gotitas de sangre y durante un instante contempló. Un dolor agudo nacía de los dos puntitos violeta y comenzaba a invadir todo el pie. Apresuradamente se ligó el tobillo con su pañuelo y siguió por la picada hacia su rancho.

El dolor en el pie aumentaba con sensación de tirante abultamiento y de pronto el hombre sintió dos o tres fulgurantes puntadas que como relámpagos habían irradiado desde la herida hasta la mitad de la pantorrilla. Movía la pierna con dificultad; una metálica sequedad de garganta seguida de sed quemante le arrancó un nuevo juramento.

Llegó por fin al rancho y se echó de brazos sobre la rueda de un trapiche. Los dos puntitos violetas desaparecían ahora en una monstruosa hinchazón del pie entero. La piel parecía adelgazada y a punto de ceder de tensa. Quiso llamar a su mujer y la voz se quebró en un ronco arrastre de garganta reseca. La sed lo devoraba.

—¡Dorotea! —alcanzó a lanzar en un estertor—. ¡Dame caña!

Su mujer corrió con un vaso lleno que el hombre sorbió en tres tragos. Pero no había sentido gusto alguno.

—¡Te pedí caña no agua! —rugió de nuevo—. ¡Dame caña!

—¡Pero es caña Paulino! —protestó la mujer espantada.

—¡No me diste agua! ¡Quiero caña te digo!

La mujer corrió otra vez volviendo con la damajuana. El hombre tragó uno tras otro dos vasos pero no sintió nada en la garganta.

—Bueno; esto se pone feo —murmuró entonces mirando su pie lívido y ya con lustre gangrenoso. Sobre la honda ligadura del pañuelo la carne desbordaba como una monstruosa morcilla.

Los dolores fulgurantes se sucedían en continuos relampagueos y llegaban ahora hasta la ingle. La atroz sequedad de garganta que el aliento parecía caldear más aumentaba a la par. Cuando pretendió incorporarse un fulminante vómito lo mantuvo medio minuto con la frente apoyada en la rueda de palo.

Pero el hombre no quería morir y descendiendo hasta la costa subió a su canoa. Sentóse en la popa y comenzó a palear hasta el centro del Paraná. Allí la corriente del río que en las inmediaciones del Iguazú corre seis millas lo llevaría antes de cinco horas a Tacurú-Pacú.

(Comprobación 14)

EL PUNTO Y COMA

I. Lee cuidadosamente.

"Pero no quería dormirse sin conocer algún pormenor; y allí en la oscuridad y ante el mismo río del cual no veíamos sino la orilla tibia,. . ."

En la noche

"Llegaron por fin a Santa Ana; ninguno de los pobladores de la costa tenía ají macho."

En la noche

En el texto que acabas de leer observa con atención el uso del punto y coma. Fíjate que se usa para separar frases y oraciones de alguna extensión que se refieren al mismo asunto, pero que todas juntas forman parte de una sola cláusula; en otras palabras, están relacionadas con el pensamiento principal.

> Usamos **punto y coma** para separar oraciones o frases largas y complejas.

II. En los siguientes ejemplos, tomados de los cuentos de Quiroga, se ha omitido deliberadamente el punto y coma. Lee los textos varias veces hasta que puedas colocarlos.

1. "Es la ley fatal, aceptada y prevista tanto que solemos dejarnos llevar placenteramente por la imaginación a ese momento supremo entre todos, en que lanzamos el último suspiro."
2. "Luis volvió a la mañana siguiente salimos juntos, hablamos como

nunca antes lo habíamos hecho, y como lo hicimos en las noches subsiguientes."

3. "No alcanza a ver más, pero sabe muy bien que a sus espaldas está el camino al puerto nuevo y que en la dirección de su cabeza, allá abajo, yace en el fondo del valle el Paraná dormido como un lago."

4. ". . .y de pronto volvió en sí se halló en distinto paraje había caminado media cuadra sin darse cuenta de nada."

5. "Sensación de agua helada, escalofrío de toda la médula nada de esto alcanza a dar la impresión de un espectáculo de semejante naturaleza."

6. "La lluvia había cesado la paz reinaba afuera."

(Comprobación 15)

III. Observa los siguientes pares de oraciones.

"Pero la mirada de los idiotas se había animado; una misma luz insistente estaba fija en sus pupilas."

Pero la mirada de los idiotas se había animado. Una misma luz insistente estaba fija en sus pupilas.

—o—o—o—o—

"Con qué fuerzas, que estaban agotadas; con qué increíble tensión de sus últimos nervios vitales pudo sostener aquella lucha de pesadilla. . ."

Con qué fuerzas, que estaban agotadas. Con qué increíble tensión de sus últimos nervios vitales pudo sostener aquella lucha de pesadilla. . .

Habrás notado que la diferencia entre el uso del **punto y seguido** y el **punto y coma** es mínima. En muchas ocasiones es simplemente cuestión de estilo.

IV. Vuelve a escribir los siguientes ejemplos cambiando el punto y coma por punto y seguido.

1. "No han pasado dos segundos: el sol está exactamente a la misma altura; las sombras no han avanzado un milímetro."

2. "Alguien silba. . . No puede ver, porque está de espaldas al camino; mas siente resonar en el puentecillo los pasos del caballo."

3. "Lo ve perfectamente; sabe que no se atreve a doblar la esquina del alambrado, porque él está echado casi al pie del poste."

4. "Lo distingue muy bien; y ve los hilos oscuros de sudor que arrancan de la cruz y el anca."

V. Lee con atención.

"He olvidado decir que mi novio me visitaba entonces todas las noches; pero pasábamos casi todo el tiempo sin hablar."

Más allá

"No puede ver, porque está de espaldas al camino; mas siente resonar en el puentecillo los pasos del caballo."

El hombre muerto

> Se usa **punto y coma** antes de las conjunciones adversativas (pero, aunque, sino, sin embargo, etc.) cuando separan oraciones de alguna extensión.

RECUERDA:

Cuando se trata de oraciones cortas, usamos **coma** antes de las conjunciones adversativas.

VI. Usa coma o punto y coma según se requiera.

1. ". . .surgían de su camisa el puño y la mitad de la hoja del machete pero el resto no se veía."

2. Es necesario asistir a las reuniones de los alumnos aunque sólo sea por estar informados.

3. "El Horqueta daba aún paso cuando Subercasaux se decidió a salir pero en su estado, no se atrevía a recorrer a caballo tal distancia."

4. No parece que hayan estudiado mucho pero sí tienen una idea general.

5. ''Neuwied aprovechó el instante para hundir los colmillos en el vientre del animal mas también en ese momento llegaban sobre ellos los hombres.''

6. No conviene que leas por ahora toda la bibliografía sino los capítulos necesarios para hacer el trabajo.

(Comprobación 16)

VII. Lee con atención.

''Poco a poco la pareja aumentó con la llegada de los otros compañeros: **Dick,** el taciturno preferido; **Prince,** cuyo labio superior, partido por un coatí, dejaba ver dos dientes, e **Isondú,** de nombre indígena.''

La insolación

''Asistían Cipó, de un hermoso verde y gran cazadora de pájaros; Radinea, pequeña y oscura, que no abandona jamás los charcos; Boipeva, cuya característica es achatarse completamente contra el suelo apenas se siente amenazada; Trigémina, culebra de coral, muy fina de cuerpo, como sus compañeras arborícolas; y por último, Esculapia, también de coral. . .''

Anaconda

RECUERDA:

Usamos **coma** para separar los elementos de una serie o enumeración, cuando se trata de palabras o de oraciones y frases cortas. Así, por ejemplo, los textos anteriores podrían reescribirse de la manera siguiente:

Poco a poco la pareja aumentó con la llegada de otros compañeros: **Dick, Prince** e **Isondú.**

Asistían Cipó, Radinea, Boipeva, Trigémina y Esculapia.

> Usamos **punto y coma** para separar las frases u oraciones que constituyen una enumeración, excepto la última de la serie que se separa con una **coma.**

OBSERVA:

Para elaborar un trabajo de investigación se debe:

a) hacer un esquema del trabajo;
b) formular la o las hipótesis que se van a probar;
c) plantear la metodología que se va a seguir;
d) desarrollar cada uno de los aspectos de la investigación, etc.

> Usamos **punto y coma** cuando enumeramos los diversos incisos de un escrito legal, técnico, científico, etc.

VIII. Agrega los punto y comas que hagan falta.

1. Para redactar bien un escrito es conveniente tener claras las ideas que se desee expresar elegir el lenguaje preciso evitar las palabras rebuscadas o repetitivas y emplear los criterios formales necesarios.

2. Fueron pocas personas a la reunión: Rosa, la secretaria de la dirección el licenciado Juárez, entusiasta como siempre algunos alumnos de segundo año y un solo alumno de tercero: Raúl Contreras.

(Comprobación 17)

LOS DOS PUNTOS

IX. Lee con atención.

"Alcanzó a oír una dulce voz que decía:
—Papá, estoy un poco descompuesta. . ."

"Oyó todavía una voz de ultratumba:
—¡No tomes más, papá. . .!"

"Korner, el dueño del obraje (. . .) la emprendía con él:
—¡Usted, y sólo usted, tiene la culpa de estas cosas."

Observa en los fragmentos anteriores el uso de los dos puntos. Fíjate que se colocan antes de escribir lo que otra persona dice, asegura, piensa, responde, etc.

> Usamos **dos puntos** antes de citar textualmente las palabras de otra persona.

X. Agrega dos puntos cuando hagan falta.

1. "El hombre resiste —¡es tan imprevisto ese horror! Y piensa Es una pesadilla; ¡esto es! ¿Qué ha cambiado? Nada. Y mira ¿No es acaso ese bananal su bananal?"

2. "Y la mujer dijo
   —Podríamos llevar a Posadas el tabaco que tenemos. . ."

3. "¿Te duele mucho? —agregó ella, al ver su gesto, y él, con los dientes apretados
   —De un modo bárbaro."

4. "—No grites. . . —murmuró.
   —¡No puedo! —clamó él—. ¡Es demasiado sufrimiento!
   Ella sollozaba
   —¡Ya sé. . .! ¡Comprendo! . . .Pero no grites. . . ¡No puedo remar!
   Y él
   —Comprendo también. . . ¡Pero no puedo! ¡ay!"

(Comprobación 18)

XI. Lee con atención.

"Y a un segundo esfuerzo para incorporarse, se le erizó el cabello de terror: no había podido ni aun moverse."

"El Congreso quedó un instante pendiente de la narración de Cruzada que tuvo que contarlo todo: el encuentro con el perro, el lazo del hombre de lentes oscuros, el magnífico plan de Hamadrías. . ."

"El griego tenía razón: una cosa es el Paraná bajo o normal, y otra muy distinta con las aguas hinchadas."

Observa con atención el uso de los **dos puntos** en los fragmentos que acabas de leer. Fíjate que lo que viene en seguida de los dos puntos es una explicación de lo anterior.

> Usamos **dos puntos** cuando la segunda oración es una explicación, resumen o consecuencia de la anterior.

XII. Agrega los dos puntos que se han omitido en los siguientes ejemplos.

1. "Y el peligro está en esto, precisamente en salir de un agua muerta para chocar, a veces en ángulo recto, contra una correntada que pasa como un infierno."

2. "Pero cuando ya, a la vista de Santa Ana, se disponían a atracar para pasar la noche, al pisar el barro, el hombre lanzó un juramento y saltó a la canoa más arriba del talón sobre el tendón de aquiles, un agujero negruzco, de bordes lívidos y ya abultados, denunciaba el aguijón de una raya."

3. "No pensaba, no oía, no sentía remaba."

4. "Todo en vano no podíamos mirarnos ya."

5. "Bruscamente, acaban de resolverse para el hombre tendido las divagaciones a largo plazo Se está muriendo."

6. "El ex hombre conservaba sin embargo un último pudor no bebía en presencia de su hija."

(Comprobación 19)

XIII. Lee cuidadosamente.

lista   cricket
escorpion
"Avanzan devorando todo lo que encuentran a su paso: arañas, grillos, alacranes, sapos, víboras. . ."

". . .la extenuación de la mujer y sus manos que mojaban el puño del remo de sangre y agua serosa; todo: río, noche y miseria la empujaban hacia atrás."
una lista

". . .nunca podría averiguar si el alumno había sido antes lo que él temía: esto es, un animal salvaje."
explicación

Al observar el uso de los **dos puntos** en los ejemplos anteriores, ya habrás advertido que se usan antes de hacer una enumeración.

> Los **dos puntos** se usan antes de una enumeración y después de expresiones como: por ejemplo, los siguientes, como sigue, son, a saber, esto es, etc., que en ocasiones introducen también una enumeración.

XIV. Agrega dos puntos donde haga falta.

1. Quiroga cultivó diversos géneros literarios; por ejemplo periodismo, crítica, novela y teatro.

2. "¿Ve esa piedraza —me señaló— sobre la corredera del Greco? Pues bien cuando el agua llegue hasta allí y no se vea una piedra de la restinga, váyase entonces. . ."

3. "No había tomillo el almacén estaba cerrado, el encargado dormía, etc."

4. Entre los cuentos más representativos de Quiroga, se pueden citar los siguientes "El almohadón de plumas", "La gallina degollada", "A la deriva", "La insolación", etc.

5. "Se ha operado al mismo tiempo que a usted a tres personas dos hombres y una mujer."

6. "Óigame ¿la ha visto bien cuando estaba vestida? ¿Puede describírmela en detalles?"

7. "Juan Darién era efectivamente digno de ser querido noble, bueno y generoso como nadie."

(Comprobación 20)

OBSERVA:

Las siguientes palabras podrían ser diferentes maneras de empezar una carta:

Querida Luisa:
Estimado doctor:
A quien corresponda:

RECUERDA

> Usamos **dos puntos** después de las palabras de saludo o encabezado de una carta, una circular, un discurso, etc.

EL PARÉNTESIS

XV. Lee con atención.

"Pero después de perder una mañana entera en cuclillas raspando cacerolas quemadas (todas se quemaban), optó por cocinar-comer-fregar, tres sucesivas cosas. . ."

El desierto

"El mango de su machete (pronto deberá cambiarlo por otro; tiene ya poco vuelo) estaba perfectamente oprimido entre su mano izquierda y el alambre de púa."

El hombre muerto

Observa el uso del paréntesis en los textos que acabas de leer. Fíjate que lo que se encierra entre paréntesis es una observación al margen del objeto principal de lo que se dice. Incluso se podría quitar y no alteraría la oración principal, sólo se quitaría una explicación adicional. Lee las oraciones anteriores omitiendo lo que está entre paréntesis y observa que son oraciones completas.

> Usamos el **paréntesis** para intercalar una observación de carácter explicativo, relacionada con lo que se está diciendo.

XVI. Intercala una oración explicativa. Usa el paréntesis.

Ejemplo: Después de leer este cuento de Quiroga (que nos interesó mucho) tenemos intenciones de conocer el resto de su obra.

1. La lectura _____

_____ no debe verse sólo como una asignatura; es también un pasatiempo.

2. El objetivo principal de un curso de redacción _____

_____ es poder expresar nuestras ideas con claridad y corrección.

3. El jueves _____

_____ no tenemos clase de literatura.

4. Acabo de comprar un libro _____

_____ que me va a ser de utilidad en este curso.

5. Es necesario que los alumnos _____

_____ se reúnan aquí mañana.

ATENCIÓN:

Es frecuente sustituir el paréntesis por el guión largo. Así:

Después de leer este cuento de Quiroga —que nos interesó mucho— tenemos intenciones de conocer el resto de su obra.

XVII. **Vuelve a escribir las oraciones del ejercicio XVI. Sustituye los paréntesis por guiones largos.**

1. _____

_____

2. _____

_____

3. _____

_____

4. _____

_____

5. _____

_____

También ponemos entre paréntesis las fechas, etimologías, autores, explicaciones de abreviaturas, etc.

1. Horacio Quiroga (1878-1937) nació en la ciudad uruguaya de El Salto.
2. Deducir (del latín **deducĕre**) significa sacar consecuencias de un principio, proposición o supuesto.
3. Varios de los gramáticos consultados (RAE, Gili y Gaya, A. Alonso) coinciden en esta opinión.
4. En caso de duda, es conveniente consultar la gramática o el diccionario de la RAE (Real Academia Española).

XVIII. Lee con atención la segunda parte del cuento "A la deriva". En él se han suprimido algunos signos de puntuación. Trata de colocarlos.

> 56,   3;   2:

El hombre con sombría energía pudo efectivamente llegar hasta el medio del río pero allí sus manos dormidas dejaron caer la pala en la canoa y tras un nuevo vómito —de sangre esta vez— dirigió una mirada al sol que ya trasponía el monte.

La pierna entera hasta medio muslo era un bloque deforme y durísimo que reventaba la ropa. El hombre cortó la ligadura y abrió el pantalón con su cuchillo el bajo vientre desbordó hinchado con grandes manchas lívidas y terriblemente doloroso. El hombre pensó que no podría jamás llegar él solo a Tacurú-Pacú y se decidió a pedir ayuda a su compadre Alves aunque hacía mucho tiempo que estaban disgustados.

La corriente del río se precipitaba ahora hacia la costa brasileña y el hombre pudo fácilmente atracar. Se arrastró por la picada en cuesta arriba pero a los veinte metros exhausto quedó tendido de pecho.

—¡Alves! —gritó con cuanta fuerza pudo y prestó oído en vano.

—¡Compadre Alves! ¡No me niegue este favor! —clamó de nuevo alzando la cabeza del suelo.

En el silencio de la selva no se oyó un solo rumor. El hombre tuvo aún valor para llegar hasta su canoa y la corriente cogiéndola de nuevo la llevó velozmente a la deriva.

El Paraná corre allí en el fondo de una inmensa hoya cuyas paredes altas de cien metros encajonan fúnebremente el río. Desde las orillas bordeadas de negros bloques de basalto asciende el bosque negro también. Adelante a los costados detrás la eterna muralla lúgubre en cuyo fondo el río arremolinado se precipita en incesantes borbollones de agua fangosa. El paisaje es agresivo y reina en él un silencio de muerte. Al atardecer sin embargo su belleza sombría y calma cobran una majestad única.

El sol había caído ya cuando el hombre semitendido en el fondo de la canoa tuvo un violento escalofrío. Y de pronto con asombro enderezó pesadamente la cabeza se sentía mejor. La pierna le dolía apenas la sed disminuía y su pecho libre ya se abría en lenta inspiración.

El veneno comenzaba a irse no había duda. Se hallaba casi bien y aunque no tenía fuerzas para mover la mano contaba con la caída del rocío para reponerse del todo. Calculó que antes de tres horas estaría en Tacurú-Pacú.

El bienestar avanzaba y con él una somnolencia llena de recuerdos. No sentía ya nada ni en la pierna ni en el vientre. ¿Viviría aún su compadre Gaona en Tacurú-Pacú? Acaso viera también a su ex patrón míster Dougald y al recibidor del obraje.

¿Llegaría pronto? El cielo al Poniente se abría ahora en pantalla de oro y el río se había coloreado también. Desde la costa paraguaya ya entenebrecida el monte dejaba caer sobre el río su frescura crepuscular en penetrantes efluvios de azahar y miel silvestre. Una pareja de guacamayos cruzó muy alto y en silencio hacia el Paraguay.

Allá abajo sobre el río de oro la canoa derivaba velozmente girando a ratos sobre sí misma ante el borbollón de un remolino. El hombre que iba en ella se sentía cada vez mejor y pensaba entre tanto en el tiempo justo que había pasado sin ver a su ex patrón Dougald. ¿Tres años? Tal vez no no tanto. ¿Dos años y nueve meses? Acaso. ¿Ocho meses y medio? Eso sí seguramente.

De pronto sintió que estaba helado hasta el pecho. ¿Qué sería? Y la respiración también. . .

Al recibidor de maderas de míster Dougald Lorenzo Cubilla lo había conocido en Puerto Esperanza un Viernes Santo. . . ¿Viernes? Sí o jueves. . .

El hombre estiró lentamente los dedos de la mano.

Un jueves. . .

Y cesó de respirar.

HORACIO QUIROGA
A la deriva

(Comprobación 21)

EL GUIÓN LARGO

I. Lee con atención.

A. "Ellas —mi madre y mis dos hermanas, gemelas, de trece años y desesperadamente iguales— son las que hacen lo habitual en estos casos."

B. "Ellas te recuerdan muy vagamente, no porque fueran demasiado pequeñas cuando sucedió todo —tenían nueve años—, sino porque tú nunca las tomaste en cuenta."

C. "— Cuando seas un poco más grande dejamos a tu mamá y a las niñas en Durango, con mi tía Lupe, y nosotros nos vamos a correr mundo. Yo te preguntaba temblando de esperanza:
— ¿Y ya no regresamos nunca?
— No tanto, hijo, no tanto. . . ¡pero verás cómo nos vamos a divertir!"

JOSEFINA VICENS
*Los años falsos**

Es frecuente utilizar guiones largos para intercalar oraciones incidentales. En los textos A y B, que acabas de leer, has podido observar el uso de estos signos. Lee con atención el ejemplo C y advertirás otro uso del guión largo: en los diálogos señala la intervención de cada interlocutor.

Usamos el guión largo:
- para separar elementos incidentales que se intercalan en una oración;
- para señalar en los diálogos la intervención de cada interlocutor.

---

* Todos los ejemplos que se presentan entre comillas en esta lección corresponden a **El libro vacío** y **Los años falsos** de Josefina Vicens.

ATENCIÓN:

Cuando después del guión largo se necesita un signo de puntuación, éste se coloca a continuación del guión.
Así:

$$-, \qquad -: \qquad -. \qquad -;$$

II. Agrega los guiones que se han omitido en los siguientes ejemplos.

1. "Yo sólo veía en el espejo una cara grotesca, sin vida, haciendo muecas absurdas. ¿Será porque lo preparo y me vigilo? decía."

2. "Decidí ser cartero aquella vez tendría yo cuatro años en que estuviste enojado muchos días."

3. "Perdóname, mamá, no pude. . .
Pero si no te estoy diciendo nada, tú puedes llegar a la hora que quieras. Acuéstate, voy a la cocina a traerte algo.
No, mamá. No te levantes.
No faltaba más, con lo cansado que debes estar. . ."

4. "¡Ah, cuánto dolor, ternura, remordimiento y repugnancia todo mezclado, revuelto, como un guiso plebeyo me causaban sus esfuerzos para improvisar, para sorprenderme. . .!"

5. "Una última mirada a la tumba que ha quedado regada, limpia, cubierta de flores, "a todo dar" dirías tú y a emprender la marcha hacia la casa. . ."

(Comprobación 22)

EL GUIÓN

El **guión** se utiliza para dividir las palabras cuando no caben al final del renglón.

RECUERDA:

Los diptongos y triptongos nunca se dividen.

Se usa también **guión** en las palabras compuestas cuando están forma-
das por elementos que se oponen o contrastan: teórico-práctico; cuando esto
no sucede, las palabras compuestas forman una sola palabra: hispanoameri-
cano, francotirador.

LOS PUNTOS SUSPENSIVOS

III. Lee con atención.

''—¡Primero tiene que conocer la vida. . . ya después sentará cabeza!''

''—Bueno, como te llamas, por eso no vamos a alegar. . . Mira, aquí en
este rincón nos sentábamos tu papá y yo.''

''—Todos le debemos lealtad al señor Presidente y no podemos estar
con quien lo ataca.
—Pero si no lo atacó. . . dijo lo que debe hacerse. . .
—¿Y quién es ese huarachudo para decirle al señor Presidente lo que
debe hacerse?
—Bueno. . . es un ciudadano. . .''

Ya habrás observado en los textos anteriores que se usan los puntos
suspensivos para dejar incompleto o en suspenso lo que se dice. Esto es, los
empleamos para expresar duda, temor, incertidumbre.
Tienen también otros usos. Observa:

—¿Por qué no lo llamas de nuevo? ¿No ves que se está haciendo tarde?
—Ah, mira, camarón que se duerme. . .

—¿Trajiste todo?
—Sí, lápices, papel, goma, las fotocopias, el libro, el diccionario. . .
Todo, creo yo.

Usamos **puntos suspensivos** para dejar incompleto o en suspenso lo que decimos. También para
indicar que el oyente ya sabe lo que sigue (esto es
frecuente con los dichos y refranes).
   Los empleamos también con una enumeración
en lugar de ''etcétera'', ''así sucesivamente''. . .

IV. **Agrega los puntos suspensivos que se han suprimido.**

1. "Cuando vengo solo no es para hablar con él sino para no sé qué."

2. "— ¡Piénsalo, acuérdate! ¿no la habrás dejado tirada por allí y ese niño la rompió? —le repetías una y otra vez."

3. "Compréndeme, por favor, a veces me desespero ¡Es que sin ti todo es tan distinto y tan igual!"

4. "Tus amigos son muy influyentes y lo arreglaron todo con dos o tres llamadas telefónicas: "usted siempre ha sido cuate", "cuento con usted, no se me raje", "el Diputado tiene interés, es cuestión de una firmita y ya sabe, luego hablamos"."

(Comprobación 23)

LOS SIGNOS DE INTERROGACIÓN

V. **Lee atentamente.**

"Tus palabras no tenían más sentido que el de confirmarnos que todavía estás vivo. Y eso bastaba: tu voz, el sonido de tu voz, no las órdenes que con ella dabas. ¿Quién iba a analizar o a rebatir tus palabras, que para todos representaban únicamente la esperanza de que no cesaran? ¿Quién iba a tener en ese momento la frialdad de meditar en las consecuencias de tus recomendaciones?"

"Pero yo me pregunto aún: ¿cómo hicieron para recordar y entender? Si nadie oía lo que hablabas porque todos estábamos viéndote morir, ¿cómo de pronto recordaron con tanta exactitud tus demandas y sus promesas? ¿Cómo se ordenó todo, súbitamente, con tu último aliento, y cada uno supo lo que le habías pedido que hiciera y lo que te había prometido hacer?"

Observa en los textos que acabas de leer el uso de los signos de interrogación. Entre ellos se encierra una oración interrogativa o una parte de la oración que es objeto de pregunta.

> Usamos los **signos de interrogación** con oraciones o palabras de carácter interrogativo.

RECUERDA:

Los signos de interrogación siempre son dos. Uno se coloca al iniciar la pregunta y otro al final de ella. Es frecuente ver —sobre todo en anuncios publicitarios— la omisión del primer signo. Esto se debe, tal vez, a la influencia de otras lenguas. En español **siempre** se usan los dos. Esto mismo puede decirse de los signos de admiración que vamos a ver en seguida.

Si lo que va entre signos de interrogación es una oración completa, tanto la interrogativa como la oración que le sigue se escriben con mayúscula.

"Ahora yo tengo que hacerlo. ¿Por qué, papá?"
"¿Quién era Manuel? En ese momento no existía."

Si la interrogativa es la segunda parte de la oración, empieza con minúscula y, en general, va precedida de una coma.

"Con esas preocupaciones, con esa punzante obsesión, con ese terror, ¿cómo iban a perder el tiempo. . .?"
"—Señor Diputado, ¿me puedo ir?"

Si, por el contrario, la interrogativa tiene una continuación, ésta se escribe con minúscula.

"—¿Ora que se va a poner bueno? —preguntó a su vez. . ."

OBSERVA:

Nuestro amigo (?) Joaquín está aquí.
Ya regresaron los puntuales (?) del grupo.

Un signo de interrogación entre paréntesis denota duda. Puede tener un sentido irónico.

LOS SIGNOS DE ADMIRACIÓN

Se usan igual que los de interrogación, pero con oraciones exclamativas.

"—¡Qué somos viejas, o sus nanas, o qué! ¡Ándale, vámonos!"
"¡Dios mío, si parece que lo estoy viendo!"

Las interjecciones suelen usarse entre signos de admiración.

¡Ah! ¡Eres tú!
¡Ay! ¡Qué lástima!

VI. Agrega los signos de admiración e interrogación que se han suprimido en los siguientes textos.

(2 ¡ !   1 ¿ ?)

   1. "De modo que ustedes ya resolvieron por su cuenta. . .
      Pues no señor, no vas a ser médico Qué quieres, quemarte las
      pestañas estudiando para acabar de empleadillo del Seguro Social
      No hijo, tú vas a pisar fuerte y a llegar muy alto"

(2 ¿ ?   1 ¡ !)

   2. "Sentí como un golpe en la cabeza y le pregunté abrupta, ferozmente:
      —Y por qué no te matas
      —Ay, hijo, qué cosas tan horribles dices
      —No tienen nada de horribles; no se puede vivir muerto, o sí
      —Se tiene que vivir hasta que Dios lo disponga."

(3 ¿ ?   1 ¡ !)

   3. "Siempre está actuando, siempre se mete, nunca nos deja en paz.
      Dizque se siente muerta, sí, cómo no. . . qué sabe ella de eso Lo
      dice y me ofende. Entonces, yo qué soy No puedo, no puedo más
      con este triángulo del diablo Es tonta o perversa o qué "

(Comprobación 24)

LAS COMILLAS

VII. Lee con atención.

Yo las observo. Ahí están las tres fatigadas, sudorosamente sucias; como en la casa, los sábados que "escombran". Cuando terminen se bajarán las mangas. . .

Como también me dijiste muchas veces: "Déjala que hable, hijo, a las mujeres les gusta hacer ruido", la dejaba hablar, cerraba los ojos. . .

Mi traje de luto fue aquél negro que usabas para las fiestas de "alta categoría" como tú decías.

Tus amigos me han hecho de ti un retrato fiel:
"eras el más macho de todos, el más atravesado y el más disparador".
De no haber ocurrido ese accidente estúpido, pronto habrías "pisado
fuerte y llegado muy alto".

Es entonces cuando las tumbas olvidadas empiezan a actuar por sí mismas; una maleza recia y abundante, enviada coléricamente desde abajo,
va esparciéndose sobre las lápidas para cubrir las promesas no cumplidas: "Vivirás eternamente en el corazón de tu inconsolable esposa. . ."
"Abnegada mujer, tierna compañera, jamás te borrarás de mi recuerdo. . ."

Una mañana fui a Chapultepec, muy temprano, con unos compañeros.
Íbamos a "hacer pulmones" para participar en las competencias depor-
tivas. . .

Cualquiera que pase lo verá y pensará: "a este hombre sí que lo recuerdan y lo quieren".

. . .no me gusta tomar. La única vez que lo hice y que me puse "hasta
las manitas", como dice "El Quelite" Vargas, se me olvidó que te habías
muerto. . .

Jamás había visto palidez igual. En algunos libros he leído muchas veces esas cosas en que uno ni se fija: "al oírlo palideció", "su palidez era
semejante a la de un muerto", "la revelación lo dejó pálido y mudo", etcétera, etcétera.

JOSEFINA VICENS
Los años falsos

Como ya habrás observado en los ejemplos que acabas de leer, las comillas tienen varios usos:

A. Se emplean para dar un sentido irónico a lo que se dice. En el ejerci-
    cio VII hay dos casos en que se usan comillas para señalar ironía.
    Escríbelos a continuación.

    _____

    _____

B. Entre comillas se ponen también las frases célebres, populares, co-
    nocidas. Hay dos casos en los ejemplos. Escríbelos.

    _____

    _____

C.   También entre comillas se ponen los apodos o sobrenombres. Hay
un ejemplo:

_____

D.   Se usan comillas para citar las palabras de otra persona. En el ejercicio VII hay nueve ejemplos. Escríbelos en tu cuaderno.

(Comprobación 25)

Como ya dijimos al principio de este manual, vamos a practicar la puntuación a lo largo de todo el curso, ya que es, sin duda, un aspecto importante
de la redacción. Recuerda que estamos usando como modelos diferentes textos literarios y que, como la puntuación en muchos casos es cuestión de estilo, puede variar.

VIII. Agrega los signos de puntuación que se han omitido en el si-
guiente texto.

15 .	23 ,	1 :	6 ¿ ?	1 ¡ !

Cuánto he escrito esta noche Todo para decir que aquel miércoles
pude no hacerlo Y qué hice hoy Contar deshilvanadamente que llevé
a mi mujer a oír música y que mi hijo ya tiene una amante Para decir
sólo eso Dios mío
Cómo harán los que escriben Cómo lograrán que sus palabras los
obedezcan Las mías van por donde quieren por donde pueden Cuando ya las veo escritas cuando con una vergüenza golosa las releo me
dan pena Siento que van desprendiéndose de mí y cayendo en mi
cuaderno Cayendo solamente sin forma sin premeditada colocación
Yo quisiera algo distinto Por ejemplo al ver una bonita tarde pensar
veo que esta tarde es bella Me gusta la tarde Me gusta sentir lo que
me hace sentir esta tarde Me gustaría describir la tarde y lo que siento
Qué hay que hacer entonces Primero creo yo sentir la tarde Después
hacer el intento de ir cercando sus elementos la luz la temperatura la
tonalidad Después observar su cielo los árboles las sombras en fin todo lo que le pertenece Y cuando estos elementos queden reflejados
en palabras y expresados ese temblor gozoso y esa estremecida sorpresa que siento al contemplarla entonces seguramente quien me leyera o yo mismo podría encontrar en mi cuaderno una bella tarde y a
un hombre que la percibe y la disfruta
Y si lo intentara así con ese sistema

JOSEFINA VICENS
El libro vacío

(Comprobación 26)

NOCIONES GRAMATICALES

Tal y como lo expusimos en el Prólogo, en esta primera parte del manual vamos a trabajar, además de la puntuación, algunos aspectos gramaticales indispensables para poder lograr escribir con propiedad.

No es ni la intención ni el enfoque de un curso de esta naturaleza adentrarnos en discusiones gramaticales por sí mismas, en nomenclaturas, definiciones, etc. Se trata, más bien, de conocer nuestro instrumento de trabajo: el lenguaje; en esta primera parte: las palabras. Es lo mismo que si fuéramos a aprender, por ejemplo, jardinería. Necesitaremos conocer el nombre y el empleo de los diversos instrumentos; las características de los distintos abonos y fertilizantes; los diversos tipos de plantas y los cuidados que requieren; el efecto del agua y del sol, en cada una de ellas, etc. Esto no quiere decir, por supuesto, que vamos a andar por el jardín recitando definiciones sobre herramientas, plantas o productos químicos; sino, más bien, que andaremos por allí arreglando el jardín y haciendo uso práctico de una información adquirida previamente.

EL SUSTANTIVO

I. Lee con atención.

er pí

"Don Fulgencio era un hombre muy rico, como que había/heredado la inmensa fortuna de sus padres, que fueron siempre usureros sin pararse nunca en pelillos para agobiar con todo el rigor de la ley a los que no le pagaban.

Me acuerdo que oí decir cuando era yo niño que aquella fortuna, como la de algún abogado provinciano que conozco ahora, representaba muchas desgracias, pues se había amasado con las lágrimas de los infelices.

Don Fulgencio se casó con una de las más elegantes jóvenes de nuestra sociedad, porque sabido es que entre los ricos cada matrimonio es una fusión de capitales y no una alianza de corazones."

JUAN DE DIOS PEZA (1852-1910)
"Chicho" en *Fotografías instantáneas*

II. Subraya todos los sustantivos que encuentres en el texto anterior (23 sustantivos).

(Comprobación 27)

III. A continuación, escríbelos, en el orden en que aparecen.

1. Fulgencio — persona
2. hombre — persona *(persona)*
3. fortuna — cosa *(riqueza)*
4. padres — persona *(progenitor)*
5. usureros — persona *(prestamista)*
6. pelillos — cosas
7. rigor — cualidad *(exigencia)*
8. ley — cosa *(derecho, norma, regla)*
9. niño — persona *(muchacho, hijo)*
10. fortuna — cosa *(el capital, dinero)*
11. abogado — persona *(liciencrado)*
12. desgraciados — acciones *(sufrimientos, lloros, llanto)*
13. lágrimas — cosas
14. infelices — estado *(tristes, desgraciados)*
15. Fulgencio — persona
16. jóvenes — persona *(muchachos)*
17. sociedad — persona *(comunidad)*
18. ricos — persona *(adinerados, acaudalado)*
19. matrimonio — persona/acción *(pareja)*
20. fusión — acción/estado *(mezcla, unión)*
21. capitales — cosa *(dinero)*
22. alianza — acción/estado *(pacto, acuerdo)*
23. corazones — cosa *(amor)*

Un sustantivo es la palabra que sirve para designar personas, cosas, cualidades físicas o morales, acciones o estados.

El sustantivo designa:

- personas: Carlos   hermana   Luis *(gente)*
- cosas: mesa   zapato   perro
- cualidad física: belleza   altura   el peso

negrura   la flacura
dureza   el color
blancura   el frío

(manuscrito, parte superior:) envidia · fe · piedad · templanza · esperanza · sagacidad · la generosidad · maldad

- cualidad moral: caridad   *flaqueza*   *felizidad humildad*
  (manuscrito:) el comer   el amanecer   vista, robo, estudio, saludo
- acciones: brinco   *discusión*   *salto, nado, carrera*
- estados: inmovilidad   *tristeza, furia, el contento, la espera, el deseo, felizidad, riqueza*

IV. Escribe en las líneas correspondientes otros sustantivos que designen lo que se señala.

Ahora, valiéndote de tu diccionario de sinónimos*, escribe en la línea correspondiente del ejercicio III, el sinónimo más cercano que encuentres. (Los números 1 y 15 que corresponden a **Fulgencio**, no los trabajamos ya que se trata de un nombre propio).

Ejemplo: No. 2.- *hombre* varón, individuo, mortal, viador, semejante, prójimo, criatura, persona, animal racional, macho.**

Es evidente que de todos estos sinónimos sólo algunos pueden utilizarse en el texto que nos ocupa. Podemos desechar, por ejemplo, **semejante, prójimo, macho,** etc., por cuestiones de estilo y de época del texto. Por razones semejantes no sería posible utilizar **animal racional.** Respecto a la palabra **viador.** (Del lat. *viâtor, -ôris, caminante*)m. Teol. criatura racional que *está en esta vida y aspira y camina a la eternidad.* *** Al consultar el diccionario vemos que la palabra **viador** es un término propio de la teología. Luego, tampoco nos conviene en este caso.

Nos quedan: **varón, individuo, persona.** La más indicada parecería **persona.**

A continuación, trabaja de la misma manera el resto de los sustantivos.

ATENCIÓN:

Hay uno que no se puede cambiar porque forma parte de una expresión o frase hecha que se usaba antiguamente. Escribe la frase: *pararse en pelillos.*

(Comprobación 28)

¿Sabes lo que significa? Investígalo y escribe su significado.
no le importaba nada

---

* Un diccionario de sinónimos es una herramienta útil para todo aquél que quiere aprender a redactar. Es conveniente adquirirlo.

** Sáinz de Robles, **Diccionario de Sinónimos y Antónimos,** Aguilar, Madrid, 1979.

*** Diccionario de la Real Academia Española, Espasa-Calpe, Madrid, 1984.

V. Reescribe nuevamente el texto del ejercicio I. Sustituye los sustantivos por sinónimos cuando sea posible.

> Llamamos **sinónimos** a las palabras o expresiones que tienen el mismo significado.

VI. Escribe en la línea un sinónimo de cada una de las palabras siguientes:

1. desorden _relajo_
   traducción
2. paráfrasis _aclaración_
   contrario
3. enemigo _oponente_
   milpa
4. sembradío _cultivo_
   platanal

5. médico _doctor_
6. despacho _oficina_
   llano
7. páramo _yermo_
   vago
8. vagabundo _peregrino_

VII. Escribe una oración con cada una de las palabras del ejercicio VI.

Ejemplo: Hay mucho desorden en tu escritorio.
Hay mucho desbarajuste en tu escritorio.

Recuerda que no debe cambiar el significado.
Los sinónimos se emplean generalmente para dar variedad a lo que se escribe; para evitar la pobreza y la monotonía en el lenguaje.

OBSERVA:

Es necesario *limpiarlo* con el *limpiador* de ropa.

En este ejemplo necesitamos cambiar una de las dos voces subrayadas ya que, tal y como está, muestra pobreza, monotonía, falta de variedad en el lenguaje. Podría quedar así:

- Es necesario *desmancharlo* con el *limpiador* de ropa.
- Es necesario *limpiarlo* con el *quitamanchas*.

VIII. En los siguientes ejemplos se observa pobreza en el vocabulario. Cambia la palabra subrayada por otra u otras, sin que se altere el significado. Trata de no usar el diccionario.

1. Se fueron caminando por ese <u>camino</u>.
   Se fueron caminando por esa calle.

2. Estuvimos cantando <u>canciones</u> argentinas.
composiciones, melodías, sambas
Estuvimos cantando alabanzas argentinas.

3. La señora se enfermó de una <u>enfermedad</u> tropical.
mal, padecimiento, aflicción
La señora se enfermó de un virus tropical.

4. A mí me interesa leer <u>lecturas</u> sobre los esquimales.
poemas, cuentos
A mí me interesa leer ensayos sobre los esquimales.

5. Ayer comimos <u>comida</u> japonesa.
artículos
alimentos, caldos,
Ayer comimos sopa japonesa

6. Siempre se visten con <u>vestidos</u> de algodón.
Siempre se visten con pantalones de algodón
prendas —toda la ropa

IX. Sustituye los sustantivos subrayados por un sinónimo. Procura encontrar una palabra de uso más común, menos rebuscada.

La llegada   *alegría*
                                                     algarabía
El <u>arribo</u> de los recién casados causó una tremenda <u>algazara</u> entre sus *novia*
compañeras, camaradas, fiesta
<u>camaradas</u> y <u>colegas</u>. El <u>agasajo</u> dispuesto por los padres de la <u>desposada</u> *casada*
se veía realmente espléndido.
                                                                    trabajos
                                                                    bordados
                        cambio
                        conversión
Es necesario hacer una <u>mutación</u> en la forma de presentar tus <u>labores</u>.
                        términos dichos
Me parece que empleas <u>vocablos</u> y <u>locuciones</u> demasiado rebuscados
para un escrito de esta <u>índole</u>. Recuerda que un escrito debe ser sencillo y claro.   *cualidad*   *cabeza*   *calle*
                        clase   *mollera*   *avenida*
Muy   *tipo*
doncella
La <u>damisela</u> esperaba impaciente. Volteaba la <u>testa</u> hacia la otra <u>arteria</u>
                                    cigarro
mientras fumaba un <u>pitillo</u> tras otro. No era cómoda su situación: la
<u>turbonada</u>, el aire, los <u>sujetos</u> que pasaban por allí, todo la molestaba.

humo
                                                        (Comprobación 29)
            la gente
            las personas

Habrás advertido que los tres textos que acabas de leer son francamente
horribles. Esto se debe al uso de palabras rebuscadas y de uso poco frecuente. Vuelve a escribir los textos. ¿Verdad que resultan más claros y acep-
tables? Recuerda que la **sencillez** es una característica de un buen escrito.
Evitemos, pues, las palabras rebuscadas y rimbombantes.

X. Agrega los signos de puntuación que se han omitido en el siguien-
te texto.

11 .	30 ,	11 ;	1 :	1 ¿ ?

Aquel niño creció con más cuidados que una flor de estufa Le
pusieron nodriza para que su mamá no desmejorase con la crianza le
cuidaban el sueño regando arena en el patio para que no se oyera el
ruido de los carruajes tenía una criada especial para que levantara lo

que se le caía de las manecitas y sus juguetes representaban un capital capaz de hacer dichoso al más ambicioso comerciante de la clase
media.

Chicho no salía de la alcoba antes de las diez de la mañana lo llevaban en el coche dentro de cristales a dar una vuelta por la Alameda a
la hora de comer cuando fue ya grandecito un reputado maestro de
piano lo entretenía tocando para que estuviera de buen humor antes
de las seis de la tarde lo encerraban divirtiéndolo con un pequeño teatro de títeres hasta que se dormía y en la noche tres sirvientes se turnaban velando para cuidar su sueño o satisfacer sus caprichos.

Don Fulgencio y su señora no eran capaces de dar a un pobre un
centavo pero protegían algunas iglesias daban pensiones a algunas
comunidades religiosas y socorrían a dos o tres pintores mandándoles
hacer cuadros sagrados para los templos de mayor renombre.

Creció Chicho y por el miedo de que no se corrompiera con las malas compañías nunca le mandaron a la escuela pero le pusieron un
maestro que iba a darle cátedra a su casa.

Qué le enseñaba nadie lo sabe.

Sus padres cuidaron que desde muy niño lo llevara el cochero en el
pescante enseñándole a manejar las riendas y en consecuencia antes de cumplir dieciséis años ya llevaba él solo su carruaje por esas
calles de la ciudad llenas entonces de hoyancos y promontorios.

Chicho no tenía amigos porque el director espiritual de sus padres
había prohibido que le pusieran en comunicación con las gentes y
hasta en las mayores solemnidades de su vida como el día en que hizo
su primera comunión no le acompañaron más que sus progenitores y
los viejos criados de la casa.

Cuando Chicho cumplió los veintiún años entró de socio en la Cofradía de San Luis Gonzaga porque su padre juzgó prudente que empezara a mezclarse en los asuntos de la vida pública.

Recuerdo todavía el aspecto de aquel joven era alto flaco descolori-
do de grandes ojos con marcada expresión de tristeza su cabello fino
y espeso caía en dos gajos sobre sus sienes vestía correctamente
hablaba poco y sus maneras revelaban desde luego que había sido
educado con el estricto rigor que caracterizaba a los señores de
otros tiempos.

A Chicho le ruborizaba estrechar la mano de una doncella de dieciséis años desconocía el baile no sabía conversar en estrado nunca
había tenido una novia y la vez en que inocentemente dijo a su padre
que le gustaban los ojos de su prima Lola le ordenaron que se confesara y comulgara y que nunca volviera a hablar ni a pensar en eso.

JUAN DE DIOS PEZA
Chicho

(Comprobación 30)

I. Lee con atención.

"Recuerdo que por lo menos una vez al año, mi papá reponía el líquido del pomo con <u>nueva</u> substancia de su química <u>exclusiva</u>, que
imagino sería aguardiente con sosa <u>cáustica</u>, y aunque este trabajo lo
efectuaba con <u>toda</u> emoción, quizá pensaría en lo bien que nos veríamos
sus <u>otras</u> hijas en <u>seis</u> <u>silenciosos</u> frascos de cristal, completamente <u>em-
balsamadas</u> y fuera de <u>tantos</u> peligros como auguraba nos esperarían
en el mundo.

El caso es que mi hermana no presentaba un aspecto <u>impresionante</u>,
por el contrario, parecía una <u>diminuta</u> muñequita que con sus <u>largas</u>
pestañas <u>maravillosas</u> dormía de pie dentro del frasco"

GUADALUPE DUEÑAS
Historia de Mariquita

II. Subraya los trece adjetivos que hay en el texto que acabas de leer. Observa que cada uno de ellos se refiere a un sustantivo, dice algo sobre él.

(Comprobación 31)

> El adjetivo es la palabra que modifica a un sustan-
> tivo.

COLOCACIÓN DEL ADJETIVO

El adjetivo generalmente se coloca después del sustantivo:

- En español el adjetivo generalmente se coloca después del sustantivo. Sirve para decirnos **cómo** es el objeto a que se refiere:

No presentaba un aspecto impresionante

- Cuando el adjetivo se antepone al sustantivo la atención recae en la cualidad a la que se refiere el adjetivo:

Parecía una diminuta muñequita

- Recuerda que en ocasiones **cambia el significado** del adjetivo según su colocación.

OBSERVA:

Una gran mujer/Una mujer grande.

La media clase / la clase media
*buena   buena
vieja amiga / amiga vieja*

III. Encuentra otros ejemplos:

_____   _____

_____   _____

_____   _____

_____   _____

_____   _____

--------------------- CONCORDANCIA DEL ADJETIVO

OBSERVA:

a) Ciencia y tecnología **americanas**.
b) Literatura e historia **cubanas**.

Un solo adjetivo puede referirse a dos o más sustantivos. En ese caso el adjetivo se usa en plural.

c) Actores y bailarinas **rusos**.
d) Pantalón y camisa **oscuros**.

Cuando los sustantivos son de distinto género, se prefiere el masculino para el adjetivo.

IV. Escribe otros ejemplos como los anteriores.

FEM + FEM	MASC + FEM
Verdura y fruta frescas	El niño y la niña altos

1. silla y mesa blancas   el lápiz y la pluma negras

2. la torta y la sopa sabrozas *(ricas)*   el carro y la camioneta rojos *grandes*

la clase 3. y la biblioteca heladas *(frescas / calientitas / picosas)*   la guitarra y el piano caros *desafinados*

4. _____   el hielo y la nieve fríos

5. _____   _____

OBSERVA:

Cuando no se hace la concordancia entre sustantivos y adjetivos en la forma adecuada, puede cambiar el significado.

Cuando decimos:

Tiene un vestido y un abrigo nuevo,

significa que sólo el abrigo es nuevo. Si los dos son nuevos tiene que ir en plural.

V. Explica las siguientes oraciones como en el ejemplo.

Ejemplo: Trajo una pluma y un lápiz inservible.

    ¿Qué es inservible? **El lápiz**

1. El niño tiene los ojos y el pelo negros.
   ¿Qué tiene negro? el pelo y los ojos
2. Su dedicación y esfuerzo notable lo hicieron el ganador del premio.
   ¿Qué es notable? el esfuerzo
3. Comimos una carne y una ensalada muy buenas.
   ¿Qué estaba bueno? la carne y la ensalada
4. Hay que escribir con vocabulario y frases claros.
   ¿Qué es claro? vocabulario, frases

(Comprobación 32)

La concordancia —correspondencia gramatical que existe entre sustantivos y adjetivos— en ocasiones es vacilante. En la lengua oral esto puede resultar aceptable, pues estamos en una situación sujeta a distracciones, fallas de memoria, factores emotivos, etc., que permiten la aparición de estas faltas de concordancia. Sin embargo, al escribir debemos ser cuidadosos y observar las reglas gramaticales.

Vamos a ver ahora algunas de las discordancias más frecuentes.

Hay una regla general que dice que el adjetivo concuerda en género y número con el sustantivo al que modifica.

Entonces:

Un árbol alto.
Unos zapatos sucios.

Sin embargo, en ocasiones oímos expresiones como la siguiente:

La multitud, convencidos y optimistas, aplaudieron largamente.

Debemos escribir:

La multitud, convencida y optimista, aplaudió largamente.

ya que los dos adjetivos (convencida y optimista) concuerdan con el sustantivo **multitud.** El verbo **aplaudir,** por consiguiente, debe emplearse en singular.

VI. **Vuelve a escribir las siguientes oraciones eliminando las faltas de concordancia.**

1. El personal, irritados y molestos, exigían hablar con el director.

    _____

2. El grupo, en desorden, sucios y gritando, entraron a la oficina.

    _____

3. El conjunto, dos guitarras, una batería y un cantante, tocaron durante varias horas. _____

    _____

4. El equipo de la Universidad, jugadores y entrenadores, celebraron el triunfo. _____

    _____

5. La tropa, ansiosos por saber, esperaban la información.

    _____

(Comprobación 33)

OBSERVA:

La arboleda se veía abandonada.

El gentío esperaba silencioso.

La arboleda, árboles viejos y secos, pinos moribundos, sauces muy antiguos, se veían abandonados.

El gentío, amas de casa, hombres, niños, estudiantes, esperaban silenciosos.

Ya habrás advertido que en ocasiones la distancia que se crea entre el sustantivo, el verbo y el adjetivo produce la discordancia. En un escrito debemos corregirla.

VII. Vuelve a escribir en forma correcta las oraciones siguientes.

1. La concurrencia, compuesta de todo tipo de personas: jóvenes, adultos, profesionistas, campesinos acompañados de sus familias, etc. parecían muy molestos. _____

_____

_____

2. La orquesta, pianistas, violinistas, trombonistas y todos los demás, estaban disgustados. _____

_____

_____

3. El auditorio, sobre todo los jóvenes fanáticos del grupo, se pusieron como locos. _____

_____

_____

4. Ese día la multitud, aficionados, fanáticos y estudiantes, estuvieron controlados y tranquilos. _____

_____

_____

5. La biblioteca, compuesta de toda clase de libros y revistas de temas muy diversos, están desordenados. _____

_____

_____

(Comprobación 34)

VIII. Lee.

La secretaria del doctor es muy **agradable**.
La secretaria del doctor es muy **desagradable**.

Este trabajo es **entretenido** y **útil**.
Este trabajo es **aburrido** e **inútil**.

LOS ANTÓNIMOS

> Se llaman antónimos las palabras que tienen signi-
> ficados opuestos.

IX. Escribe un antónimo de las palabras siguientes.

1. Fácil _difícil_
2. Descompuesto _agreglado_
3. Negro _blanco_
4. Divertido _aburrido_
5. Complicado _Sencillo / Simple_
6. Anterior _posterior_

7. Claro _confuso / oscuro_
8. Sucio _limpio_
9. Enfermizo _saludable_
10. Necesario _innecesario_
11. Grosero _educado_
12. Tonto _listo_

(Comprobación 35)

X. A continuación, escribe una oración con cada una de las palabras de la lista anterior.

Ya habrás advertido —tanto al hablar de sinónimos como de antónimos— que en ocasiones no encontramos la palabra precisa para expresar lo
que deseamos. Esto es, hay casos en los que una palabra no tiene el sinónimo
o antónimo exactos. Mucho se ha dicho que no existe la sinonimia perfecta.
En estos casos, entonces, acudiremos a expresar la palabra en cuestión valiéndonos de una **idea afín**: un conjunto de palabras que sí nos dan el significado preciso; una forma diferente de expresar un mismo pensamiento.

Ejemplo: Rebe**ca** tiene jaque**ca**. _dolor de cabeza_

Buscamos un sinónimo de jaqueca para evitar los sonidos **eca, eca** (cacofonía). Encontramos como sinónimo: **migraña.** Como sabemos que no es lo mismo, preferimos **dolor de cabeza,** que es una idea afín.

XI. Vuelve a escribir las oraciones utilizando una idea afín.

Ejemplo: Tengo flojera. No tengo ganas de hacer nada.

1. Ella padece gastritis.

   Tiene el estómago inflamado

2. No tengo sueño.

   No me quiero dormir

3. Ya están listos.

   Ya están perparados

4. Es una persona inconfundible.

   que no se puede olvidar

XII. Agrega los signos de puntuación que se han omitido en el siguiente texto.

14 .	18 ,	6 ;	1 :	1 " "

Nunca llegué a saber por qué nos mudábamos de casa con tanta frecuencia.

Siempre que esto pasaba nuestra única preocupación consistía en investigar en qué lugar colocarían a Mariquita.

En la pieza de mi madre no podía ser siendo ella excesivamente nerviosa la presencia de la niña la llenaría de angustia Ponerla en el comedor era del todo inconveniente en el sótano mi papá no lo hubiera permitido y en la sala resultaba imposible ya que la curiosidad de las visitas nos hubiera enloquecido con sus preguntas Así que siempre acababan por instalarla en nuestra habitación Digo nuestra porque era de todas Contando a Mariquita allí dormíamos siete.

Mi papá era un hombre práctico que había viajado mucho y conocía los camarotes En ellos se inspiró para idear aquel sistema de literas que economizaba espacio y que nos facilitó dormir a cada quien en su cama.

Como explico lo importante era descubrir el lugar de Mariquita En ocasiones quedaba debajo de una cama otras en un rincón estratégico pero la mayoría de las veces la localizábamos arriba del ropero.

El detalle en sí sólo nos interesaba a las dos mayores las demás eran tan pequeñas que no se preocupaban.

A mí en lo personal pasada la primera sorpresa me pareció su compañía una cosa muy divertida pero mi pobre hermana Carmelita vivió bajo el terror de su existencia Nunca entró sola a la pieza y estoy segura de que fue esto lo que la sostuvo tan amarilla pues aunque solamente la vio una vez me asegura que la perseguía por toda la casa.

Mariquita nació primero era nuestra hermana mayor Yo la conocí cuando ya llevaba diez años en el agua y me dio mucho trabajo averiguar su historia.

Su pasado es corto pero muy triste Llegó una mañana baja de temperatura y antes de tiempo Como nadie la esperaba la cuna estaba fría y hubo que calentarla con botellas ardiendo trajeron mantas y cuidaron que la pieza estuviera bien cerrada Llegó la que iba a ser madrina en el bautizo y la vio cual una almendra descolorida como el tul de sus almohadas La sintió tan desvalida en aquel cañón de vidrios que sólo por ternura se la escondió en los brazos Le pronosticó tendría unos rizos rubios y ojos más azules que los suyos Sólo que la niña era tan sensible y delicada que empezó a morirse.

GUADALUPE DUEÑAS
Historia de Mariquita

(Comprobación 36)

I. Lee con atención.

No había cebollas y Carlos corrió al mercado. Buscó entre los puestos, pensó que se habían ido y una ligera congoja le refrenó los pasos. En la fonda estaba el arpista, con las dos manos torcidas revoloteando, el instrumento entre las piernas y esa expresión ida, un poco anormal, que horrorizaba tanto a Carlos.

E. CARBALLIDO
Los huéspedes

Subraya los trece **verbos conjugados,** formas simples y compuestas (haber + participio) que hay en el texto que acabas de leer. Escríbelas a continuación.

1. _____
2. _____
3. _____
4. _____
5. _____
6. _____
7. _____
8. _____
9. _____
10. _____
11. _____
12. _____
13. _____

RECUERDA: *estados, acciones, procesos* *logros*

> El verbo es una palabra que expresa acción, esen-
> cia o estado del sujeto.

Revisa en tu gramática lo relativo a tiempo y modos verbales.

CONCORDANCIA DEL VERBO

El niño canta

Los niños cantan

La multitud escucha

> El verbo expresa lo que le ocurre al sujeto y con-
> cuerda con él en número y persona.

Dijimos ya al hablar del adjetivo que la concordancia es la correspondencia que existe entre las palabras variables.

RECUERDA:

El verbo concuerda con el sujeto en número (singular-plural) y persona
(1a, 2a, 3a,).

> Con los sustantivos colectivos el verbo se usa en
> singular.

La tropa llegó haciendo mucho ruido.
SING.   SING.

II. Forma una oración.

1. (El gentío) _____

rebaño vacas 2. (La manada) *herd* *Un grupo de animales*

jauría - *orda - herd of people*
cardumen *parbada - de pájaros*

enorme grupo de soldados

3. (El batallón) _____

4. (El grupo) _____

5. (La multitud) _____

6. (El ejército) _____

OBSERVA:

Un tercio del grupo **llegó** retrasado a clases.

La **mitad** de los niños no **se presentó** ayer.

> El verbo se usa en singular con los sustantivos partitivos: mitad, parte, tercio, medio, cuarto, resto, etc.

III. Completa las siguientes oraciones.

1. El resto de mis amigos _____

2. Más de la mitad _____

3. Una parte de los niños _____

4. Medio equipo _____

5. Casi un tercio de los empleados *esta en huelga.* *llegó tarde*

6. La mayor parte de los asistentes _____

IV. Lee con atención.

A. Lo golpearon el hermano, el primo y el vecino.
B. El hermano, el primo y el vecino lo golpearon.

A. El deporte que tanto le interesa; la necesidad de trabajar tantas horas, y la vida doméstica agotaron sus fuerzas.
B. Agotaron sus fuerzas el deporte que tanto le interesa; la necesidad de trabajar tantas horas, y la vida doméstica.

> El sujeto compuesto (por varios sustantivos o frases) exige un verbo en plural, sea cual sea el orden del sujeto y el predicado.

V. **Cambia el orden como en las oraciones A y B del ejercicio IV.**

1. El costo de la vida, el problema de mi hijo y mi propia enfermedad nos impidieron viajar el año pasado. _____

    _____

2. El alcohol, la vida desordenada y su afición por el juego aceleraron su muerte. _____

    _____

    _____

3. La televisión, el radio y las malas publicaciones, con frecuencia, ~~son~~ los responsables de muchos errores lingüísticos. _____

    _____

    _____

4. La piñata, la fiesta y el pastel le gustaron mucho al niño. _____

    _____

    _____

(Comprobación 38)

EL ADVERBIO

Abrió **lentamente** la ventana

Se acercó **muy** despacio   *muy esta intensificando el adverbio despacio*

                                   frase adverbial,

Ella es **sumamente** inteligente

> El adverbio es la palabra que modifica a un verbo, un adjetivo u otro adverbio.

En general, podemos decir que el adverbio debe ir lo más cerca posible de la palabra a la que modifica.

OBSERVA:

Repentinamente, los niños, inquietos y nerviosos, entraron en el salón.

Se prefiere:

Los niños, inquietos y nerviosos, entraron repentinamente en el salón.

VI. **Coloca los siguientes adverbios en el lugar que consideres más conveniente.**

1. (súbitamente) Las luces se apagaron en todos los cuartos. _____

_____

2. (siempre) María prepara muy buenos pasteles. _____

_____

3. (a veces) Nos molesta que llegan tarde. _____

_____

4. (absolutamente) Considero indispensable que tomes este curso.

_____

5. (mucho) Paty camina, por eso está muy sana. _____

_____

6. (nunca) No entregan a tiempo sus trabajos. _____

_____

_____

_____ **ADVERBIOS EN MENTE**

OBSERVA:

Escribe **lenta** y **cuidadosamente**.

RECUERDA:

Cuando queremos emplear dos o más adverbios terminados en **mente**, solamente el último de ellos lleva la terminación. Recuerda que estos adverbios se forman con un adjetivo en femenino, singular y la terminación **mente**.

VII. Forma una oración como en el ejemplo.

Ejemplo: (animado-ruidoso) Estuvieron cantando.
Estuvieron cantando animada y ruidosamente.

1. (amable-cariñoso) Nos escribieron.

cariñosamente

2. (atento-respetuoso) La concurrencia escuchó.

atenta y respetuosament

3. (grosero-ruidoso) La muchedumbre respondió.

grosera ruidosamente

4. (violento-agresivo) Los muchachos se portaron.

violenta y agresivamente

5. (alegre-cálido) Los niños nos recibieron.

alegre cálidamente

ABUSO DE ADVERBIOS EN MENTE

VIII. Lee con atención.

Lentamente se acercó a la puerta. Tocó suavemente sólo para cerciorarse de que no había nadie. Silenciosamente introdujo la llave maestra cuando súbitamente apareció un hombre que lo detuvo fuertemente por un brazo.

El uso excesivo de los adverbios en **mente** produce monotonía en el escrito. El texto que acabas de leer es bastante feo, ¿no? Intenta leerlo en voz alta y verás que se oye muy mal.

Subraya los adverbios en **mente** que hay en el texto. A continuación, busca la forma de sustituirlos utilizando sinónimos o ideas afines.

Ejemplo: Lentamente: muy despacio, con lentitud, sin prisas, con calma.

1. Suavemente _delicadamente_ _con calma_ _con facilidad_
con cuidado _cuidadosamente_

2. Silenciosamente _en silencio_ _muy callado_
sin ruido

3. Súbitamente _de repente_ _de súbito_
con sorpresa _de pronto_

4. Fuertemente _con poder_ _con violencia_
con fuerza

Vuelve a escribir el texto eligiendo una forma sustituta para los adverbios en **mente**. ¿Se oye mejor? Por supuesto que sí: hemos corregido las repeticiones que tenía.

_____ LOS VERBOIDES

IX. Lee.

A. **Fumar** es dañino para la salud. _infinitivo_
Piensa mucho antes de **hablar**.
¿Quieres/**saber** la verdad?)– objeto directo

B. Busquen las palabras **subrayadas**. _participio_ ⟵ ado/ido
He **visitado** varios museos interesantes. to
Yo nunca había **recibido** tantas cartas. sto/cho/so

C. Los niños entraron **gritando**. _gerundio_
Visitando esos lugares me entusiasmé con su cultura.
El maestro, **comprendiendo** la situación, cambió de parecer.

Los **verboides** (llamados también **formas no personales del verbo**) tienen la característica de poder desempeñar dos funciones diferentes.

Así, el infinitivo puede ser un verbo o un sustantivo; el participio, un verbo o un adjetivo, y el gerundio, un verbo o un adverbio.

¿Puedes decir qué función desempeñan los verboides del ejercicio IX?

X. Escribe el verboide y su función.

A. Fumar (sust.).
hablar (verbo)
saber (sust.)

B. subrayadas (adj.)
visitado (verbo)
recibido (verbo)

C. gritando (adv.)
visitando (verbo)
comprendiendo (verbo)

(Comprobación 39)

Recuerda que son formas no personales porque en ellas no se expresa la persona que realiza la acción del verbo: infinitivo (ar-er-ir); participio (ado-ido); gerundio (ando-iendo).

Ahora bien, para efectos de redacción el único verboide que nos interesa, porque presenta vacilaciones en su uso, es el gerundio.

EL GERUNDIO

Con frecuencia se hace en español un uso inadecuado del gerundio. Es por eso que vamos a detenernos en él y a intentar explicar tanto los usos correctos como los considerados incorrectos por la gramática.

GERUNDIO MODAL

XI. Observa:

A. El muchacho entró **corriendo**.
B. Esa mujer habla **gritando**.
C. El señor salió **dando** un portazo.
D. Los niños llegaron **llorando**.

> El gerundio tiene carácter adverbial.

En los ejemplos podemos comprobar lo anterior preguntando: ¿cómo? + el verbo.

El muchacho entró corriendo.
¿Cómo entró el muchacho? Corriendo.

Luego, es un adverbio de modo: **un gerundio modal**.

También podríamos sustituir **corriendo** por un adverbio o frase adverbial aunque, claro, puede cambiar el significado. Sin embargo, lo podemos hacer sólo a modo de comprobación.

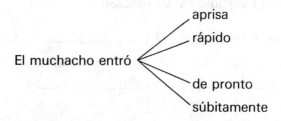

El muchacho entró
- aprisa
- rápido
- de pronto
- súbitamente

Observa, además, que las dos acciones ocurren simultáneamente. Esto es, la acción de **entrar** y la de **correr** suceden al mismo tiempo: son coexistentes.

Esta cualidad de coexistencia con el otro verbo es característica del gerundio. No podríamos decir, por ejemplo:

El niño entró escribiendo un recado.

Deberíamos decir:

El niño entró y escribió un recado.

Porque la acción de **escribir** es posterior a la de **entrar**.

RECUERDA:

El gerundio modal debe referirse a una acción **coexistente** con la acción del verbo principal.

Trabaja los ejemplos B, C y D de la misma manera que lo hicimos con el ejemplo A.

XII. Cambia como en el ejemplo. Usa un gerundio.

Ejemplo: La señora respondió con insultos hacia nosotros.
        La señora respondió insultándonos.

1. Luis obedeció de muy mal modo.

   _____

2. Margarita contestó con burlas y risas.

   _____

3. Los niños se quejaron a gritos.

   _____

4. La empleada nos atendió con una sonrisa.

   _____

5. El doctor se despidió con la promesa de volver.

   _____

(Comprobación 40)

Observa que en todos los ejemplos anteriores el gerundio y el verbo de la oración se refieren a acciones que suceden simultáneamente; es decir, son coexistentes.

GERUNDIO EXPLICATIVO

XIII. Lee. *verbos de percepción / conocimiento*

La señora, **sabiendo** que tenía razón, se mantuvo firme.

El chofer, **viendo** el peligro, detuvo el vehículo.

Los médicos, **considerando** la gravedad, decidieron operar.

> Este gerundio se refiere al sujeto y tiene carácter explicativo.

Se puede comprobar lo anterior haciendo los siguientes cambios:

La señora, al saber que tenía la razón,. . .

El chofer, al ver que había peligro,. . .

Los médicos, al considerar la gravedad,. . .

Observa que en los tres casos se trata de **explicaciones** sobre el suje-to. Este gerundio **nunca** se emplea en oraciones que expresan cualidades o ideas de permanencia. Por ejemplo:

La señora, ~~siendo muy sabia~~, se mantuvo firme.

Diríamos:

La señora, que es muy sabia, se mantuvo firme.

XIV. Vuelve a escribir las siguientes oraciones. Entre ellas hay algu-nas que tienen un gerundio mal empleado. Utiliza las formas al + inf. para las de gerundio explicativo y que + verbo para las de gerundio incorrecto.

1. María Luisa, siendo tan guapa, tenía muchos admiradores.

_____

2. El muchacho, dándose cuenta de su error, cambió de actitud.

_____

3. Los maestros, reconociendo la situación, aceptaron la propuesta.

_____

_____

4. Les regalaron una canasta conteniendo fruta.

_____

_____

5. Leí el reglamento considerando estas posibilidades.

_____

_____

6. La enfermera, oyendo el ruido, entró rápidamente.

_____

_____

7. Los niños, siendo tan traviesos, no pueden quedarse solos.

_____

8. Conociendo la situación, se presentó la familia.

_____

_____

(Comprobación 41)

GERUNDIO CONDICIONAL

XV. Lee.

Diciéndolo sus padres, tienen que obedecer.
Asegurándolo Jorge, habrá que creerlo.
Afirmándolo ustedes, no me queda duda alguna.

El gerundio puede tener también carácter condicional.

OBSERVA:

Se puede hacer el siguiente cambio.

Diciéndolo sus padres

por ⟩ tiene que obedecer.

Si lo dicen sus padres
(condicional)

Cambia los otros dos ejemplos:

_____

_____

_____   GERUNDIO CAUSAL

XVI. Lee.

Conociendo a Matilde, nos resulta difícil creerlo.
Me parece improbable que vengan **estando** tan enfermos.

El gerundio se usa para expresar causa.

Conociendo a Matilde = porque conozco a Matilde
(causal)

Cambia el otro ejemplo:

_____

XVII. Indica en cada ejemplo si la oración con gerundio es condicional (cond) o causal (caus). Después, cámbiala utilizando SI o PORQUE, según corresponda.

1. Pidiéndomelo tú, acepto con gusto la invitación. (   )

    _____

2. Sabiendo que eres tan educado, no toman esto en cuenta. (   )

    _____

3. Pensando que no tienen tiempo, los disculpamos. (   )

    _____

4. Considerando estas pruebas, quizá cambiemos de opinión. (   )

    _____

5. Lloviendo así, no pueden salir de su casa. (   )

_____

6. Sabiendo todo esto, tú deberías ayudarlo. (   )

_____

7. Pensando así, ¿por qué no actúan igual? (   )

_____

8. No puedo ayudarte sabiendo lo que sé. (   )

_____

(Comprobación 42)

XVIII. Agrega los signos de puntuación que se han omitido en el siguiente texto.

| 10 . | 30 , | 2 : | 6 — | 1 ¡ ! | 2 ( ) | 1 " " |

Córdoba en el verano se puebla de insectos voladores La noche se llena de minúsculos monstruos y las habitaciones de sombras movibles Tratan de atravesar los vidrios de las ventanas o el cristal de las lámparas intentan arder inútilmente en la incandescencia mortecina de los focos se les oye golpear y golpear desesperados cada cual como un fénix sin hoguera Por la mañana las fuerzas se les acaban también la vida caen marchitos entonces dando débiles aletazos de un lado a otro de los burós llueven en los manteles dejan un polvillo sutil y repugnante sobre el pan o naufragan entre la leche próxima a los labios y entonces un grito y un vaso roto pueden ser sus pompas fúnebres

Carlos no supo nunca si le desagradaban más esos monstruos enormes negros de la caparazón y el cuerno único o las grandes mariposas del nombre prostituido las falenas de color sucio y caras de mal agüero.

Infalible la palomita eso era esta vez cayó en su vaso Nerviosamente lo hizo a un lado la tía Rocío le trajo otro sin decir nada y apartó aquél para la gata Carlos dijo gracias tía con los labios para no interrumpir al padre que desgranaba una lección interminable sobre el cuidado de los animales.

Carlos no había bañado al chivo a Carlos se le había olvidado darle de comer al chivo Carlos no lo había amarrado bien y el chivo entonces se había tragado un camisón de dormir muy fino que la vecina había traído de los Estados Unidos.

Era náilon lleno de encajes acotó suspirando Rocío.

Porque si no lo amarras y no lo cuidas ya sabes barbacoa.

Cuando lo vi todavía le colgaba de la boca una tirita Ya ni se la quité me dio miedo que me mordiera Rocío y sus miedos.

Si cuando menos no hiciera tanto calor Desde esa hora empezar a sudar.

No van a valerte lágrimas ni ruegos Quiero ver blanco a ese animal y bien amarrado O si no ya sabes con mucho gusto nos lo comeremos todos y a ti voy a obligarte a que te comas un pedazo.

E. CARBALLIDO
Los huéspedes

(Comprobación 43)

PRONOMBRES PERSONALES (LO-LE)

I. Lee.

A. Llamó a los niños para mostrar**les** al perro.
    Llamó a los niños para mostrar**los** al perro.

B. Traje a mi novia para presentar**le** a Pepe.
    Traje a mi novia para presentar**la** a Pepe.

¿Significan lo mismo las dos oraciones del grupo A? ¿Son dos formas de decir lo mismo? No, claro que no. La primera significa que el sujeto muestra un perro a unos niños (el perro es el objeto mostrado). La segunda quiere decir que el sujeto muestra unos niños a un perro (los niños son el objeto mostrado).

Suele haber confusión en el empleo de estos dos pronombres. Vamos, pues, a dedicarles un poco de nuestra atención.

II. Explica las oraciones del grupo B, de la misma forma que acabamos de hacerlo con las del grupo A.

_____

_____

_____

_____

_____

> **Lo** y **la,** y sus plurales **los** y **las,** son pronombres de objeto directo. **Le** y su forma plural **les** son pronombres de objeto indirecto.

EL OBJETO DIRECTO

¿Qué es el objeto directo?

OBSERVA:

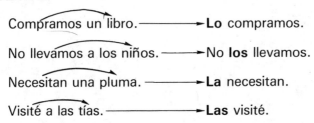

Compramos un libro.————→**Lo** compramos.

No llevamos a los niños. ————→No **los** llevamos.

Necesitan una pluma. ————→**La** necesitan.

Visité a las tías. ————————→**Las** visité.

Fíjate que **el libro, los niños, la pluma** y **las tías** son los objetos **comprado, llevado, necesitado** o **visitado.** El objeto directo puede ser una persona, una cosa, una idea:

Admiro a Pepe.
Admiro ese libro.
Admiro la belleza.

Recuerda que cuando el objeto directo es una persona (objeto personificado, animal doméstico) va precedido de la preposición **a**. Ésta no se usa cuando el objeto es indeterminado: Quiero al niño/Quiero un niño. Busca a la secretaria/Busca una secretaria.

Una fórmula útil para localizar el objeto directo es preguntar **Qué** + el verbo:

Compramos un libro
¿Qué compramos?   Un libro (es el objeto comprado)

Visité a las tías
¿Qué visité?   Las tías (es el objeto visitado por mí)

> El **objeto directo** es en el que recae directamente la acción verbal.
> Expresa la cosa hecha por el verbo.

II. Subraya el objeto directo. Sustitúyelo por un pronombre y vuelve a escribir la oración.

Ejemplo: Los empleados entregaron **los paquetes** en la oficina.
         Los empleados **los** entregaron en la oficina.

1. Lupe puso las flores sobre la mesa del comedor.

   Lupe las puso

2. Necesito un amigo americano para practicar mi inglés.

   Lo necesito

3. Siempre digo la verdad en mi casa.

   Siempre la digo

4. El abogado entiende los problemas laborales.

   El abogado los entiende.

5. Voy a conseguir un diccionario de sinónimos.

   lo voy a conseguir

6. No encuentro las páginas correspondientes a este asunto.

   No las encuentro

7. En ocasiones traigo a mi perrita a jugar aquí.

   En ocasiones la traigo

8. No me llevo los libros ahorita porque no voy a mi casa.

   No me los llevo

(Comprobación 44)

EL OBJETO INDIRECTO

OBSERVA:

Compramos un libro.
          O.D.

Compramos un libro para ti = te lo compramos.
          O.D.   OI

Dijo la verdad.
     O.D.

Nos dijo la verdad. = Nos la dijo.
OI   O.D.

Les dijo la verdad. (A ellos) = Les ~~la~~ dijo. ──► Se la dijo.
OI   O.D.

Cuando los pronombres **le, les** preceden a **lo, la, los, las,** cambian por **se.** Así:

Le lo = se lo   les la = se la
Le la = se la   les los = se los

Se puede ser, entonces, un pronombre personal de objeto indirecto. Equivale a **le** o **les** antes de **lo, la, les, las.**

> El **objeto indirecto** (le-les) se refiere a la persona o cosa que recibe el daño o el provecho de la acción verbal. El objeto indirecto no recibe solamente la acción del verbo, sino la expresada por una especie de unidad que forman el verbo y el objeto directo.
> Generalmente va precedido por las preposiciones **a** o **para.**

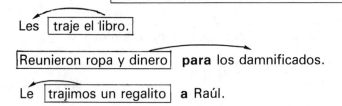

Les ⌐traje el libro.⌐

⌐Reunieron ropa y dinero⌐ **para** los damnificados.

Le ⌐trajimos un regalito⌐ **a** Raúl.

Como suele haber confusión entre los pronombres de 3a. persona lo, la/le, los, las/les, vamos a ver unos ejemplos:

III. Lee con atención.

a) Le dije (a ella)   No   La dije.
b) Los vi (a ellos)   No   Les vi.
c) La buscaban   No   Le buscaban.
d) Les interesa (a ustedes) No   Los interesa.

a) **Ella** no es el objeto dicho, sino la persona que recibe la acción verbal.
b) **Ellos** sí son el objeto visto; es un objeto directo.
c) **Ella** es lo buscado.
d) **Ustedes** no es lo interesado, sino a quienes interesa.

Se da una confusión debido a la asociación a = femenino, o = masculino. Quizá el abuso de le-les, donde no corresponde, sea una especie de rebuscamiento. Debemos evitarlo.

IV. Completa con le, les, la, lo, las, los.

1. _____ dije la verdad a la maestra.

2. No _les_ trajo carta a ustedes.

3. ¿Y tus amigos? No _los_ vi ayer.

4. ¡Qué bonitas flores! ¿Me _las_ regalas?

5. No _le_ entiendo bien a este autor.

6. ¿Dónde está Rosa? El licenciado _la_ está buscando.

7. A Luis no _le_ interesan estos problemas.

8. No encuentro a Luisa, ayer tampco _la_ vi.

9. Cuando _lo_ vimos, Juan estaba ocupado.

10. ¿ _les_ pediste su teléfono a los muchachos?

(Comprobación 45)

V. Lee con atención.

Les traje la camisa **a los muchachos**.
Les pedí un libro prestado **a mis vecinos**.
Les dije toda la verdad **a ustedes**.

Ya habrás observado que **les** y **a los muchachos** significan lo mismo y por lo tanto son dos formas plurales. Ahora bien, en la lengua oral (y aun en la escrita) se ven con frecuencia estructuras como éstas:

Yo le dije la verdad a los muchachos.
Lupe le trajo la camisa a los niños.

En estas oraciones hay una discordancia gramatical que debemos evitar.

RECUERDA:

```
          ╱ a usted                    ╱ a ustedes
le  ◁─── ─ a él          les  ◁─── ─ a ellos
          ╲ a ella                    ╲ a ellas
```

VI. Corrige las siguientes oraciones.

1. Lo voy a dar un regalo.

   Le voy a dar un regalo

2. Le presté el libro a tus amigos.

   Les presté

3. A Luis le conocí ayer.

A Luis lo conocí ayer a Luis

4. No le traje nada a ustedes.

No les

5. Le compró un regalo a los niños.

les

6. Le pedí a ellos el favor.

Les pedí

7. Me gusta cuando la veo esa ropa.

_le_

8. Luis la dijo que la quería.

Le   la quería

9. Ya la pagamos la deuda (a ella).

_le_

10. No les vimos pasar.

No los

11. Le contó un cuento a los niños.

Les contó

12. Yo no le pedí el favor a ellos.

Yo no les pedí

13. Le respeto y le admiro.

La/Lo respeta y lo/la admiro

14. Le llamé ayer por teléfono.

Lo/La llamé

15. Les pedimos las cartas al cartero.

Le pedimos

(Comprobación 46)

VII. Completa con le, les, lo, la, los, las.

1. _Les_ pedí el favor a ellos.

2. ¿Estaba Margarita? No _la_ vi.

3. No _les_ pude enseñar la carta a mis compañeros.

4. (A ellas) _Las_ conozco bien, por eso _las_ admiro tanto.

5. ¿Tú _le_ avisas a Jorge?

6. Yo no _les_ dije nada del asunto a los muchachos.

7. No _les_ digo la verdad porque son muy indiscretos.

8. ¿ _Les_ contaste esa mentira a tus hijos?

9. Me gustan mucho las flores. _Las_ compro en el mercado.

10. ¿Fueron a la reunión? No _los_ vi allí.

(Comprobación 47)

VIII. Construye una oración con los elementos que se dan.

1. (le-la verdad-a Elena)

   _____

2. (les-el recado-a ellos)

   Les dí el recado a ellos

3. (les-una carta-a ustedes)

   Les ecribí una ..

4. (le-unas flores-a Rosa)

   _____

5. (les-un favor-a mis compañeros)

   Les hice un favor a mis compañeros

6. (les-un telegrama-a tus amigos)

   nos les envias   .

IX. Lee con atención.

Les dije **la verdad.** ⟶ Se **la** dije.

Les pedimos **un favor.** ⟶ Se **lo** pedimos.

Les dije **muchas mentiras.** ⟶ Se **las** dije.

Les pedimos **unos libros.** ⟶ Se **los** pedimos.

Es frecuente oír —e incluso leer— construcciones como:

Se las dije por (Les dije la verdad)

o

Se los pedimos por (Les pedimos un favor)

> Esto se debe tal vez a que al hacer la sustitución **les** por **se**, se siente la ausencia de la **s** (marcador de plural). En la lengua oral quizá sea relativamente aceptable, pero en la escritura hay que evitarlo. Existe un criterio formal, gramatical, y a él debemos atenernos.

X. Sustituye por los pronombres correspondientes.

Ejemplo: Les mandé unas flores   Se las mandé.

1. No les pedí su opinión. *No se la pedí*
2. ¿Les dijiste la verdad? *Se la dijiste*
3. Les recomendé a María. *Se la recomendé*
4. Les di la noticia. *Se la di*
5. Les pedí el cuestionario. *Se lo pedí*
6. No les comenté el asunto. *No se lo comenté*
7. Les conté esa historia. *Se la conté*
8. No les traje la revista. *No se la traje*
9. Les dieron el resultado. *Se lo dieron*
10. ¿Les compraste la pluma? *¿Se la compraste?*

(Comprobación 48)

ABUSO DE CIERTOS PRONOMBRES

XI. Lee.

Tú lo que yo creo que tienes es un buen resfriado.
Creo que tienes un buen resfriado.

A esas alumnas hay que poner**las** a trabajar.
Hay que poner a trabajar a esas alumnas.

> Es frecuente —sobre todo en la lengua oral— el abuso en el empleo de ciertos pronombres.
> Esto hay que evitarlo en la escritura a fin de que resulte sencilla y clara.

XII. Vuelve a escribir las oraciones suprimiendo los pronombres y otras palabras que resultan innecesarios.

1. Nosotros lo que pensamos es que eres un buen maestro.

2. Por eso es por lo que el licenciado firmó el documento. *por eso*

3. Las toallas hay que lavarlas hoy.

4. Nosotros lo que quizá tenemos es un poco de miedo.

5. Esa es la razón por la que no me recuerdo.

   por esa razón no me recuerdo

6. La caja tenemos que taparla por las moscas.

   Tenemos que

7. Su tiempo libre lo dedica al deporte.

8. Por eso es por lo que llamamos al doctor. *por eso.*

(Comprobación 49)

SU-SUS

XIII. Lee.

Vinieron los alumnos de segundo y de tercero y trajeron **sus** trabajos.

El hombre asesinó a la mujer en **su** casa.

Ya habrás advertido la ambigüedad de los ejemplos anteriores. Al leerlos, cabe preguntarse:

¿Cuáles alumnos trajeron sus trabajos: los de tercero o los de segundo, o ambos?

¿En la casa de quién asesinó el hombre a la mujer: en la de él o en la de ella?

Tal y como están las oraciones, es imposible saber la respuesta con precisión. Debemos entonces redactar de otra manera. Por ejemplo:

Vinieron los alumnos de segundo con sus trabajos; también vinieron los de tercero.

Vinieron los alumnos de segundo y de tercero; todos trajeron sus trabajos.

El hombre asesinó a la mujer en la casa de ella.
El hombre, en su casa, asesinó a la mujer.

RECUERDA:

> Los posesivos **su** y **sus** pueden resultar ambiguos.

En el caso de las personas **usted** y **ustedes**:

Vimos a su hermana.

se puede aclarar diciendo:

Vimos a la hermana de usted.

para saber así a quién se refiere el **su**.

XIV. Vuelve a escribir las oraciones con objeto de que resulte clara y precisa la persona a quien se refiere el posesivo su (sus). Escribe todas las versiones posibles.

Ejemplo: Vinieron Luisa y Bety con su perro.
Vino Luisa y también Bety con su perro.
Vinieron Bety, con su perro, y Luisa.
Vinieron Luisa y Bety y trajeron a su perro.

1. Vinieron los Gómez y los Cortés con sus hijitos._____
_____

2. María fue a ver a Carmen para comentar el problema de su tía.
_____
_____

3. Juan y Carlos vinieron con su madre. _____
Vino Juan y también Carlos con su madre

4. Carlitos y Pepe se pelearon por su juguete. _____
_____

5. Mis compañeros y sus amigos estuvieron discutiendo sobre sus calificaciones. _____

_____

6. Teresa y Lorena se enojaron porque le manchó su blusa. _____
                                              ésta

_____

7. Margarita fue a casa de Bertha y allí vio a su prima. _____

_____

8. Nos encontramos a Salvador y a Pepe y nos fuimos a su casa.

_____

_____

ABUSO DE CIERTAS PALABRAS

Existe un buen número de palabras de las cuales abusamos frecuentemente, tanto al hablar como al escribir. Si, mediante un curso de esta naturaleza, estamos intentando mejorar nuestra escritura vamos a proponernos detectarlas y enriquecer así nuestra expresión escrita. Esto no quiere decir, por supuesto, que haya que **evitar** algunas palabras; más bien, que debemos conocer su significado preciso, así como otras alternativas que servirán para enriquecer la expresión escrita de nuestras ideas y pensamientos. Recuerda que el abuso de ciertas palabras manifiesta pobreza de vocabulario, y produce monotonía.

COSA-ALGO

XV. Lee.

La obra tiene **cosas** interesantes.
La obra tiene aspectos interesantes.
La dirección y la actuación son interesantes en la obra.

Contestó **algo** grosero.
Contestó una grosería.

> **Cosa** es una palabra que se usa para todo, ¡hasta para una persona! No es raro oír decir: "Este niño es una cosa monísima".
>
> "**Cosa** es probablemente la palabra de sentido más vago, más impreciso, el vocablo más vulgar y trivial de la lengua",* dice M. Vivaldi, autor de un trata-do de redacción para periodistas. Creemos que es una buena definición para ésta y algunas otras pa-labras de las que se abusa con frecuencia.
>
> **Algo**, por su parte, debe emplearse únicamente cuando queremos dar un sentido indefinido, inde-terminado, impreciso.

XVI. Sustituye COSA y ALGO por una palabra o expresión más pre-cisas.

1. Ella tiene algo de su abuelo.

   el libro

2. Esa pintura es una cosa admirable.

   obra
   pieza, creación, composición

3. En esta oración hay algo que no entiendo.

   un idea   _una palabra, una frase_

4. Quiero decirte una cosa secreta.

   rebelación   _leyenda, hecho_

5. Sara se viste con cosas extrañas.

   cotelas, modas   _pantalón_

6. Necesitamos una cosa para quitar manchas.

   líquido   _jabón   una crema_

7. Tengo que decirte algo de parte de Luisa.

   darte la respuesta

8. Para mí la lectura es una cosa necesaria y útil.

   hábito,   _colección de datos, herramienta - tool_

9. En este ejercicio hay algo que no entiendo.

   unos verbos, un aspecto, una teoría

10. Enumera las cosas tal y como ocurrieron.

    los eventos

---

*Martín Vivaldi, **Curso de Redacción**, Paraninfo, Madrid, 77.

11. La novela tiene algo interesante.

personajes, un tema, una trama, un escándolo

12. Su trabajo es ya una gran cosa para el país.

contribución, orgullo, ganancia

13. El ruido de la construcción es algo molesto.

evidentemente, muy, demasiado, un poco

14. La bebida es una cosa peligrosa.

un vicio, un hábito, diversión, atracción, veneno

15. Al niño se le veía algo alegre en la cara/_rostro_

una sonrisa, una expresión, brillo

16. Esta cosa va a tener que llevarse a juicio.

enfrentamiento, documento, problema, situación, divorcio, pleito, conflicto

17. Es algo ocioso que estés allí sin hacer nada.

muy, bastante

18. Las radiografías son una cosa indispensable para el diagnóstico.

instrumento, invención, prueba, examen

19. Tu trabajo tiene algo débil en su estructura.

conceptos, material, tema, cimientos

20. Su actitud resultó algo cobarde.

mal - mínimamente   fríamente, vergonzosamente
un poco

(Comprobación 50)

ABUSO DE CIERTOS VERBOS

Es frecuente, tanto al hablar como al escribir, "apoderarnos" de ciertos verbos y utilizarlos en exceso. Esto les resta precisión, propiedad y hasta originalidad a nuestros escritos. Los verbos de los que se abusa con más frecuencia son:

decir, estar, hacer, poner, ser, tener, ver,

así como la forma **hay** del verbo **haber.**

XVII. Observa los siguientes pares de oraciones. ¿Te parece mejor la segunda?

El acusado dijo estar inconforme.
    El acusado manifestó su inconformidad.

La diferencia está en el estilo.   *residir —*
      La diferencia reside en el estilo.   *estar en algo*
¿Ya hicieron todo el trabajo?
      ¿Ya concluyeron el trabajo?
Pusimos los papeles en orden.
      Ordenamos los papeles.
El libro es de una colección.
      El libro pertenece a una colección.
Todavía tengo ese recuerdo.
      Todavía conservo ese recuerdo.
No ve la diferencia.
      No distingue la diferencia.   *distinguir*
En sus actos hay agresividad.
      En sus actos se percibe agresividad.

ATENCIÓN:

No estamos intentando afirmar que no se deban usar estos verbos, sino que hay que utilizar también sus sinónimos o buscar otros de significado más preciso.

XVIII. Sustituye las palabras subrayadas por otra forma más precisa. Haz los cambios necesarios. Utiliza tu diccionario de sinónimos.

A) 1. Roberto casi siempre dice mentiras.
_____ *miente* _____

2. Estuvo un largo rato diciendo los detalles del accidente.
_____ *contando, detallando, explicando* _____

3. El maestro dijo los nombres de todos los alumnos.
presentó, mencionó _____ *llamó, nombró a todos* _____

4. Dijeron las novedades y salieron del recinto. *— lugar (la sala)*
informaron, _____ *discutieron, expusieron, explicaron cerrado* _____

5. Nos dio los informes sobre los exámenes.
_____ *informó, contó, explicó* _____

6. El abogado dijo los problemas en forma detallada.
_____ *presentó, discutió, relató* _____
esbozó

(Comprobación 51)

B) 1. El restorán está en la esquina de mi casa.
_____ *reside* _____
se encuentra   ubica
queda   se sitúa
se localiza

2. La importancia está en los diversos puntos de vista.

reside, consiste

3. En la farmacia no está este medicamento.

se encuentra, se localiza, no existe

4. El niño no parece estar en buenas condiciones.

encontrarse, hallarse

5. No se sabe si están en Venezuela en estos momentos.

andan, se quedan, residen, viven, viajan

6. Ese producto no está en las tiendas.

se localiza, se vende, se encuentra, se expide

(Comprobación 52)

C) 1. Mis primos hacen muchos deportes.

juegan, participan en, practican

2. El doctor hace una visita de rutina.

efectúa, conduce, realiza

3. En ese lugar hacen unos quesos muy buenos.

cocinan, preparan, venden, elaboran

4. Hicieron el edificio en pocos meses.

Levantaron, Arreglaron, Terminaron, construyeron, remodelaron

5. En ese pueblo hacen bonitas artesanías.

manufacturan realizan producen, fabrican, crean, confeccionan

6. El ingeniero hizo una inspección de la obra.

inspeccionó la obra
realizó, revisó, efectó

(Comprobación 53)

D) 1. Puedes poner tus cosas en esos cajones.

dejar, colocar, ordenar, arreglar, guardar

2. Vamos a poner el dinero en el banco.

meter, dejar, depositar, guardar

3. Deberíamos poner la estufa hoy; así podré cocinar.

arreglar, instalar, conectar

4. Es conveniente poner el vidrio contra la pared.

apoyar, dejar, recargar, descansar

5. Pon el dibujo entre dos libros para que no se arrugue.

mete, coloca, deja, guarda

6. <u>Ponemos</u> las cosas en orden.

   Dejamos, Organizamos
           los papeles

(Comprobación 54)

E) 1. Todo el mérito <u>es</u> de Margarita.

      pertenece

   2. Ese dinero <u>es</u> una gran ayuda para ellos.

      representa

   3. Tu educación <u>es</u> todo tu patrimonio.

      significa   constituye

   4. El premio no <u>es</u> para usted.

      le pertenece , lo merece

   5. Eso no <u>es</u> lo mismo que yo dije.

se refiere   *quiere decir ,*

   6. La crema no <u>es</u> para eso.

   se usa, sirve, se aplica a eso

(Comprobación 55)

F) 1. Carlos <u>tuvo</u> una buena actuación.

      presentó, actuo muy bien, se condujo
   2. Ella <u>tiene</u> una enfermedad tropical.

      encuentra, padece, sufre
   3. <u>Tienes</u> el último lugar en la clase.

      quedaste, mantienes, ocupa
   4. El cuarto <u>tiene</u> seis metros de ancho.

      consiste de, mide
   5. <u>Tengo</u> constantes dolores de cabeza.

      Sufro   padezco
   6. Se debe <u>tener</u> el producto en alcohol.

      conservar, guardar, mantener

(Comprobación 56)

G) 1. El maestro todavía tiene que <u>ver</u> varias composiciones.

      leer, revisar, corregir, cotejar, confrontar

2. Hay gente incapaz de <u>ver</u> la belleza de esos murales. *percibir*
divisar
apreciar, valorar, admirar, observar, contemplar

3. ¿<u>Ve</u> usted la diferencia entre los dos trabajos?

distingue, observa, reconoce, percibe

4. Ni siquiera <u>vio</u> los cambios que hicimos en la casa.

se dio cuenta, reconoció, notó, distinguió, discubrió, observó

5. <u>Vea</u> usted con atención esas radiografías.

Revise, analise, interprete

6. El policía <u>ve</u> con cuidado las salidas del banco.

divisar
observa, mira, vigila, asecha = ver como vigilando
asechar - poner trampas

(Comprobación 57)

H) 1. No <u>hay</u> una persona capaz de comprenderme.

existe, conozco, vive

2. ¿En dónde <u>hay</u> lápiz y papel en esta oficina?

localizan, se encuentran, guardan

3. No <u>hay</u> seriedad en esa persona.

existe, se nota, aparece, se abierte

4. Va a <u>haber</u> un mitin hoy a las seis.

realizarse, llevará a cabo

5. <u>Hubo</u> una desgracia en esa familia.

Sucedió, pasó, ocurrió, acaició, se manifestó

6. <u>Hay</u> algo trágico en su semblante. *coloquial*

Se ve, se percibe, se muestra, se manifesta
se nota

(Comprobación 58)

XIX. Lee.

Era necesario que **viniera**.
Si lo **supiera** te lo diría.
Te agradecería que me **avisaras**.

Es frecuente, sobre todo en los medios masivos de comunicación y en el habla de los políticos, oír:

Era necesario que **viniese**.
Si lo **supiese** te lo diría.
Te agradecería que me **avisases**.

Este fenómeno se debe, tal vez, a un deseo de ser más original, más so-
fisticado. En realidad, no es más que un rebuscamiento, una afectación inútil
que da como resultado que el habla se sienta poco natural y hasta ridícula.

RECUERDA:

Excepto para fines literarios, las formas -**ase**,-**iese** del pretérito de subjuntivo no pertenecen a la norma de México.

XX. Cambia la forma subrayada.

Ejemplo: Te lo habría dicho si lo <u>hubiese sabido</u>.
              Te lo habría dicho si lo <u>hubiera sabido</u>.

1. Lo compraríamos si <u>tuviésemos</u> el dinero.
   tuviéramos

2. Si <u>pudiese</u>, iría con ustedes.
   pudiera

3. No lo habría dicho aunque <u>hubiese tenido</u> la ocasión.
   hubiera tenido

4. Se lo diría si lo <u>supiese</u>.
   supiera

5. Si Jorge <u>comprase</u> esa pintura, se arrepentiría.
   comprara

6. Lo habría dicho aunque se <u>hubiese molestado</u> la directora.
   hubiera molestado

7. Si no <u>llegásemos</u> a tiempo, no podríamos votar.
   llegáramos

8. Era indispensable que <u>diesen</u> su opinión.
   dieran

(Comprobación 59)

XXI. Agrega los signos de puntuación que se han omitido en el si-
guiente texto.

9 .	20 ,

No cabe duda de que los seres humanos somos diferentes de los
demás animales entre otras causas menos evidentes por el lenguaje Sólo el hombre tiene la capacidad de comunicarse con sus semejantes haciendo uso y poniendo en práctica un sistema de signos

doblemente articulado como en su momento explicó certeramente André Martinet La primera articulación nos permite con un número finito de signos orales construir una ilimitada cantidad de enunciados Gracias a la segunda articulación con sólo unos pocos sonidos o fonemas formamos un gran número de palabras es decir todos los signos orales que requerimos

Por tanto estudiar el lenguaje humano es interiorizarse en lo más profundo del hombre Si la curiosidad científica nos lleva a conocer por ejemplo nuestro cuerpo cada vez con mayor detalle y perfección y los médicos pueden así prevenir sus males y remediarlos debemos igualmente interesarnos en el lenguaje pues cuanto más lo conozcamos mejor conoceremos al hombre en lo que le es privativo y esencial

Asimismo puede pensarse que lo que mejor identifica a los grupos humanos es su lengua Si el lenguaje humano es uno solo como capacidad de intercomunicación simbólica tantas lenguas hay cuantos grupos humanos culturalmente diferenciados existen Conocer nuestra lengua es entonces conocernos como pueblo como nación entendida ésta como el conjunto de personas que tienen un mismo origen étnico que tienen una tradición común y que evidentemente hablan un mismo idioma

JOSÉ G. MORENO DE ALBA
Minucias del lenguaje

(Comprobación 60)

LA ORACIÓN SIMPLE

I. Lee con atención.

La niña salió a la calle. Un hombre gordo y mal encarado se le acercó sospechosamente. Le pidió un dulce. La niña lo miró sorprendida. No dijo nada. No pronunció una sola palabra. Se quedó muda de miedo y de sorpresa. Corrió nuevamente hacia su casa. Llegó a la puerta. No aguantó la curiosidad. Volteó a ver al hombre gordo. Ahí estaba todavía parado, con una cara de infinita tristeza. La niña se quedó inmóvil, con la mirada perdida. El hombre se acercó nuevamente a ella. Se puso un poco pálida. Le corrieron por la cara dos gruesas lágrimas. El señor la miraba. La niña abrió la boca. No pronunció una sola palabra. El señor se alejó lentamente. Su cara estaba llena de dolor y desconcierto. La niña corrió hacia el señor. No tengo dulces, le dijo.

OBSERVA:

La niña salió a la calle.
    S   P

RECUERDA:

El **sujeto** es aquello de lo que se dice algo. Podemos reconocerlo preguntando **qué** o **quién** + el verbo de la oración.
    ¿Quién salió?   La niña
El **predicado** es todo lo que se dice del sujeto:
      salió a la calle

> Una oración simple consta de sujeto y predicado (S P). Se caracteriza además por ser independiente; esto es, no forma parte de ninguna otra oración.

RECUERDA:

La persona gramatical (el sujeto) puede estar expresada en el propio verbo. Cuando decimos: **cantamos,** sabemos por la terminación que el sujeto es **nosotros.** Este tipo de sujeto se llama **tácito.**

II. Localiza en el texto que acabas de leer todas las oraciones. Escríbelas a continuación. Subraya el sujeto; si éste es tácito, escríbelo entre paréntesis antes de la oración.

1. _____   13. _____

2. _____   14. _____

3. _____   15. _____

4. _____   16. _____

5. _____   17. _____

6. _____   18. _____

7. _____   19. _____

8. _____   20. _____

9. _____   21. _____

10. _____   22. _____

11. _____   23. _____

12. _____   24. _____

(Comprobación 61)

Ya habrás advertido que el sujeto y el predicado no siguen siempre el orden S + P . El sujeto puede colocarse también después o en medio del predicado.

III. Cambia el lugar del sujeto en las oraciones del ejercicio II. No trabajes las que tienen sujeto tácito.

Ejemplo: La niña **salió** a la calle.
        Salió **la niña** a la calle.

1. _____

2. _____

3. _____

4. _____
5. _____
6. _____
7. _____
8. _____
9. _____
10. _____
11. _____

EL SUJETO

IV. Lee.

A. Elena y Roberto no pueden venir hoy.
B. Ya conseguimos los boletos para el teatro.
C. Dicen que hubo un accidente.
D. Nieva mucho en esa región.
E. Lo traje para enseñártelo.

RECUERDA:

El sujeto de una oración puede ser **expreso** o **tácito** (A y B). Puede ser también **indefinido**: porque no sabemos quién es (C), o por tratarse de un verbo impersonal como **llover, nevar, granizar,** etc. (D). Por su parte, en la oración (E), el sujeto del verbo **enseñar** está dado por el verbo **traje:** por el contexto.

OBSERVA:

Si en el ejemplo (C) preguntamos:

¿Quiénes dicen?

La respuesta resulta difícil: diversas personas, la prensa, etc; alguien a quien no es posible definir. En esos casos usamos la 3a. persona del plural, ellos o ellas.

En la oración (D), ¿quién nieva?, la respuesta sería la nieve, la naturaleza, . . .; por supuesto, nunca responderíamos así. Usamos para estos verbos la 3a. persona del singular.

ESTRUCTURA DEL SUJETO

V. Lee.

Elena no puede venir/Elena y Roberto no pueden venir.

Subraya el sujeto de las dos oraciones que acabas de leer.

RECUERDA:

> El sujeto puede ser **simple** (cuando hay un solo
> sustantivo) o **compuesto** (cuando está formado
> por dos o más sustantivos).

VI. Subraya con una línea el sujeto simple y con dos el compuesto.

1. Todos queremos ir a la reunión.
2. Ya está terminando su trabajo María Luisa.
3. Los alumnos decidieron protestar por ese asunto.
4. Jorge y Carlos no llegaron a tiempo.
5. Muchos de ustedes son responsables de lo sucedido.
6. Se veía enloquecida la muchedumbre.
7. Los perros disfrutaron mucho el paseo.
8. El doctor y la enfermera se veían preocupados.
9. La mayoría fue a quejarse con el director.
10. Tampoco ella y yo estamos de acuerdo.

(Comprobación 62)

VII. En las oraciones siguientes, indica la clase del sujeto: tácito, indefinido, expresado por el contexto, simple o compuesto.

1. Dicen que el maestro Ruiz está muy enfermo.

   (_indefinido_)

2. Mi sobrina te conoce muy bien.

   (_simple expresp_

3. Nunca dijimos semejante cosa.

   (_tácito_)

4. La secretaria y el jefe de la oficina no están.

(_compuesto_ expreso

5. En ese lugar graniza con frecuencia.

(_indefinido_)

6. Nos interesa mucho [la bioquímica.] — el sujeto

(_simple expreso_

7. Lo llevamos para enseñárselo a usted.

(_tácito_ -por el contexto

8. Generalmente voy de vacaciones al campo.

(_tácito_)

9. Me molestaron el humo y el ruido.

(_compuesto_ expreso

10. Ayer llovió toda la tarde.

(_indefinido_)

11. El niño entró dando de gritos.

(_simple expreso_

12. Me comentaron que se va a suspender el mitin.

(_indefinido_)

(Comprobación 63)

INFINITIVO COMO SUJETO

VIII. Lee.

a) A ellos les gusta mucho **viajar.**
b) **Hacer** deporte es bueno para la salud.
c) **Leer** y **escribir** son una necesidad para él.
d) Me resulta agradable **verte** y **escuchar** tus palabras.
e) **Trabajar** y **estudiar** tantas horas cansa.
f) Es absurdo **escribir** y **ver** la televisión al mismo tiempo.

> Un infinitivo puede ser el sujeto de la oración. En este caso el infinitivo **cumple función sustantiva.**

OBSERVA:

En los ejemplos *a, b* y *c* el sujeto y el verbo concuerdan en número: **viajar gusta, hacer cansa, leer** y **escribir son.** Sin embargo, en los ejemplos *d, e* y *f* no se hace la concordancia gramatical. Estas son cuestiones de uso de la lengua, casos en los que se presenta vacilación. Podemos afirmar que aquellos casos en que los infinitivos constituyen una especie de unidad llevan el verbo en singular: **ver** y **escuchar es, trabajar** y **estudiar cansa, escribir** y **ver es.**

IX. **Construye diez oraciones usando un infinitivo como sujeto simple o compuesto.**

ESTRUCTURA DEL PREDICADO

Ya dijimos antes que el predicado es todo lo que se dice del sujeto.

> El predicado está constituido por un verbo que puede llevar diferentes clases de complementos o modificadores.

ATENCIÓN:

Además de los predicados verbales, hay predicados nominales y adverbiales que no veremos aquí por no ser asunto de este manual. Para mayor información sobre aspectos gramaticales, se te ha dado ya una bibliografía que puede auxiliarte.

X. **Subraya el predicado. Marca con dos líneas el verbo conjugado.**

1. Me gusta mucho la vida en el campo.
2. Teresa vino con sus primas ayer.
3. A ellos no les interesó la película.
4. El cine y la lectura son parte integral de tu formación.
5. Ya cerca de las nueve llegaron Jorge y Luisa.
6. Anoche los niños no se querían dormir.
7. A veces llueve mucho por aquí.
8. Aseguran que va a haber tumultos en el futbol.
9. Nos interesa saber la verdad.
10. Hicieron una reunión todos los maestros.

(Comprobación 64)

ELEMENTOS DE ENLACE

Vamos ahora a trabajar nuevamente el texto de la página 280.

En el texto, encontramos 24 oraciones (cf. comp. 61)*. Al leerlo por primera vez, ¿no lo consideraste un poco extraño? Es, sin duda, un texto hecho con una intención: ejemplificar la oración simple; por eso se hizo así, a base de oraciones separadas por un punto. Sin embargo, si nuestra intención fuera hacer una pequeña narración, tal vez no lo construiríamos tal y como está. Algunas de las oraciones pueden ir unidas por un elemento de enlace; esto es, por un elemento que las una, les dé mayor precisión a las relaciones que hay entre ellas. Un texto no es un enlistado de oraciones: tiene una estructura y una coherencia.

OBSERVA:

La niña salió a la calle.
Un hombre gordo y mal encarado se le acercó sospechosamente. (y)
Le pidió un dulce.

La niña lo miró sorprendida.   (pero, aunque, sin embargo)
No dijo nada.   (ni, :)
No pronunció una sola palabra.

Se quedó muda de miedo y de sorpresa.   (y de pronto, súbitamente)
Corrió nuevamente hacia su casa.

(cuando, en el momento que)   Llegó a la puerta.
No aguantó la curiosidad.   (así que, y, entonces)
Volteó a ver al hombre gordo.   (que)
Ahí estaba todavía parado, con cara de infinita tristeza.

La niña se quedó inmóvil con la mirada perdida.

(cuando) El hombre se acercó nuevamente a ella.
Se puso un poco pálida.   (y)
Le corrieron por la cara dos gruesas lágrimas.

El señor la miraba.

La niña abrió la boca.   (y, pero)
No pronunció una sola palabra.

* La abreviatura **cf** (confrontar) equivale a Véase, verifíquese.

El señor se alejó lentamente.
Su cara estaba llena de dolor y desconcierto.

(al verlo, por eso, entonces) La niña corrió hacia el señor.
(:) No tengo dulces, le dijo.

Vamos a intentar ahora construir el texto valiéndonos de los nexos que hemos propuesto.

La niña salió a la calle. Un hombre gordo y malencarado se le acercó sospechosamente y le pidió un dulce. La niña lo miró sorprendida, pero no dijo nada ni pronunció una sola palabra. Se quedó muda de miedo y de sorpresa y, de pronto, corrió nuevamente hacia su casa. Cuando llegó a la puerta no aguantó la curiosidad así que volteó a ver al hombre gordo que ahí estaba todavía parado, con cara de infinita tristeza. La niña se quedó inmóvil, con la mirada perdida. Cuando el hombre se acercó nuevamente a ella, se puso un poco pálida, y le corrieron por la cara dos gruesas lágrimas. El señor la miraba. La niña abrió la boca pero no pronunció una sola palabra. El señor se alejó lentamente. Su cara estaba llena de dolor y desconcierto. Entonces, la niña corrió hacia el señor: no tengo dulces, le dijo.

Lee en voz alta los dos textos. ¿Observas la diferencia? Recuerda que las oraciones se relacionan entre sí y su significado se vuelve más claro y preciso. Ya habrás advertido que además de agregar los elementos de enlace, se cambiaron signos de puntuación que, de alguna manera, cumplen función de nexo.

XI. Redacta una nota periodística valiéndote de las listas de oraciones que se dan a continuación. Agrega las palabras que consideres necesarias. Cambia los signos de puntuación y suprime palabras, cuando lo creas conveniente. (Observa que las oraciones están separadas en grupos, cada uno corresponde a un párrafo).

Ejemplo:

1. El día de ayer, por lo menos 42 personas murieron asfixiadas o pisoteadas.
2. Varios cientos más se encuentran heridas.
3. 150 personas están heridas de suma gravedad.

4. Se derrumbó un muro en el estadio de Heysel.
5. Hubo disturbios provocados por aficionados ingleses.
6. Éstos perseguían a los italianos.

7. Los perseguían antes de iniciarse el partido por la final de la Copa Europea de Campeones.
8. Jugaban el Juventus, de Italia y el Liverpool, de Inglaterra.

   1. El día de ayer, por lo menos 42 personas, murieron
   2. asfixiadas o pisoteadas y varios cientos más se
   3. encuentran heridas; 150, de suma gravedad.
     (Entre la 1 y 2, agregamos **y**. Integramos la 3 a la anterior, cambiando el punto por punto y coma. Omitimos **personas** y **están heridos** por ser innecesarios).

   4. Se derrumbó un muro en el estadio de Heysel debido
   5. a los disturbios provocados por aficionados ingleses
6,7. que perseguían a los italianos antes de iniciarse el partido
   8. por la final de la Copa Europea de Campeones en la que jugaban el Juventus, de Italia y el Liverpool, de Inglaterra.
     (Después de la 4, agregamos **debido a** y suprimimos **hubo**. Unimos la 6 a la 5 por medio del nexo **que** y suprimimos **Éstos**. Entre las 6 y 7 suprimimos **los perseguían**. La 7 y la 8 las unimos con el nexo **en la que**).

   9. Antes de principiar el juego el estadio estaba repleto.
10. El estadio tiene capacidad para 63 mil espectadores.
11. Miles de británicos atacaron a los aficionados italianos.
12. Los británicos estaban en estado de embriaguez.
13. Los atacaron con garrotes, bombas de humo, latas y otros objetos.
14. Provocaron varios incendios.
15. Obligaron a los aterrados aficionados a replegarse hasta un muro.
16. En el muro no había escapatoria posible.
17. Aseguró el jefe de bomberos.
18. Agregó: el muro cedió a la presión.
19. Se derrumbó.

20. Cayeron sobre la multitud piedras, trozos de hormigón y botellas.
21. La policía no intervino.
22. La policía antimotines se lanzó con bastones, perros y caballos contra el público.
23. Había invadido la cancha.
24. Se golpeaba.
25. Tardaron una hora en dejarla en condiciones para jugar.

26. Hubo numerosas protestas.
27. El partido se llevó a cabo.
28. Se evitaron peores disturbios.

29. Los sucesos han causado gran consternación.
30. Son una muestra de la violencia que hay en el mundo.
31. Llega incluso al ámbito deportivo.
32. Causa tragedias absurdas.

(Comprobación 65)

XII. **Redacta una pequeña historia (tres párrafos).**

1. Roberto se arregló con esmero.
2. Había esperado ansiosamente ese día.
3. Llegaba Marisa.
4. Había pasado varios años en el extranjero.
5. ¿Sería la misma?
6. ¿Lo amaría como siempre?

7. Llegó al aeropuerto.
8. Llegó con casi una hora de anticipación.
9. Preguntó en el mostrador: ¿el avión viene a tiempo?
10. Sí, a tiempo.
11. Le contestaron.
12. Se paseó nervioso por el ancho corredor.
13. Vio las tiendas de curiosidades.
14. Compró unos cigarros.
15. Tomó un trago.
16. Parecía que el tiempo no pasaba nunca.

17. El altavoz anunció el vuelo.
18. El vuelo, por cierto, llegaba doce minutos retrasado.
19. Se acercó a la puerta.
20. Los pasajeros salen por esa puerta.
21. Se dedicó a mirar a cada uno con ansiedad.
22. Un poco después apareció Marisa.
23. La vio.
24. Encontró su mirada.
25. Reconoció su sonrisa de siempre.
26. Supo que era la misma mujer.
27. El había esperado tanto tiempo a esa mujer.

(Comprobación 66)

XIII. Escribe una historia (6 párrafos).

1. Los niños jugaban en el patio.
2. El patio queda atrás de la casa de Pepe.
3. Está cerca de la casa de la vieja.
4. La vieja estaba irritada y molesta.
5. Los chiquillos hacían demasiado ruido.
6. Le impedían dormir.
7. Era una pobre mujer solitaria y amargada.

8. Tuvo una maligna idea.
9. Salió sigilosamente.
10. Salió sin ruido.
11. Se dirigió a la casita.
12. En la casita estaba "Júpiter".
13. Estaba apacible y amodorrado.
14. "Júpiter" era un feroz y nervioso animal.

15. La vieja lo soltó.
16. Lo azuzó contra los niños.
17. Ellos, aterrados, lo veían llegar.
18. Cada uno corría a ponerse a salvo.
19. Se ponían a salvo donde podían.
20. Se ponían a salvo en los árboles.
21. Se ponían a salvo arriba de la barda.
22. Se ponían a salvo en la casa de Pepe.
23. "Júpiter", más nervioso por el alboroto de los niños, alcanzó un brazo de Pepe.
24. Pepe se puso a gritar por el dolor y por el miedo.

25. Salió don Jorge.
26. Don Jorge era el padre de Pepe.
27. Logró desprender al niño del animal.
28. Profería insultos y amenazas contra la vieja.
29. La vieja se reía y se burlaba.

30. El hombre entró a su casa.
31. La madre cuidaba al niño.
32. Don Jorge llamó a la policía.
33. Expuso el asunto.
34. No es la primera vez que sucede, aseguró.

35. Se oyeron las sirenas de la policía.
36. Se presentaron en casa de la vieja.
37. Un policía le entregó un citatorio.

38. Otro policía amarró al animal.
39. Había que llevárselo.
40. ¡Pobre "Júpiter"!
41. Él no era el responsable.
42. Iba a recibir el castigo.

(Comprobación 67)

XIV. Agrega los signos de puntuación que se han omitido en el siguiente texto.

| 22 . | 20 , | 3 : | 1 ; | 1 ¿ ? |

Hubo un tiempo en que tuve muchas ilusiones Sé que no hay nada extraño en eso y que todos las tenemos Pero yo se las quitaba a otros y las coleccionaba Iba por la vida con aire distraído y de repente pasaba un hombre cuya ilusión me gustaba Entonces cerraba los ojos muy fuerte y un sueño ajeno lentamente se apoderaba de mí.

Cómo reconocía a mis víctimas por cierta expresión en la mirada que los identifica Hay en cambio quienes no tienen ni brillos ni sombras en la cara A ellos jamás pude robarles nada.

Tuve ilusiones de toda clase aunque al principio mis preferencias fueron masculinas Por eso despojé a algunos hombres y cargué con sus sueños de poder No fue tan desagradable fui sabio y militar sucesivamente tuve medallas y estatuas en aquellas ocasiones subí al cielo como un cometa y luego sobre el piso de la realidad me estrellé en mil pedazos Pero también robé ilusiones desesperadas Como a aquel hombre que quería ser poeta Anduve por rincones sórdidos y paisajes "exaltantes" buscando una copla que me reconfortara y fue en una canaleta donde me despojé de ese sueño de eternidad Entonces fui tras un anciano que pasaba y le quité la esperanza de tener veinte años Fue una época feliz creí que tendría todo el tiempo para vivir mi vida.

Poco a poco tuve curiosidad por conocer las ilusiones femeninas y por eso me apoderé de la de una linda rubia Durante algún tiempo soñé con ser la señora de alguien y construí mi casa con la ilusión de esa mujer pero otra que pasó me la destruyó con su bohemia Amé a un hombre desconocido y vino una chica joven y soberbia que con su ilusión desamorada me lo hizo recuerdo y olvido.

Ahora pienso que despojé a hombres y mujeres de sus esperanzas porque no podía tolerar que se quebrantaran las mías Era más fácil tener y perder la de los otros.

Hasta que llegó ella La distinguí a lo lejos con su cara iluminada Pensé que era la mujer más bonita que había visto en mi vida y que

seguramente tanta belleza se debía a su ilusión Me preparé para quitársela y cuando ella estuvo cérca muy cerca le noté la mirada tan
tranquila tan indolora que de repente entendí Pero ya era demasiado
tarde La vi alejarse y me pareció oírla cantar Simulaba tanta alegría y
yo ahí en medio de la calle quedé con su ilusión de muerte hecha un
nudo en las entrañas.

FLAMA OCAMPO
El ladrón de ilusiones

(Comprobación 68)

SEGUNDA PARTE:
EL PÁRRAFO

Construir párrafos es el objetivo
central de esta segunda parte.
En esta sección constituida por
siete lecciones, vamos a revisar la
estructura de la oración simple,
así como las diversas funciones
que ésta puede desempeñar
dentro de una estructura más
compleja. A partir de la
información anterior, así como de
las características esenciales que
el párrafo debe tener,
ejercitaremos la escritura.
Esta segunda parte finaliza con
un señalamiento sobre los vicios
del lenguaje, vicios que, sin duda,
deberemos evitar en nuestros
escritos.

9

ESTRUCTURA DE LA ORACIÓN
(núcleos, modificadores y nexos)

A lo largo de estas lecciones, en las que someramente hemos revisado algunos conceptos gramaticales, te habrás dado cuenta de que con frecuencia hablamos de la **función** que las palabras cumplen dentro de la oración.

Las palabras, para formar una oración, se combinan entre sí de acuerdo con ciertas reglas. Cada palabra adquiere un **valor gramatical** conforme a la relación que establece con otra dentro de la oración.

OBSERVA:

```
          S                P
 ┌─────────────┐  ┌──────────────────────┐
 Jorge y Lupe   regresaron      tarde.
   ↓       ↓        ↓             ↓
 núcleo  núcleo   núcleo      modificador
         nexo                  adverbial
```

> Las palabras, de acuerdo con su función, pueden clasificarse en núcleos, modificadores y nexos.
>
> **Núcleos:** palabras principales, centrales. El sustantivo es el núcleo del sujeto; el verbo, del predicado.
>
> **Modificadores:** dependen de los núcleos a los cuales complementan (modifican). El adjetivo y el artículo modifican al sustantivo; el adverbio, al verbo.
>
> **Nexos:** palabras que sirven para unir, enlazar dos palabras (o dos acciones). Son nexos las preposiciones, las conjunciones, los pronombres relativos y algunos adverbios.

I. Clasifica las palabras de las oraciones siguientes, según su función. Escribe abajo de cada una nc, mod o nx (núcleo, modificador o nexo).

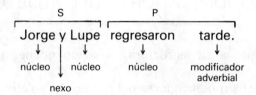

1. Mis primos regresaron ayer.
   modificador   N   N   M

111

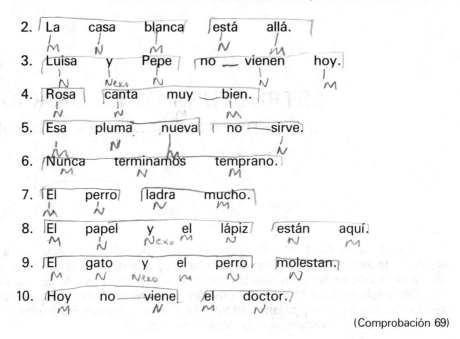

2. La   casa   blanca   está   allá.
    M   N   M   N   M

3. Luisa   y   Pepe   no __ vienen   hoy.
    N   Nexo   N   N   M

4. Rosa   canta   muy __ bien.
    N   N   M   M

5. Esa   pluma   nueva   no ── sirve.
    M   N   M   N

6. Nunca   terminamos   temprano.
    M   N   M

7. El   perro   ladra   mucho.
    M   N   N   M

8. El   papel   y   el   lápiz   están   aquí.
    M   N   Nexo   M   N   N   M

9. El   gato   y   el   perro   molestan.
    M   N   Nexo   M   N   N

10. Hoy   no ── viene   el   doctor.
     M   N   M   N

(Comprobación 69)

MODIFICADORES DEL SUJETO

Dijimos antes que, en cuanto a su estructura, el sujeto puede ser **simple** o **compuesto**.

Vamos a ver ahora los diversos modificadores del núcleo del sujeto:

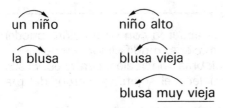

un niño   niño alto

la blusa   blusa vieja

                  blusa muy vieja

El modificador del sujeto puede ser **inmediato**; esto es, no hay un nexo entre el núcleo y su modificador.

RECUERDA: el artículo y el adjetivo son los modificadores del sustantivo.

El **modificador inmediato** puede ser una palabra o una frase:

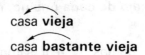

casa **vieja**

casa **bastante vieja**

II. Lee.

El niño **de** mi hermana.
La blusa **que** quiero comprar.
El edificio **donde** vivíamos.

> El modificador del sujeto puede ser **mediato**. Va unido al núcleo por medio de un **nexo**. Éste puede ser:
>   una preposición: anillo **de** oro
>   un pronombre relativo: lápiz **que** necesito
>   un adverbio: el lugar **donde** está María

OBSERVA:

El cuaderno ← nuevo
              bastante nuevo   está sobre la mesa.
              que compró hace poco

RECUERDA:

El núcleo del sujeto es un **sustantivo**. Todos sus modificadores tienen **valor adjetivo**. Los modificadores pueden ser: una palabra (nuevo); una frase (bastante nuevo), o una oración subordinada (que compró hace poco).

III. Señala el sujeto, sus núcleos y modificadores. Indica si se trata de un modificador mediato o inmediato.

Ejemplo: El hijo de Rosa vivió allá varios años.
          núcl
          mod   mod
          inmed   med

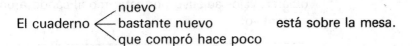

1. No te interesó ese libro de historia.
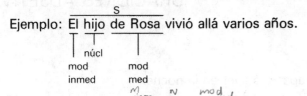
2. Las palabras que pronunciaste me desagradaron.
3. El café con leche está frío.
4. El lugar donde viven es muy bonito.
5. Se me olvidó el libro que te ofrecí.
6. Los ojos de ese niño son iguales a los de su papá.
7. La pluma que me prestaste no funciona bien.
8. Me molestan mis zapatos nuevos.
9. Se les rompieron los vasos de vidrio.
10. La casa donde fue la fiesta es de los Gómez.

(Comprobación 70)

APOSICIÓN DE SUSTANTIVO

IV. Lee.

Ese alumno, **Roberto,** siempre llega tarde.
El hombre **mosca** fue la gran atracción.

Le dio un fuerte golpe, **un tremendo manotazo.**
París, **la capital de Francia,** es una hermosa ciudad.

> Se puede explicar o precisar el concepto expresado por un sustantivo, valiéndose de otro sustantivo o frase sustantiva, que se coloca a continuación. Tanto el sustantivo como la frase sustantiva, adquieren valor adjetivo por estar modificando a un sustantivo.

Observa en los ejemplos que no se trata de objetos distintos: el segundo se añade sólo para precisar el primero. Lo explica o lo especifica.

V. Consulta tu gramática y escribe diez oraciones con palabras o frases en aposición.

ORACIONES ADJETIVAS

ATENCIÓN:

El niño **perdido** apareció ayer en la noche.

que se había perdido

En este ejemplo el adjetivo **perdido** es casi equivalente a la oración adjetiva **que se había perdido,** en cuanto a su significado. Hay casos en los que no podríamos encontrar un equivalente:

Apareció ayer el niño
- que habían secuestrado en el banco.
- que se perdió en la mañana.
- que se había escapado de su casa.
- que se había quedado en el zoológico.
- que salió de su casa desde ayer.

VI. En las siguientes oraciones trata de encontrar, cuando sea posible, un equivalente para las oraciones adjetivas.

Ejemplo: El pobre hombre que tenía hambre se entregó a la policía. [hambriento]
(hambriento)

El pobre hombre, que no había comido hacía varios días, se entregó a la policía.
(no hay equivalente)

1. Las ruinas **que vimos en la película** son fabulosas. (no hay)

2. Un perro **que tenía rabia** atacó a varias personas. (rabioso)

3. Los muchachos, **que sabían la verdad**, se callaron. (No hay)

4. La secretaria **que no está** se llama Marcela. (ausente)

5. La niña **que está enferma** no vino hoy. (enferma)

6. Necesito los libros **que te presté ayer**. (no hay)

7. La muchacha **que grita tanto** es mi prima. (gritola)

8. Se me perdieron los lápices **que me regaló Luis**. (no hay)

9. El doctor **que atendió a los niños** es excelente. (no hay)

10. La casa **que está pintada de verde** es mía. (verde)

(Comprobación 71)

RECUERDA:

Las oraciones que acabas de trabajar se llaman oraciones de relativo u **oraciones adjetivas** porque cumplen la función de un adjetivo: modificar a un sustantivo. Todas ellas se introducen con un nexo: la palabra que las relaciona con su antecedente.

Escribe el nexo de las oraciones anteriores: _____ que _____

> Las oraciones subordinadas adjetivas se introducen por medio de un nexo. Éste puede ser un pronombre relativo: **que, cual, quien, cuyo,** o un adverbio relativo: **donde, como, cuando.**
>
> Se llaman **subordinadas** porque, al ser modificadores de un sustantivo, no son independientes. No podríamos decir, por ejemplo:
>
> que te presenté
>
> porque no es una oración completa. Es una oración subordinada a otra.

El señor Ruiz, cuyo retrato aparece en una revista, es Alcalde de Pacoima.

VII. Lee.

especificativa

El libro **que** te presté es de Mónica. — *explicativa*
Le impusieron un castigo, **el cual** parecía necesitar.
Llamamos a una señora, **quien** nos ayudó. *el, la que, cual*
Vi a la mujer, **cuya** hija participó en el concurso.
relacionando 2 sustantivos *antecedente de una persona (que)*
El terreno **donde** construyeron la casa no es suyo.
Me dijo la forma **como** podría hacerlo.
En esos días, **cuando** no te conocía todavía, leí tu libro.

VIII. Agrega una oración adjetiva.

1. La señora *que tiene el sombrero rojo / que nos cocinó los tamales / que radica en la casa azul* es tía de Jorge.
2. Me gustó el edificio *que mi papá diseñó, se localiza en la esquina de Eje 10*
3. Los muchachos, *quienes cuya hermana es Ana,* no han regresado todavía.
4. Me interesó mucho la película *que vimos ayer.*
5. A veces, los maestros, *cuyos estudiantes hacen muchas preguntas* no pueden ir a las juntas.
6. La casa *donde / en la que / en la cual vive el presidente* es muy grande.
7. Nos indicó la manera *como se sale de la cueva.*
8. No pude comprar las flores *que quería mi mamá*

9. Mi vecino, *quien habla francés,* está muy preocupado.

10. El edificio *donde se encuentra en la esquina de mi casa* se está cayendo.

IX. Forma una oración con las tres que se dan. Usa pronombres o adverbios relativos.

Ejemplo: La señora tiene una casa muy grande.
La hija de la señora vive en el extranjero.
El arquitecto Ramos construyó la casa.

La señora, **cuya** hija vive en el extranjero, tiene una casa muy grande **que** construyó el arquitecto Ramos.

1. El maestro López está en el hospital.
El maestro tuvo un accidente.
En ese hospital estuve yo. (quien)

   El maestro López, el cual tuvo un accidente, está en el hospital donde estuve yo.

2. Vivía en Puebla en aquella época.
Todavía no conocía a ese muchacho.
El muchacho resultó ser primo de Teresa.

   Todavía no conocía a ese muchacho, cuyo primo de Teresa, que vivía en Puebla en aquella época.

3. Verónica está triste porque van a demoler la casa.
La casa perteneció a sus abuelos.
Ella nació en esa casa.

   Verónica está triste porque van a demoler la casa, donde nació, que perteneció a sus abuelos.

4. Paty está muy impresionada.
Ella vive en el edificio.
En el edificio ocurrió una tragedia.

   Paty, quien vive en el edificio donde ocurrió una tragedia, está muy impresionada.

5. Juan me prestó los libros.
Son sumamente interesantes.
Juan sabe mucho de historia y literatura.

   Juan, quien sabe mucho de historia y literatura, me prestó los libros que son sumamente interesantes.

6. Las mujeres nos avisaron.
Son vecinas de Gonzalo.
Él está bastante alterado por la noticia.

Las mujeres, que son vecinas de Gonzalo, nos avisaron que él está bastante alterado por la noticia.
Las m. que nos avisaron son

7. Ese hombre no ha pronunciado una sola palabra.
Una palabra aclaratoria sobre la situación.
Su hija murió en el accidente.

Ese hombre, cuya hija murió en el accidente, no ha pronunciado una sola palabra aclaratoria sobre la situación.

8. Conocí a su hijo en aquellos años.
Su hijo es muy agradable.
Estudiábamos en París.

Conocí a su hijo, en aquellos años quien es muy agradable, cuando estudiábamos en París.

9. El concierto fue en el jardín.
El concierto estuvo maravilloso.
En el jardín frecuentemente hay actos culturales.

El concierto, que estuvo maravilloso, fue en el jardín, donde frecuentemente hay actos.

10. La actriz se peleó con Héctor.
Estaba muy nerviosa.
Héctor había venido desde Guadalajara sólo a verla.

La actriz, la cual que estaba muy nerviosa, se peleó con Héctor, quien había venido desde Guadalajara sólo a verla.

11. El hijo del jardinero ganó una beca para ir a Italia.
El jardinero ha trabajado aquí varios años.
En Italia va a estudiar música.

El hijo del jardinero, que ha trabajado aquí varios años, ganó una beca para ir a Italia donde va a estudiar música.

12. Voy a llevar el radio a la tienda.
El radio no sirve.
En esa tienda lo compramos la semana pasada.

Voy a llevar el radio que no sirve a la tienda donde lo compramos la semana pasada.

(Comprobación 72)

QUE/EL CUAL

X. Lee.

A. Hubo una gran fiesta, organizada por el Comité Popular, la cual resultó todo un éxito.
B. Dos mujeres llegaron, cuando la fiesta estaba ya animadísima, las cuales llamaron la atención de la concurrencia.

> Los relativos **el cual, la cual, los cuales, las cuales** tienen sentido explicativo y, por lo mismo, pueden sustituir a **que.**
>
> Sin embargo, **que** es de uso más frecuente. Sólo se recomienda **el cual** cuando el antecedente (el sustantivo al que se refiere) está lejos del relativo. En este caso, es más claro **el cual** porque expresa género y número y precisa el antecedente al que se refiere. Evita la ambigüedad.

OBSERVA:

Si en el ejemplo (A) usáramos **que** en vez de **la cual,** no sabríamos si resultó un éxito la fiesta o el Comité Popular.

Lo mismo sucedería en el (B). Si sustituimos **las cuales** por **que:** ¿llamaron la atención las mujeres o la fiesta?

ATENCIÓN:

Existe actualmente una fuerte tendencia a abusar del empleo de **el cual, la cual, los cuales, las cuales.** Tal vez se prefieran por rebuscamiento, por un deseo de parecer más culto. En realidad, resulta innecesario y hasta desagradable el abuso de estos pronombres.

XI. Localiza en los periódicos algunos ejemplos de el cual, mal empleado o innecesario, y coméntalos en clase.

XII. Lee.

Es una película **sobre la cual** podríamos pasar horas discutiendo.
Es una película **sobre la que** podríamos pasar horas discutiendo.

Ella es la persona **de la cual** hablan todos los periódicos.
Ella es la persona **de quien** hablan todos los periódicos.

> Tanto **que, quien** como **el cual** pueden ir prece-
> didos de una preposición. En este caso, aunque
> ambas formas son correctas y frecuentes, la lengua
> escrita parece preferir el uso de **el cual**.
> *RECUERDA:* Las dos formas son **correctas** y
> **frecuentes**.

XIII. Construye dos oraciones.

Ejemplo: Los parientes se pelearon **por** esta casa.
Ésta es la casa **por la cual** se pelearon los parientes.
Ésta es la casa **por la que** se pelearon los parientes.

1. Marcela nos habló **de** ese doctor.

Comí con doctor del cual nos habló Marcela
de quien
del que

2. Los periódicos hablan mucho **sobre** ese caso.

Leí el caso sobre el cual los periódicos hablan mucho.
sobre el que

3. Carlos se peleó **con** esa señora.

Doña Margarita es la señora con la cual se peleó Carlos.
con quien

4. Le entregamos el sobre **a** esa secretaria.

Ella es la secretaria a la cual le entregamos el sobre
a quien
a la que

5. Consiguieron una beca **para** ese muchacho.

Ése es el muchacho para el cual consiguieron una beca.
para el que

6. Tienen que comparecer **ante** un tribunal especial.

Es un tribunal especial ante el cual tienen que comparecer.
ante el que

XIV. Lee.

"—Ahorita llamo a la patrulla, escuincles babosos—trina desde la ventana de su consultorio una dentista que estaba a punto de poner una amalgama, **cuyo** taladro dejó de funcionar."

Este pequeño texto ha sido tomado de un periódico. En él vemos un uso frecuente del relativo cuyo: colocarlo lejos de su antecedente y oscurecer el significado de lo que se dice. ¿El taladro pertenece a la amalgama o a la dentista?

> **Cuyo** tiene un valor doble: relativo y posesivo. Se emplea para relacionar dos sustantivos, el segundo de ellos es posesión del primero.

XV. Forma una oración.

Ejemplo: El coche tiene roto el parabrisas.
El coche no puede transitar.
El coche, cuyo parabrisas está roto, no puede transitar.
No puede transitar el coche cuyo parabrisas está roto.

1. No puede asistir la señora Ramos. Su hija tiene sarampión.

   La señora Ramos, cuya hija tiene sarampión, no puede asistir.
   No puede asistir la señora Ramos cuya hija tiene sarampión.

2. El traficante fue detenido ayer. Sus propiedades pasaron al Estado.

   El traficante, cuyas propiedades pasaron al Estado, fue detenido ayer.
   El traficante fue detenido ayer cuyas propiedades pasaron al Estado.

3. El hombre está desesperado. Su hija fue secuestrada.

   El hombre, cuya hija fue secuestrada, está desesperado.
   El hombre está desesperado, cuya hija fue secuestrada.

4. Los libros están a la venta en la exposición. Su precio es de 850 pesos.

   Los libros, cuyo precio es de 850 pesos, están a la venta en la exposición.
   Los libros están a la venta en la exposición cuyo precio es de 850 pesos.

5. Marta está muy deprimida. Su madre murió la semana pasada.

Marta, cuyo madre murió la semana pasada, esta muy deprimida.

Marta está muy deprimida cuya madre murió la semana pasada.

ATENCIÓN:

Es también frecuente el uso de **cuyo** con las palabras: motivo, fin, causa, razón, ocasión, etc.

XVI. **Localiza en periódicos o revistas diez ejemplos de cuyo. Coméntalos con tu grupo.**

EL PÁRRAFO

XVII. Lee.

La semana pasada fui a Puebla. Visité la catedral, la biblioteca y otros edificios coloniales que nos había indicado el maestro de Arte Colonial. Él considera importante que los alumnos, que tienen la oportunidad, vean personalmente estas manifestaciones artísticas para poder comprender mejor la época de la Colonia, a través de algunas de sus obras de arte.

> Un **párrafo** contiene una **idea central** a la cual se añaden otras de carácter secundario, debidamente distribuidas y ordenadas, con el objeto de que resulte **coherente** y **claro**.

Cuando escribimos, necesariamente partimos de una **idea central**, alrededor de la cual se organiza todo lo que queremos decir: **ideas principales, secundarias** y **complementarias** que se relacionan entre ellas. Esta relación de las ideas es indispensable, ya que de ella se derivan oraciones y párrafos claros y coherentes.

Vamos a analizar el párrafo que acabamos de presentar.

Idea central	Ideas principales	Ideas secundarias	Ideas complementarias
la visita	ir a Puebla		
	visitar edificios coloniales		
	opinión del maestro sobre la importancia de que los alumnos realicen la visita	los alumnos deben ver las obras de arte	los alumnos que tienen la oportu- nidad
			para comprender mejor la Colonia

La visita es la idea central sobre la que gira el resto de lo que decimos. El viaje a Puebla, la visita a los edificios, así como la opinión del maestro sobre la visita, son las ideas principales en el desarrollo de este texto. A la opinión del maestro, además, agregamos una idea secundaria: los alumnos deben ver las obras de arte. Por último, hay dos ideas complementarias de la idea secundaria: los alumnos que pueden y con objeto de que comprendan mejor la Colonia.

XVIII. **Lee con mucha atención los textos que se ofrecen.* Asígnales el título que aquí deliberadamente se ha omitido. El título corresponde a la idea central del texto. A continuación, haz un esquema, como el que se dio arriba. Señala las ideas principales, secundarias y complementarias.**

1. El número de ciegos en el mundo, que actualmente es de unos 40 millones de personas, aumentará en forma catastrófica en los próximos años, sobre todo en el Tercer Mundo, advirtieron científicos alemanes. En el curso de un seminario internacional realizado en Wurzburg, organizado por el Comité Alemán de Prevención de la Ceguera, los participantes estimaron que para el año 2000 podrá haber en el mundo alrededor de cien millones de invidentes. Aproximadamente las dos terceras partes de los ciegos que hay en el mundo viven en los países del Tercer Mundo. La causa más frecuente de la ceguera es la desnutrición permanente y otros factores que son consecuencia de la miseria. A veces bastarían algunos centavos de dólar por paciente al año para cubrir la falta de vitamina A y prevenir así la aparición de las dolencias que causan la pérdida de la visión.

* Textos tomados del diario unomásuno, año 1985.

2. El primer proyecto cubano de utilización del mar como fuente de electricidad será ejecutado con carácter experimental en Cayo Coco, provincia de Ciego de Avila (Región central del país). El proyecto fue diseñado por el técnico en hidrología José Raúl González y se trata de un sistema de flotadores conectados por barras y engranajes a unos cilindros de compresión, que a su vez almacenan el fluido (aire, aceite y otros) en tanques, para hacer operar unas turbinas unidas a los generadores. Los flotadores tendrán forma de cuna, y moverán las barras enlazadas con los cilindros a una altura correspondiente al nivel de las olas. Los flotadores —explicó un experto— estarán en los arrecifes que tengan olas para su aprovechamiento: en el caso de Cayo Coco éstas alcanzan hasta tres metros de altura. Se trata de aprovechar la energía del mar, dadas las condiciones geográficas del país, sus necesidades y recursos energéticos.

3. La Organización para la Coordinación de la Lucha contra las Enfermedades Endémicas (OCLEE) en África Central, llamó a sus estados miembros a combatir el sarampión, la primera causa de la mortalidad infantil en la subregión. Los delegados señalaron que la situación es alarmante porque el 27 por ciento de los niños de uno a cinco años de edad muere cada año en Camerún, el 38 por ciento en Ndjamena, y el 48 por ciento en Pointe Noire, Congo. Además añadieron que la diarrea, otra importante causa de la mortalidad infantil, mata al 23 por ciento de los niños en Douala, Camerún; al 20 por ciento en Pointe Noire, Congo; y al 28 por ciento en Libreville, Gabón.

4. El actor cinematográfico español Alfredo Mayo, murió ayer en una clínica de Palma de Mallorca a los 74 años. El actor fue internado el pasado lunes a causa de una súbita elevación de la presión arterial. Se encontraba en Palma de Mallorca grabando una serie para televisión española titulada *Tristeza de amor,* cuando se sintió repentinamente enfermo. El cadáver será próximamente trasladado a Madrid, donde se efectuará el sepelio. Con la muerte de Alfredo Mayo la cinematografía española pierde a uno de sus galanes más significativos de los años 40 y 50.

5. Un esqueleto de dinosaurio de 225 millones de años, probablemente el más viejo del mundo, fue encontrado en el desierto de Arizona, afirmaron ayer en Berkeley científicos en la Universidad de California. Los investigadores indicaron que el esqueleto es tres a cuatro millones de años más viejo que el esqueleto de dinosaurio considerado hasta ahora como más antiguo, y que fue encontrado en el estado de Nuevo México. Los restos del esqueleto fueron encontrados el verano pasado en el noreste del desierto de Arizona por un equipo de paleontólogos de Berkeley, dirigidos por Bob Long, que lleva 20 años explorando esa zona.

6. China no regalará más pandas a zoológicos extranjeros, con el fin de conservar esta rara especie animal en peligro de extinción. Esta

medida fue anunciada por el viceministro de Silvicultura, Dong Zhi-yong, vicepresidente de la Asociación de Protección de la Vida Silvestre de China, en declaraciones al semanario *Pekín Informa*. Hasta ahora, China regaló 23 pandas gigantes a nueve países y en ciertas ocasiones envió animales de la especie al exterior para exposiciones temporales.

(Comprobación 73)

XIX. **Redacta cinco párrafos con los siguientes títulos o ideas centrales.**

1. Designación de un astronauta mexicano.
2. Llegada de un circo a un pueblo.
3. Asalto a un banco.
4. Descubrimiento de una vacuna contra el cáncer.
5. Choque de trenes en los Estados Unidos.

XX. **Agrega los signos de puntuación que se han omitido en el texto siguiente.**

16 .   17 ,   2 ;

EL COMIENZO

Mis primeros recuerdos emergen de una sensación acariciante y melodiosa Era yo un retozo en el regazo materno Sentíame prolongación física porción apenas seccionada de una presencia tibia y protectora casi divina La voz entrañable de mi madre orientaba mis pensamientos determinaba mis impulsos Se diría que un cordón umbilical invisible y de carácter volitivo me ataba a ella y perduraba muchos años después de la ruptura del lazo fisiológico Sin voluntad segura invariablemente volvía al refugio de la zona amparada por sus brazos Rememoro con efusiva complacencia aquel mundo provisional del complejo madre-hijo Una misma sensibilidad con cinco sentidos expertos y cinco sentidos nuevos y ávidos penetrando juntos en el misterio renovado cada día.

En seguida imágenes precursoras de las ideas inician un desfile confuso Visión de llanuras elementales casas blancas humildes las estampas de un libro y así se van integrando las piezas de la estructura en que lentamente plasmamos Brota el relato de los labios maternos y apenas nos interesa y más bien nos atemoriza descubrir algo más que la dichosa convivencia hogareña Por circunstancias especiales el relato solía tomar aspectos temerosos La vida no era estarse tranquilos al lado de la madre benéfica Podía ocurrir que los niños perdiesen pasando a manos de gentes crueles Una de las estampas de la Historia Sagrada representaba al pequeño Moisés abandonado en su cesta de mimbre entre las cañas de la vega del Nilo Asomaba una esclava atraída por el lloro para entregarlo a la hija del Faraón Insistía mi madre en la aventura del niño extraviado porque vivíamos en el Sásabe menos que una aldea un puerto en el desierto de Sonora en los límites con Arizona Estábamos en el año 85 quizás 86 del pasado siglo.

JOSÉ VASCONCELOS
Del Porfiriato a la Decena Trágica

(Comprobación 74)

LA ORACIÓN COMPLEJA

OBSERVA:

,adjetivo *adverbio* *sustantivo*

La niña **enferma** recordó **entonces** su **problema**.

| que estaba en el hospital | cuando despertó de la anestesia | que había tenido un accidente |

oración simple
oración simple
oración simple

una causa

RESULTA:

A. La niña que estaba en el hospital recordó, cuando despertó de la anestesia, que había tenido un accidente.

Se trata de una oración compleja.

> Una oración compleja es aquélla compuesta por dos o más oraciones. Una de ellas es la **oración principal** y las otras pueden ser sustantivas, adjetivas o adverbiales, de acuerdo con la función que desempeñen dentro de la oración principal.

En el ejemplo (A), tenemos una oración principal. Escríbela:

_____

_____

Una oración adjetiva: *que estaba en el hospital*

_____

Una sustantiva (sustituye al sustantivo, cumple su función de objeto directo) *que había tenido un accidente*

_____

Una oración adverbial, ya que desempeña la función del adverbio de tiempo **entonces**; escríbela *cuando despertó de la anestesia*

De las oraciones adjetivas ya hemos hablado en páginas anteriores. Son oraciones que siempre se refieren a un sustantivo que es su **antecedente**.

El libro **que te presté ayer** está sobre la mesa.
adj

Las personas **que no puedan venir** díganlo ahora.
adj

ORACIONES ADVERBIALES

I. Lee.

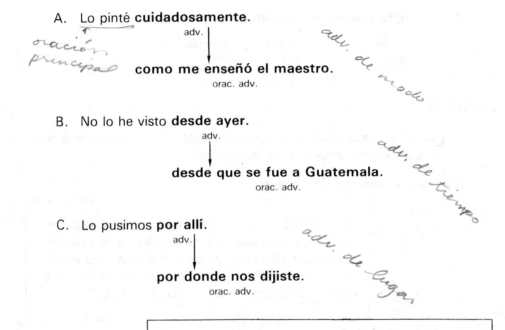

    A. Lo pinté **cuidadosamente.**
                         adv.

                como me enseñó el maestro.
                       orac. adv.

oración principal — *adv. de modo*

    B. No lo he visto **desde ayer.**
                       adv.

            desde que se fue a Guatemala.
                 orac. adv.

adv. de tiempo

    C. Lo pusimos **por allí.**
                  adv.

            por donde nos dijiste.
               orac. adv.

adv. de lugar

> Una **oración subordinada adverbial**, tal y como su nombre lo indica, cumple la función de un adverbio dentro de la oración principal.

OBSERVA:

La oración (A) tiene un adverbio de modo: **cuidadosamente**, que modifica al verbo **pinté**. Si cambiamos el adverbio por la oración **como me enseñó el maestro**, ésta cumple la misma función en relación con el verbo **pinté**. Es, entonces, una oración subordinada adverbial de la oración principal: **Lo pinté**. Responde a ¿cómo? + el verbo.

RECUERDA:

Es subordinada porque no podría existir en forma independiente. No podríamos decir:

como me enseñó el maestro

porque no es un pensamiento completo. Tampoco gramaticalmente es una oración independiente; tiene que ir subordinada a otra oración: una oración principal.

Hay tres clases de oraciones subordinadas adverbiales: **circunstanciales, cuantitativas** y **causativas.**

ORACIONES CIRCUNSTANCIALES

Pueden expresar:

1. **Modo** (como, como si, del mismo modo, lo mismo que, etc.)
2. **Tiempo** (cuando, desde, mientras, siempre que, etc.) *antes de (que) al + infinitivo*
3. **Lugar** (donde, en donde, adonde, para donde, etc.) *desde donde / por donde*

II. Subraya la oración circunstancial e indica si es de modo (M), de tiempo (T) o de lugar (L).

Ejemplo: Me regresé **por donde me dijiste.** (L)

1. Está muy nerviosa desde que la llamaron por teléfono. (T)

2. Teresa va a ir adonde le dijimos. (L)

3. Caminaban como si no tuvieran ninguna prisa. (M)

4. Siempre que sea posible, te ayudaré. (T)

5. Carlos vive por donde vivo yo. (L)

6. Voy a escribir *a* en máquina mientras llega Juan. (T)

7. Hice el pastel del mismo modo que lo hacía mi abuela. (M)

8. Escribí el trabajo como nos lo indicó el maestro. (M)

9. Los papeles están en donde te dije. (L)

(Comprobación 75)

III. Cambia el adverbio por una oración circunstancial.

Ejemplo: Camina **lentamente**.
Camina como si tuviera todo el tiempo del mundo.

1. Margarita trabaja muy seriamente.
del mismo modo que trabaja el director
como si fuera una máquina

2. Está enfermo desde ayer.
desde que comió los tacos de cochinita.

3. Viven allí.
por donde nació la Malinche

4. Ellos regresaron antes.
antes de comer
antes de que llegaran sus padres

5. Se sentaron cómodamente.
como si estuvieran en una nube

6. Te puedo acompañar mañana. _al regresar_
cuando acabe mi trabajo.

7. Vamos para allá.
para donde quieras _vive María_

8. Los niños escriben muy despacio.
como si fueran tortugas.

IV. Subraya con una línea la oración principal y con dos la subordinada. Agrega (L), (T), (M), según corresponda.

Ejemplo: Siempre que me sea posible, vendré a verte. (T)

1. Lo atenderé como si se tratara de mi propio hijo. (m)

2. Esa actriz no vive en donde dicen los periódicos. (L)

3. Lo leerá cuando tenga tiempo. (T)

4. ¿Fuiste adonde te recomendé? (L)

5. Cuidaremos tu libro lo mismo que si fuera nuestro. (m)

6. Revisaré tu trabajo siempre que no me quite mucho tiempo. _condicional_ (T)

7. El libro no está en donde me dijiste. (L)

8. Hazlo del mismo modo que hiciste el trabajo anterior. (M)

(Comprobación 76)

ORACIONES CUANTITATIVAS

Estudias **poco**.

> **menos de lo que yo quisiera**.

Tembló **muy fuerte**.

> **tanto que se cayeron varios edificios**.

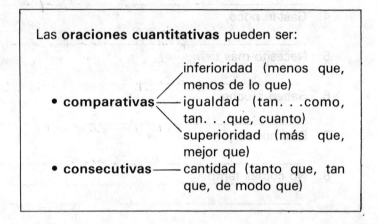

Las **oraciones cuantitativas** pueden ser:

- **comparativas** — inferioridad (menos que, menos de lo que)
  — igualdad (tan. . .como, tan. . .que, cuanto)
  — superioridad (más que, mejor que)
- **consecutivas** — cantidad (tanto que, tan que, de modo que)

V. Subraya la oración cuantitativa e indica si es comparativa (inf., igual., sup.) o consecutiva.

Ejemplo: Comieron **tanto que se enfermaron**. (consec.)

1. El niño se recupera <u>menos de lo que</u> se esperaba. (comp. inf.   )

2. <u>Tanto</u> insistieron que tuvimos que ir.   (Consec.   )

3. Luisa trabaja <u>tan seriamente como</u> usted.   (comp. igual)

4. Comieron de tal modo que no pueden ni hablar. (consec   )

5. Jorge canta <u>mucho mejor que</u> Arturo.   (comp. sup.)

6. Sabe <u>más de lo que</u> confiesa.   (comp. sup.)

7. Lo necesito <u>tanto como</u> no te imaginas.   (comp. igual)

8. Lo escribió de <u>modo que</u> lo pudieras entender. (consec   )

(Comprobación 77)

VI. **Cambia el adverbio por una oración cuantitativa.**

Ejemplo: Esa película me gustó **poco.**
Esa película me gustó **menos de lo que pensaba.**

1. Tengo menos discos.
   _____ *de los que tu tienes.* _____

2. Llovió muchísimo.
   tanto que se enundaron las casas
   _____*mucho más que nunca*_____

3. Hablas inglés muy bien.
   _____*tan bien como la maestra*_____
   _____*mejor que mi papa*_____

4. Gastan poco. *de modo malo ·*
   *menos de los que vienen cotidianamente*

5. Necesito más tiempo. *de que se despongo?*
   _____*tanto tiempo como no te imaginas.*_____

6. Saben mucho. *más que los otros estudiantes*
   _____*más que yo*_____

7. Estamos mejor! *habituados al frío que los costeños*

   _____

8. No comas tanto. *como si fueras*
   _____*tan mucho*_____

VII. **Subraya con una línea la oración principal y con dos, la subordinada. Agrega comp (inf., igual., sup.), según corresponda.**

Ejemplo: <u>Pedro parece</u> <u>tan alto como Raúl.</u> (comp. igual.)

1. <u>Hablaron</u> <u>tanto que se quedaron sin voz.</u> *consec*

2. <u>Trabajan</u> <u>mucho mejor de lo que me habías dicho.</u> *comp sup*

3. <u>Ha trabajado</u> <u>tanto que está un poco enfermo.</u> *consec.*

4. <u>Leo</u> <u>menos de lo que quisiera.</u> *comp inf.*

5. <u>Se ha resuelto</u> <u>de modo que sea justo para todos.</u> *consec*

6. <u>Es</u> <u>tan interesante que no puedes abandonarlo.</u> *consec.*

7. <u>Haz la composición</u> <u>de modo que resulte clara.</u> *consec.*

8. <u>Conseguí</u> <u>menos de lo que necesito.</u> *comp. inf.*

(Comprobación 78)

ORACIONES CAUSATIVAS

a) Iría **si tuviera dinero.**
b) Iría **aunque no tuviera dinero.**
c) Fui **porque tenía dinero.**
d) Iría **para que supieras que tenía dinero.**

consesivas
aunque
a pesar de
a pesar de que
aún cuando

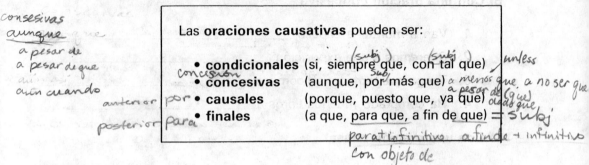

Las **oraciones causativas** pueden ser:

concesión
anterior por •
posterior para

• **condicionales** (si, siempre que, con tal que) *(subj) (subj)* *unless*
• **concesivas** (aunque, por más que) *a menos que a no ser que*
• **causales** (porque, puesto que, ya que) *a pesar de (que) cuando que*
• **finales** (a que, para que, a fin de que) = *subj*

para + infinitivo   a fin de + infinitivo
con objeto de

VIII. Subraya la oración causativa e indica si es condicional, concesiva, causal o final.

Ejemplo. Voy a leerlo aunque no me siento muy bien. (concesiva)

1. No van a la exposición porque están enfermos.   *causal*

2. Siempre que pueda, vendré a verte.   *cond.*

3. Les daremos el dinero aunque no lo merecen.   *concesiva*

4. *Porque* Puesto que no dices la verdad, no puedo ayudarte.   *causal*

5. Lo publicaron para que todos lo supieran.   *final*

6. Te prestan el libro con tal que lo devuelvas a tiempo.   *cond.*

7. Es una persona honrada por más que se diga lo contrario.   *concesiva*

8. Ya que estás aquí, pasa y toma un cafecito.   *causal*

(Comprobación 79)

IX. Completa las oraciones siguientes.

A) **Con una oración condicional.**

Empezaré una dieta siempre que lo autorice el doctor.

siempre cuando + subj

1. Te ayudaremos con tu trabajo *si nos ayudas con nuestra tarea.*
   con tal de que no llueva
2. Regresaremos antes de las nueve *si no nos gusta la fiesta.*
3. Voy a preparar una ensalada *si quieres*
4. Les presto mis libros *siempre que no los rompan*

B) **Con una oración concesiva.**

1. Van a montar a caballo *aunque no saben cómo* (sepan)
2. Queremos ir a la exposición *por más que tengamos que hacer tarea*
   aun cuando no tenga tiempo
3. Tengo que terminar mi composición *aun cuando me invitaron a la fiesta*
4. Ha comprado muchos libros *aunque no tiene dinero*
   a pesar de que no tiene dinero
   aun cuando no pueda leerlos todos

C) **Con una oración causal.**

1. Tomaré esas vitaminas *porque estoy enferma*
2. Nos quedaremos contigo *puesto que estás enfermo*
3. Los voy a ayudar *porque no tengo nada que hacer*
4. No pueden venir hoy *ya que no puedo ayudarlos*
   dado que no voy a estar

D) **Con una oración final.**

1. Lo trajeron *para que puedan comprar regalos*
2. Ve a la ventanilla 4 *para ver los precios de las clases* (a que les paguen)
3. Te llamé *a fin de que me dijeras la tarea.*
4. Sigue el tratamiento *a fin de sentirte mejor*

X. Cambia el orden de las oraciones del ejercicio IX. (Recuerda que tienes que usar una coma para separarlas).

Ejemplo: Siempre que lo autorice el doctor, empezaré una dieta.

A) 1. *Si nos ayudas con nuestra tarea,*
   2. *Si no nos gusta la fiesta,*
   3. *Si quieres,*
   4. *Siempre que no los rompan*
B) 1. *Aunque no sepan cómo,* (saben)
   2. *Aun cuando tengamos que hacer tarea,*

3. _____

4. Aunque no tiene dinero, _____

C) 1. Por estar enferma, _____

2. Puesto que _____

3. Por no tener nada de hacer, _____

4. Ya que no puedo ayudarlos, _____

D) 1. Para que puedan comprar regalos, _____

2. Para ver los precios de los boletos ____

3. _____

4. A fin de que te sientas mejor _____

XI. Forma dos oraciones complejas (orac. principal + orac. subord. adverbial).

Ejemplo: Pienso ir a la reunión. Luisa no quiere. (aunque)
Pienso ir a la reunión aunque Luisa no quiera.
Aunque Luisa no quiera, pienso ir a la reunión.

1. Hice la ensalada. Carlos me dijo la forma. (como)
Hice la ensalada como Carlos me dijo
Como Carlos me dijo   hice la ensalada

2. Nos visitamos mucho. Las visitas empezaron en 1980. (desde)
desde que empezaron las visitas en 1980
Desde las visitas que empezaron en 1980,

3. Busqué el libro. El maestro me dijo los lugares. (en donde)
en donde el maestro me dijo
En donde el maestro me dijo los lugares,

4. Lo quiero mucho. Quiero igual a Felipe. (tanto. . .como)
Lo quiero mucho igual que a Felipe.
Igual que a Felipe, lo quiero

5. Necesitan el libro. Necesitan más el diccionario. (menos. . .que)
menos de que necesitan el diccionario.
Menos de que necesitan el diccionario

6. Llovió mucho. Se inundó la escuela. (tanto que)
tanto que se inundó la escuela.

7. Veremos esa película. Tú dices que es buena. (siempre que)

_____ *siempre que tú digas que es buena*

Siempre que tú digas que es buena, veremos esa película

8. No pienso salir hoy. Ellos me insisten. (por más que)

_____ *por más que ellos me insistan.*

Por más que ellos me insisten, no pienso salir hoy

9. Dijo todo eso. Tú te molestaste. (a fin de que)

_____ *a fin de que tú te molestaras.*

A fin de que tú te molestaras, dijo todo eso.

10. Va a sacar al bebé. Ya salió el sol. (puesto que)

_____ *puesto que ya salió el sol.*

Puesto que ya salió el sol, va a sacar al bebé,

(Comprobación 80)

XII. En los siguientes textos, localiza las diversas clases de oraciones: principal, subordinada adjetiva o subordinada adverbial. (Recuerda que los puntos separan las oraciones complejas).

A. Margarita, la hija de Luisa, quien por cierto vive en Barcelona donde tiene un departamento agradable, va a publicar un libro. Ella vive ahí desde hace ya dos años porque ganó una beca en la universidad. La beca, que ganó en un concurso muy reñido, le permite vivir, aunque con economía, en Barcelona que es, sin duda, una de las ciudades más bellas de España. Margarita va a estar allá dos años más, a menos que pierda la beca, aunque esto parece bastante improbable, ya que es una persona cuyo principal interés es el estudio y la investigación.

(Comprobación 81)

B. Si no hubiera gastado en eso todos mis ahorros, no estaría tan disgustado. Estuve ahorrando dinero, que gano con bastante esfuerzo, para dar el primer pago de un coche. Cuando por fin pude hacerlo, fui a la agencia que me recomendó Carlos. Vi un cochecito que parecía en muy buenas condiciones. Lo compré porque realmente era lo ideal para mí. Fui a casa de Carlos para que lo viera. Tomamos una copa. Brindamos por mi primer coche que había deseado desde que era un chiquillo. Salimos a la calle: ¡el coche no estaba! No lo pudimos encontrar por más que lo buscamos. Me disgusté tanto que hasta me enfermé.

(Comprobación 82)

C. La señora López se rompió una pierna cuando intentaba bajar unas maletas que estaban en la parte de arriba de un clóset. Muchas veces sus hijos habían temido un accidente puesto que la señora es una anciana que tiene más de noventa años. Aunque es muy vieja, ella tiene muchas energías todavía. Está muy sana y bien porque es activa. Ésa es la opinión de los médicos. Ella, siempre que puede, hace los quehaceres de su casa; lee varios periódicos; se mantiene informada tanto como le es posible. La señora López es admirable.

(Comprobación 83)

REDACCIÓN DE PÁRRAFOS

XIII. Redacta párrafos semejantes a los del ejercicio anterior, utilizando los elementos que se dan. Agrega todas las ideas que desees. Recuerda que deben estar relacionadas con la idea central.

1. Idea central: Un incendio.
   ¿cuándo? ¿dónde? ¿a qué hora?
   ¿quién llamó a los bomberos?
   ¿cuánto tiempo duró?
   ¿quiénes vivían allí?, etc.

2. Idea central: La contaminación ambiental.
   causas, efectos, incremento, aumento
   magnitud del problema en la ciudad de México,
   soluciones (a corto, mediano y largo plazo)
   ¿qué se ha hecho en otros países al respecto?, etc.

3. Idea central: Existencia de perros rabiosos en algún sitio.
   ¿cuándo empezó? ¿cómo la detectaron?
   ¿cuáles han sido las consecuencias?
   ¿qué se ha hecho al respecto?
   ¿qué es la rabia? ¿qué otro nombre recibe?, etc.

XIV. Agrega los signos de puntuación que se han omitido en el texto siguiente.

| 6 . | 35 , | 4 ; | 2 : |

Para distinguir los libros hace tiempo que tengo en uso una clasificación que responde a las emociones que me causan Los divido en libros que leo sentado y libros que leo de pie Los primeros pueden ser amenos instructivos bellos ilustres o simplemente necios y aburridos pero en todo caso incapaces de arrancarnos de la actitud normal En cambio los hay que apenas comenzados nos hacen levantar como si de la tierra sacasen una fuerza que nos empuja los talones y nos obliga a esforzarnos como para subir En éstos no leemos declamamos alzamos el ademán y la figura sufrimos una verdadera transfiguración Ejemplos de este género son la tragedia griega Platón la filosofía indostánica los Evangelios Dante Espinosa Kant Schopenhauer la música de Beethoven y otros si más modestos no menos raros.

Al género apacible de lo que se lee sin sobresalto pertenecen todos los demás innumerables donde hallamos enseñanza deleite gracia pero no el palpitar de conciencia que nos levanta como si sintiésemos revelado un nuevo aspecto de la creación un nuevo aspecto que nos incita a movernos para llegar a contemplarlo entero.

Por lo demás escribir libros es un triste consuelo de la no adaptación a la vida Pensar es la más intensa y fecunda función de la vida pero bajar del pensamiento a la tarea dudosa de escribirlo mengua el orgullo y denota insuficiencia espiritual denota desconfianza de que la idea no viva si no se la apunta vanidad de autor y un poco de fraternal solicitud de caminante que para beneficio de futuros viajeros marca en el árido camino los puntos donde se ha encontrado el agua ideal indispensable para proseguir la ruta Un libro como un viaje se comienza con inquietud y se termina con melancolía.

JOSÉ VASCONCELOS
Libros que leo sentado
y libros que leo de pie

(Comprobación 84)

11

FUNCIONES DEL SUSTANTIVO

OBSERVA:

Los muchachos no están de acuerdo.
SUJETO

—Espero a **los muchachos.**
OBJ. DIRECTO

Traje el libro para **los muchachos.**
OBJ. INDIRECTO

> El sustantivo puede cumplir diversas funciones en la oración: sujeto, objeto directo y objeto indirecto.
> *RECUERDA:* éstas son funciones propias del sustantivo.*

ORACIONES SUSTANTIVAS

ATENCIÓN:

S
A. **Los muchachos** llegaron tarde.

Los que no firmaron
Quienes no firmaron

O.D.
B. Espero a **los muchachos.**
a los que no han llegado.

* Consulta tu gramática con el fin de que puedas ampliar este tema

O.I.

C. Traje el libro **para los muchachos.**
                para quienes lo necesiten.
                para los que lo necesiten.

> La oración sustantiva cumple la misma función del sustantivo: puede ser oración sustantiva-sujeto, objeto directo, objeto indirecto.

Observa que si en la oración (A), preguntamos ¿Quiénes llegaron tarde?, la respuesta es: **los muchachos o los que (quienes) no firmaron.** Cualquiera de ellas es el sujeto de la oración.

En la oración (B), podemos usar la fórmula ¿**qué?** + verbo, para localizar el objeto directo: ¿Qué espero? **a los muchachos, a los que no han llegado.** Son dos formas de expresar el objeto directo del verbo **esperar.**

Para localizar el objeto indirecto, preguntamos ¿**a quién?** o ¿**para quién?** + el verbo. Así, en la oración C, decimos ¿A quién (para quién) traje el libro?: **para los muchachos, para quienes (los que) lo necesiten.** Son dos formas para expresar el objeto indirecto.

I. Subraya la oración subordinada sustantiva. Indica si es sujeto (S), objeto directo (OD) u objeto indirecto (OI).

Ejemplo: No me interesa **lo que estás diciendo.** (S)

1. Los que llegaron temprano alcanzaron lugar. (S)
2. Necesito que me devuelvas lo que te presté. (OD)
3. No me gustó lo que dijo. (S)
4. El dinero que se reúna es para quienes perdieron todo. (OI)
5. Puedes llevar a la fiesta a quien quieras. (OD)
6. Quienes escribieron esto son unos cobardes. (S)
7. Voy a preguntarle a quien sí sabe. (OI)
8. No vayas a repetir lo que te comentó el maestro. (OD)
9. Van a llevar cervezas para los que quieran. (OI)
10. Lo que tú sabes no es la verdad. (S)
11. Les dije la verdad a quienes deben saberla. (OI)
12. Vamos a ver hoy a quien tú sabes. (OD)

(Comprobación 85)

II. **Cambia por una oración subordinada. Indica si es S, OD u OI.**

Ejemplo: Traje unos lápices **para los niños.**
Traje unos lápices **para quienes me los pidieron ayer.** (OI)

1. Consiguieron una beca **para Eduardo.**
   _____ *para quien trabajó duro* _____

2. Quiero conseguir **ese manuscrito.**
   _____ *lo que escribió él.* _____

3. Al niño le gustan mucho **la fruta y la verdura.** (S)
   _____ *Comer comida saludable* _____

4. Le vamos a preguntar **al maestro.**
   _____ *a quien enseña la clase* _____

5. **Carmen y Lucía** no van a ir al teatro. *más,*
   _____ *Las que compraron los boletos* _____

6. Vamos a escribir **unas palabras.**
   _____ *un resumen sobre lo que leímos* _____

7. Debes decirles la verdad **a los abogados.**
   _____ *a quienes nos van a representar ante el tribunal* _____

8. Voy a buscar **eso.**
   _____ *lo que me pediste* _____

9. **Mis hermanos** están furiosos contigo.
   Los que no firmaron _____

10. Tienen que encontrar **el paquete.**
    _____ *lo que me mandó mi mamá* _____

(Comprobación 86)

ATENCIÓN:

El director consiguió **la información** **para los alumnos.**

Quien dirige la institución   lo que pudo de información   para quienes estén interesados

III. **Sustituye el sujeto, el OD y el OI por una oración subordinada sustantiva como en el ejemplo que se acaba de dar.***

1. Pepe le trajo un dulce a su hermanito.
   El que vive en esa casa le trajo lo que le había pedido a el que tenía hambre.

* Recuerda que sólo se trata de un ejercicio de práctica, de identificación de oración subordinada sustantiva. De ninguna manera se está proponiendo como modelo de redacción.

2. La maestra les dictó unas palabras a los muchachos.

La que da clases en la univ les dictó y lo que leyó en el periódico a los que no asistieron

3. Los empleados consiguieron una solicitud para nosotros.

Los que trabajan en ese edificio consiguieron la que que contrataran a los que necesitaban trabajo

4. Elena no le dijo la verdad a la investigadora.

La que estaba interrogando no le dijo la verdad a quien estaba investigando

5. El director les ofreció un concierto a los presos.

Quien dirige los conciertos les ofreció tocar a los que están detenidos y escuchar música

6. Carlos escribió esas palabras para ustedes.

El que asistió a la boda escribió lo que le pidieron para los que se casaron.

CARACTERÍSTICAS DEL PÁRRAFO

IV. Lee.

VUELVE LA FIEBRE AMARILLA LUEGO DE 30 AÑOS

Después de tres décadas desde su erradicación de las regiones urbanas del Brasil, el mosquito transmisor de la fiebre amarilla, el ''Aedes Aegypti'' está reapareciendo a niveles preocupantes en varias ciudades del país. En Río de Janeiro solamente 17 barrios de los 153 existentes están estadísticamente libres de la presencia del mosquito transmisor así como de sus larvas. Según los técnicos, el aumento de la presencia del mosquito transmisor se debe a la disminución de la vigilancia epidemiológica y a la falta de control del medio ambiente.*

> Son características principales de un párrafo:
> - La presencia de una **idea central** alrededor de la cual se construyen ideas secundarias. El desarrollo de una sola idea le da **unidad** al párrafo.
> - El **ordenamiento interno** que debe existir entre la idea central y el resto de las ideas que componen el párrafo.
> - La selección del vocabulario preciso, correcto y claro.

* Texto tomado del diario unomásuno, sección **Noticiero Científico**, 1985.

Analicemos el ejemplo:

Idea central: Reaparición de la fiebre amarilla.
¿Cuándo?   Después de tres décadas.
¿Dónde?   En Brasil.
¿Por qué?   Disminución de vigilancia epidemiológica.
Falta de control del medio ambiente.

Se enuncia el problema:

Después de tres décadas. . . varias ciudades del país.

Se comenta la magnitud del problema:

En Río. . . de sus larvas.

Se explica:

Según los técnicos. . . del medio ambiente.

Existe, entonces, la idea central. Hay también un **ordenamiento interno**, y se utiliza el vocabulario preciso para un escrito de esta naturaleza: una información sobre un hecho científico.

REDACCIÓN DE PÁRRAFOS

En páginas anteriores se ofrecieron, sin su título correspondiente, algunos pequeños artículos de información científica como el que acabas de leer. En ellos, localizaste la idea central y le asignaste un título a cada uno.

Ahora, por el contrario, se te va a dar el título del artículo, así como las oraciones que lo constituyen y tú lo vas a redactar. Las oraciones se dan separadas en bloques, cada uno de ellos constituye una oración compleja separada de la siguiente por un punto y seguido.

V. 1.

Nueva vacuna en E.U. contra el herpes.*

Oraciones: • Investigadores estadounidenses han desarrollado una nueva vacuna para eliminar el herpes facial y combatir el genital.
• La vacuna está en fase experimental todavía.
• Esta acción se considera uno de los mayores logros en este campo.

* Textos tomados del diario uno**más**uno, sección **Noticiero Científico**, 1985.

- Los primeros estudios muestran que la nueva vacuna ataca las células nerviosas.
- Las células nerviosas provocan el herpes facial más común.
- Y puede ser usada en el tipo de herpes genital. El herpes genital, sólo en Estados Unidos afecta entre 5 y 20 millones de personas.

- Existen posibilidades de que la vacuna sirva para proteger contra los dos tipos de herpes conocidos.

(Comprobación 87)

2.

Diez millones de alcohólicos en E.U.

- Prevalece la creciente preocupación en Estados Unidos por el abuso del alcohol.
- Éste ha causado una serie de problemas sociales.
- Se incluye una pérdida humana anual de más de 20 mil choferes borrachos.
- Se incluyen también sus víctimas inocentes.

- Hay ahora en el país diez millones de alcohólicos.
- Se incluyen tres millones 300 mil menores de 18 años de edad.

- Un estudio demuestra que los estadounidenses consumen un promedio de 133 galones de bebidas anuales.
- El estudio fue realizado por el Departamento de Agricultura en noviembre pasado.
- De las bebidas anuales, el 21.4 por ciento son alcohólicas.

- Esto significa que cada persona consume 28.4 galones de cerveza, vino y licor al año, por comparación a 27 galones de leche.

(Comprobación 88)

3.

Láser contra el reumatismo en Japón.

- Dos equipos médicos japoneses han conseguido un importante éxito en el tratamiento del reumatismo.
- Lo lograron mediante la utilización de rayos láser.

- El grupo del hospital de Kanagawa proyectó rayos láser en unos 40 pacientes reumáticos de una a tres veces por semana durante un tiempo de 15 a 60 segundos.
- El hospital está cercano a la capital japonesa.
- El hospital es dirigido por el profesor Junichi Obata.

- En un mes se logró disminuir el dolor en todos ellos.
- Y en un mes se logró eliminarlo por completo en el 60 por ciento de los casos.

- Por su parte, el equipo médico del hospital Hanamaki utilizó un rayo láser de helio en el tratamiento de 50 pacientes.
- El hospital Hanamaki está en la provincia de Iwate.
- El tratamiento fue de diez a 20 minutos cada dos días, unas 20 veces, eliminando totalmente los dolores de 14 pacientes y reduciéndolos en los 36 restantes.

(Comprobación 89)

4.

Baja el crecimiento de población mundial.

- El índice de crecimiento de la población mundial se va debilitando.
- No puede predecirse cuándo dejará de aumentar la población del mundo.
- Esto lo dice el nuevo informe bianual publicado por la Secretaría General de la ONU.

- El informe pronostica que a finales de este siglo habrá casi 6 mil 100 millones de seres humanos.
- Habrá mil 500 millones más que actualmente.

- El índice de crecimiento de la población mundial era en los años sesenta del 2 por ciento.
- Ahora es aproximadamente de 1.65 por ciento.
- Hay diferencias regionales.
- En los últimos cinco años, el crecimiento de la población de África fue de tres por ciento.
- El crecimiento en el oeste de Asia fue de 2.9 por ciento.
- En China se redujo en los últimos años el índice de crecimiento a la mitad.
- El crecimiento fue, en 1983, de 1.15 por ciento.

- Actualmente la población mundial aumenta cada año en 79 millones de personas.

(Comprobación 90)

5.

Capturan tiburón de Groenlandia en Cuba.

- Un ejemplar de tiburón de Groenlandia fue capturado en aguas de la plataforma cubana.
- Es una especie de tiburón cuyo *hábitat* es el océano glaciar ártico.
- Las aguas quedan en una zona muy cercana a La Habana.

- La captura ocurrió a mil metros de profundidad.
- Se usó el sistema de palangre de fondo.
- Éste se utiliza para las operaciones de pesca entre 500 y mil metros.
- Hasta ahora los especialistas cubanos han identificado 43 especies de la fauna de escualos del archipiélago.

- De éstas cuatro son nuevas familias de tiburones.
- Otra es conocida en el Mar Mediterráneo y las Islas Canarias.

- Los escualos hallados en Cuba pueden dividirse en tres grupos.
- Los escualos de plataforma, los escualos oceánicos y los escualos de aguas profundas.

- De los primeros existen diez especies.
- De esas diez especies siete son menores de metro y medio.
- El resto son mayores.

- Se caracterizan por su actividad alejada de las costas.

- En cuanto a las trece especies oceánicas se dice que son las posibles atacantes de buzos.
- Casi todas las trece especies son migratorias, más eficientes en velocidad y todas mayores de metro y medio de largo, hasta los seis metros.
- En la mayoría de las ocasiones el hombre puede evitar la confrontación.
- Al tercer grupo, los tiburones de las aguas profundas, pertenecen 18 especies, de ellas doce menores de metro y medio de largo.

(Comprobación 91)

VI. **Agrega los signos de puntuación que se han omitido en los siguientes textos.**

```
22 .    15 ,    1 :    3 . . .    1 ¿ ?    1 ¡ !    1 ( )
```

LAS PERLAS DE MADAME LA COMTESSE

Perfectas Exactas y perfectas Mmm Sí Pálido oriente pequeñas lunas caídas El engarce es maravilloso una pequeña obra de arte Esta noche seré otra Después de la Opera en el souper de Delphine podré comprobar la sorpresa de todos Lo disfruto de antemano El gesto asombrado de Simone disimulado rápidamente con una pregunta banal La mirada admirativa de Roger cuando me bese la mano Roger Cuando éramos jóvenes la gente hablaba de nosotros Hay que ser joven para dar motivo a ciertas charlas Sí esta noche seré otra y me reiré de las otras de los cuchicheos de las otras Envidiosas siempre envidiosas Criticarán Dirán seguramente que quiero recuperar un tiempo perdido para siempre Y yo sonreiré segura de mí misma segura de que mi encanto no tiene edad Parece mentira pero las perlas Un pequeño detalle basta para que una mujer se sienta hermosa Y en verdad es un aderezo incomparable Parejo todo del mismo brillo hecho con auténtico amor Podré sonreír para asombrar a todos sonreír como antes sonreír abiertamente Sonreír Siempre digo que monsieur Giraud debió haber sido joyero Por qué se habrá hecho dentista.

Y Madame la Comtesse se coloca los dientes postizos.

```
9 .    30 ,    7 . . .    8 ¿ ?    9 ¡ !
```

MADAME LA COMTESSE SE PSICOANALIZA POR TELÉFONO

Aló Es Bagatelle 43-35 Quisiera hablar con Monsieur Gilb Ah mi querido Gilbert es usted Cómo que quién habla Madame la Comtesse por supuesto Sí yo Gilbert yo Atormentada trastornada Por eso lo llamo No se imagina la tranquilidad que me produce encontrarlo Sí sí Siempre lo mismo No pude dormir eso El ruido el ruido atroz toda la noche Con mi segundo marido el príncipe Wu viajamos para nuestra luna de miel a las Cataratas del Niágara En mil novecientos treinta y tres Importa la fecha Bien sí en el treinta y tres Y le aseguro Gilbert que era el mismo ruido el mismo ruido atroz de aguas desplomándose Ese ruido que me persigue Gilbert como una culpa como un castigo como un ángel con espada flamígera como Cómo Sí sí toda la noche toda la noche Usted cree Ah Gilbert Gilbert Qué sería de mí sin su voz para serenarme Por qué ese ruido me hace tanto daño No sé qué fan-

tasmas de mi subconsciente no sé qué pensamientos terribles EH Que
viene usted en seguida Oh Gilbert cómo agradecérselo Usted es único
único único El único plomero que acepta venir en domingo para arreglarme el WC

EDUARDO GUDIÑO KIEFFER
Juegos de Madame la Comtesse

(Comprobación 92)

12
LA VOZ PASIVA

I. Lee.

— las personas que son afectados por un Terremoto. etc.

El presidente visitó a los damnificados.
Los damnificados fueron visitados por el presidente.

Diego Rivera pintó esos murales.
Esos murales fueron pintados por Diego Rivera.

> Se usa la voz pasiva cuando el interés del hablante recae en el objeto del verbo y no en quien realiza la acción.

OBSERVA:

El presidente visitó **a los damnificados**
S — O. DIR.
agente

Los damnificados fueron visitados **por el presidente**
S *pasivo*   AGENTE

En español se prefiere la voz activa a la pasiva. Sin embargo, debido a las múltiples traducciones de otras lenguas, que aparecen en libros, revistas y periódicos, se ha extendido el uso de la voz pasiva que, aunque no es precisamente incorrecto, tampoco es lo más frecuente y aceptable en nuestra lengua.

No se intenta decir que la voz pasiva **no se usa** en lengua española; se quiere decir que en muchas ocasiones se abusa de ella. Esto es lo que tenemos que evitar: el abuso.

149

II. Cambia a la voz pasiva.

Ejemplo: Los periódicos han dado la noticia.
La noticia ha sido dada por los periódicos.

1. Marta Elena consiguió los boletos para el teatro.
   Los boletos para el teatro fueron conseguido por Marta Elena

2. El licenciado ha comentado el asunto varias veces.
   El asunto ha sido comentado varias veces por el licenciado

3. El presidente visitó las comunidades indígenas.
   Las comunidades indígenas fueron visitadas por el presidente

4. Esa mujer frecuentemente golpea a los niños.
   Los niños son golpeados frecuentemente por esa mujer

5. El gobierno promoverá la inversión extranjera.
   La inversión extranjera será promovida por el gobierno.

6. Todas las librerías distribuirán esa obra.
   Es obra será distribuida por las librerias

(Comprobación 93)

FORMAS SUSTITUTAS DE PASIVA

A. La obra fue publicada en varios idiomas.
   Se publicó la obra en varios idiomas.

B. A Luis le gustaba ser admirado por los jugadores.
   A Luis le gustaba despertar la admiración de los jugadores.

> La voz pasiva puede sustituirse por medio de **se** (A).
> Cuando el verbo pasivo está en infinitivo (B: **ser admirado**) puede sustituirse por un infinitivo + sustantivo abstracto (**la admiración**).

III. Sustituye la voz pasiva. Usa se.

Ejemplo: La casa fue **destruida** por el temblor.
Se destruyó la casa por el temblor.

1. El libro fue publicado varias veces.

   Se publicó

2. Los niños son vacunados regularmente.

   Se vacunan regularmente a los niños

3. Los testigos han sido llamados a declarar.

   Se han llamado a los testigos a declarar
   Se llamaron los testigos a declarar
4. Fueron proferidos insultos por ambas partes.

   Se profirieron insultos por ambas partes

5. Serán levantadas las actas correspondientes.

   Se levantarán las actas correspondientes

6. El herido fue trasladado al hospital.

   Se trasladó el herido al hospital.

(Comprobación 94)

IV. **Sustituye por un sustantivo abstracto.**

Ejemplo: No le importaba **ser despreciado** por los demás.
No le importaba **el desprecio** de los demás.

1. No merece ser expulsado del club.

   _____

2. A los niños les gusta ser queridos por todos.

   _____

3. Prefiere ser temido que ser despreciado por Luis.

   _____

4. Nos interesa ser atendidos personalmente por ese doctor.

   _____

5. Quieren ser respetados por los alumnos.

   _____

6. No ha logrado ser estimado por sus compañeros.

   _____

(Comprobación 95)

ORACIÓN SUSTANTIVA AGENTE

V. Lee.

AGENTE

El escrito será elaborado **por los muchachos.**
por quienes estén más calificados.
por los que deseen participar.

> La función de **agente de pasiva** es propia del sustantivo; cuando éste se sustituye por una oración, se trata de una oración **sustantiva-agente.**

VI. Subraya la oración sustantiva-agente.

Ejemplo: Se logró el éxito por quienes defendieron la causa.

1. El libro fue distribuido por quienes eran responsables.
2. Se firmó el documento por los que estaban allí.
3. El asunto fue decidido por los pocos que asistieron.
4. Se levantó el acta por quienes presenciaron el accidente.
5. Los gastos serán pagados por el que resulte responsable.
6. Las palabras serán pronunciadas por quien lo desee.

(Comprobación 96)

VII. Cambia el agente por una oración sustantiva-agente.

Ejemplo: La causa fue defendida **por los alumnos.**
La causa fue defendida **por quienes tenían la información.**

1. La bienvenida será organizada por los empleados.

_____

2. Las palabras fueron pronunciadas por la niña.

_____

3. El rescate será llevado a cabo por voluntarios.

_____

4. El edificio fue construido por el arquitecto García.

_____

5. Los detalles serán expuestos por el licenciado.

_____

6. Todo el material será comprado por Jorge.

_____

VIII. Localiza en los periódicos construcciones con voz pasiva. Busca una forma de sustituirla y escribe los textos nuevamente.

ATENCIÓN:

Recuerda que no se trata de **evitar** por completo el uso de la pasiva. Lo que queremos evitar es **el abuso** de la voz pasiva, debido a las traducciones.

CUALIDADES DEL PÁRRAFO

IX. Lee con atención.

A. "En una de las esquinas del mercado de Mixcoac se abre **La playa**. Hace algunos años sólo contaba con cuatro asientos giratorios del lado de Revolución y otros cuatro del lado de Molinos y había que hacer cola para echarse, en días de cruda, una cerveza bien fría y un **vuelve a la vida** —abulón, pulpo, jaiba, caracol, ostión y camarón que mezclan sus esencias y sus jugos, felizmente condimentados, para cumplir la promesa de su nombre."

B. "Un mango es eso: un mango. Pero un mango pelado, ensartado en un palo de paleta, hendido artificialmente en pétalos espirales, espolvoreado y bañado de posesivos y diminutivos —su chilito piquín, su salecita, su limoncito— es una protuberante flor amarilla en Barranca del Muerto, y es, también, la cultura."

GONZALO CELORIO
Para la asistencia pública

En lecciones anteriores vimos ya las características esenciales del párrafo: las ideas giran alrededor de una idea central; deben seguir un orden, y el vocabulario debe ser preciso, correcto y claro.

Acabas de leer ahora dos párrafos muy diferentes de los que hemos venido trabajando hasta ahora. Hemos presentado antes párrafos de contenido científico. En esta lección tienes como ejemplo dos fragmentos literarios, de un excelente escritor contemporáneo: Gonzalo Celorio.

OBSERVA:

A pesar de que se trata de textos de naturaleza muy diferente (científico y literario), encontramos en ellos las mismas características.

Escribe las ideas centrales

A. _____   B. _____

_____   _____

(Comprobación 97)

Vamos ahora a hablar sobre el vocabulario. Hemos dicho ya que éste debe ser preciso, correcto y claro, tal y como lo vimos en los textos científicos.

En los textos de Celorio vemos el empleo de palabras y expresiones que constituyen un recurso literario, una forma libre de expresión, pero que no por ello dejan de ser claras y precisas.

En el texto A, dice "que mezclan sus esencias y sus jugos"

"felizmente condimentadas"

"para cumplir la promesa de su nombre"

¿Te imaginas estas expresiones en un texto científico o en un libro de cocina?

En el párrafo B, se habla de un mango "espolvoreado y bañado de posesivos y diminutivos"; de un mango que "es una protuberante flor amarilla".

El verbo "espolvorear", ¿se puede emplear con algo que no sea un material como harina, tierra, sal, talco, etc.?

El mango, ¿es una flor o una fruta?

ATENCIÓN:

El lenguaje en los ejemplos anteriores se emplea en sentido figurado. El escritor intenta despertar imágenes, sugerir ideas. Se vale de recursos, que en otra clase de textos serían absurdos, para lograr esas imágenes a nivel de contenido. A nivel formal (gramática, puntuación, etc.) se busca un ritmo, una musicalidad. La literatura, entre otras cosas, se propone lograr la percepción particular de un objeto, valiéndose para ello de recursos diversos.

RECUERDA:

Hay escritos de muy diversas clases:

- científico.
- literario.
- expositivo.
- informativo, etc.

Tanto en el nivel formal, como en el empleo del vocabulario, se utiliza el lenguaje de acuerdo con el propósito del escritor.

Un párrafo debe ser **claro, exacto** y **sencillo**.
Por **claridad** entendemos la expresión de una sola idea central; el uso correcto de las palabras y los signos de puntuación; el orden en la expresión de las ideas, así como el empleo adecuado de enlaces, sin caer en el abuso de oraciones subordinadas que pueden oscurecer un texto.

La **exactitud** se refiere a la expresión de una idea clara, precisa, que no pueda interpretarse de ninguna otra forma. En ocasiones, la falta de exactitud en lo que se dice cambia u oscurece el contenido.

La **sencillez** tiene que ver tanto con las ideas como con el vocabulario empleado. Se debe expresar únicamente la idea objeto del escrito, sin añadirle conceptos innecesarios, y emplear para ello palabras claras y no rebuscadas

LA CLARIDAD

X. Lee.

Héctor, sin duda mi mejor amigo, de quien te he platicado tanto porque vive cerca de mi casa, que me ayuda mucho con mis clases de música, aunque a veces no puede porque él también toma sus clases de piano, a quien de veras quiero mucho porque es un gran amigo, ganó ayer, que por cierto fue un día muy lluvioso, los pronósticos deportivos, aunque casi nunca juega.

ATENCIÓN:

El abuso de las oraciones subordinadas, así como el desorden de las ideas, da como resultado un párrafo como el anterior: oscuro, confuso, incoherente, además de horrible desde el punto de vista del estilo.

Vamos a analizar el texto:

Idea central:	Héctor ganó ayer los pronósticos deportivos.
Ideas principales:	Héctor es mi mejor amigo.
	Casi nunca juega a los pronósticos.
	Te he platicado mucho sobre Héctor.
Ideas secundarias:	Vive cerca de mi casa.
	Me ayuda mucho con mis clases de música.
	Él también toma clases de piano.
	Quiero mucho a Héctor.
Ideas complementarias:	Ayer fue un día lluvioso.

Vamos ahora a intentar redactarlo.

Ayer, mi amigo Héctor ganó los pronósticos deportivos, a pesar de que casi nunca juega. Yo quiero mucho a Héctor porque es un gran amigo. Te he platicado tanto de él porque además de amigos somos vecinos y compartimos nuestra afición por la música. Cuando no está ocupado con sus clases de piano, me ayuda con mis lecciones de música. Héctor es, sin duda, mi mejor amigo.

OBSERVA:

La oración "que por cierto fue un día lluvioso" resultó innecesaria. No parece tener ninguna relación con lo que se está diciendo. Por esa razón se eliminó.

> En cualquier tipo de escrito, **la claridad** es indispensable. La claridad da como resultado un escrito comprensible y fácil de leer.

Le restan claridad a un escrito:

- El desorden en la exposición de las ideas.
- El abuso de oraciones subordinadas.
- La inclusión de ideas innecesarias o no relacionadas con la idea principal.

- Las palabras rebuscadas o imprecisas.
- La puntuación incorrecta.
- El uso inadecuado de los nexos.
- La repetición innecesaria de palabras.

XI. **Corrige los textos siguientes tal y como lo hicimos en el ejercicio anterior.**

A. Cuando estábamos cenando anoche vimos en la televisión que por cierto no funciona bien desde que Toñito estuvo un día jugando con ella que unos muchachos de Veracruz se habían ahogado en un río que queda cerca del puerto por un pueblo que se llama Alvarado en donde además hace muchísimo calor. Mi mamá llamó por teléfono a su hermana, mi tía que vive allá, en Veracruz preocupada porque mis primos que son aficionados al buceo y a la pesca acostumbran cuando no tienen clases ir al río que queda por ese pueblo. Afortunadamente mi tía dijo que sus hijos estaban bien aunque no estaban en la casa pues como se había formado un grupo de salvamento formado por voluntarios ellos se habían ido para colaborar en el rescate de los cuerpos porque todavía a esa hora no habían aparecido todos, mi mamá se quedó más tranquila.

B. Como Laura y Gerardo se van a cambiar de casa invitaron a un grupo de amigos claro que cercanos y que además ellos han ayudado en situaciones semejantes para que vinieran a ayudarlos y además dijeron que iban a preparar sándwiches y cervezas para pasarla bien en medio del horror que es una mudanza. Además, como ellos son profesores tienen muchos libros que no quieren que se desorganicen porque luego cuesta mucho trabajo volverlos a clasificar y eso aparte de que son tan caros y hasta no se consiguen algunos. Por eso y porque no tienen mucho dinero para pagar una de esas compañías que hacen mudanzas y empacan bien las cosas aunque dicen que a veces se pierden cosas y no la hacen tan bien. Lo bueno es que son sus amigos y que no tienen niños chiquitos que además habría que cuidar y siempre los niños se portan muy mal y las mudanzas son más difíciles.

C. En un pueblo cerca de aquí dicen que a una mujer de quien ya han dicho otras historias algunas muy raras y hasta mágicas se le apareció un hombre todo vestido de negro montado en un caballo cuyo machete brillaba a la luz de la luna. La mujer asegura que el hombre el cual era joven y guapo le dijo que no quería hacerle ningún daño ni a ella ni a ningún habitante del pueblo aunque por el contrario estaba allí, pagando por un crimen que había cometido y que por eso era el guardián del pueblo.

Una vez corregidos y bien redactados los textos anteriores, coméntalos en tu grupo, ya que van a resultar varias versiones. Analicen todas y elijan la mejor. Expliquen la razón por la cual la consideraron la mejor.

XII. **Redacta recados, claros y sencillos, en los cuales incluyas las ideas que se dan a continuación.**

Ejemplo: Recado a una amiga.

Idea central: Disculpas porque no puedo ir a tu casa.
Otras ideas: Tengo que cuidar a mi hermanito.
Está enfermo.
Ayer estuvo jugando con agua.
Hoy tiene temperatura.
Despedida.

Querida Bety:

Discúlpame, pero no puedo ir a tu casa porque tengo que cuidar a mi hermanito que está enfermo. Parece que ayer estuvo jugando con agua y hoy tiene temperatura. Otro día nos vemos.

Leticia

1. Aviso a un compañero.

Idea central: Hubo examen parcial de historia.
Otras ideas: Estuviste ausente hoy.
Hubo varios alumnos ausentes.
El maestro se molestó mucho.
Sospechó que se habían ido "de pinta".
El maestro dio una tarea especial para los ausentes.
Leer el capítulo 4 del libro.
Hacer un reporte.
El reporte debe entregarse el viernes.
Quienes no lo hagan, no obtendrán calificación.

_____

_____

_____

2. Recado a la mamá.

      Idea central: No vengo a cenar.
      Otras ideas: Tengo que salir.
                  Me habló Jorge por teléfono.
                  Jorge es mi compañero de las clases de francés.
                  Jorge me dijo que era un asunto muy urgente.
                  Él es muy correcto conmigo.
                  Yo tengo que ser amable con él.
                  Disculpa y despedida.

_____

_____

_____

3. Recado a una hermana.

      Idea central: Te habló Pepe.
      Otras ideas: Tengo mucho sueño.
                  Me voy a dormir.
                  Mañana debo levantarme a las seis.
                  No te espero.
                  Pepe quiere verte.
                  Está apenado por lo de ayer.
                  Quiere que lo llames.
                  Te deseo suerte.
                  Despedida.

_____

_____

_____

XIII. **Agrega los signos de puntuación que se han suprimido en el texto siguiente.**

9 .	32 ,	2 :	2 —

    Cuando murió papá yo tenía la edad de Alicia del pequeño escribiente florentino del grumete que llegó a almirante Entonces los enfermos se morían en casa rodeados de parientes y amigos inoportunos al llegar que dejaban generosos un poco de su salud desperdigada por la habitación al despedirse Lo primero que hice cuando mis hermanos

me despertaron para decirme que ya fue sentarme todavía amodorrado en la enorme silla giratoria y husmear los cajones del escritorio de
papá Mi hermana mayor me dijo indignada cierra ahí Yo no pretendía
robarme como ella seguramente pensó los objetos que siempre había
codiciado el desarmador diminuto los papeles de colores el lapicero
negro la perforadora de pinza que hacía un hoyo rombal como las que
usaban los inspectores del camión para marcar los boletos húmedos y
arrugados Yo sólo quería creer a fuerza de nostalgia aunque fuera
prematura que papá estaba muerto en el cuarto de al lado.

Desde que se jubiló cuando yo no tenía más lecturas que las de mi
libro *Poco a poco* y sufría paralelamente el texto de gramática española de Gutiérrez Esquilzen papá transcurría por los días y los insomnios
sentado en su escritorio inventando artilugios que nunca triunfarían o
que ya eran moneda corriente en otras partes y aun en otros tiempos
sin que él se hubiera enterado siquiera A fin de cuentas daba lo mismo porque vivió al menos los últimos años para inventar y no para urdir el éxito de sus inventos La única vez que trató de vender una de
sus ocurrencias cayó en franca desgracia Cabalgaba en el despropósito del tránsito sexenal como dijo algún ministro y se vio instado a
abandonar el servicio diplomático que a la sazón prestaba en La Habana Regresó a México con mamá y mis hermanos cubanos pendiendo sólo de un *clip* un broche especial de su invención tan común hoy
en día que no se le echa de ver el ingenio cuya patente estaba tramitando aquí el mejor de sus amigos.

GONZALO CELORIO
Para la asistencia pública

(Comprobación 98)

13
LA ORACIÓN COMPUESTA
(oraciones coordinadas)

I. Lee.

Margarita quería venir **pero** yo me negué.

Leo **y** escribo todas las tardes.

No nos invitaron, **luego** no iremos.

> Dentro de una oración compuesta hay dos o más **oraciones coordinadas,** que se relacionan entre sí valiéndose de un nexo. Pueden ser oraciones coordinadas:
> — **Copulativas.-** Expresan adición o gradación (Nexos: **y, e, ni**).
> — **Adversativas.-** Expresan oposición (**pero mas, sin embargo**).
> — **Disyuntivas.-** Expresan alternativa (**o, u, ya, bien, ahora**).
> — **Continuativas.-** *Expresan consecuencia lógica* (así, así que, así pues, luego, con-que, y, por tanto, en consecuencia).
> — **Distributivas.-** Expresan distribución (**aquí . . .allí, éste. . . aquél, antes. . . después**).

Conque fueron al cine y no me avisaron

OBSERVA:

Margarita quería venir, yo me negué.
No nos invitaron, no iremos.

161

El nexo de las oraciones coordinadas puede estar sobreentendido. En ese caso se llaman **oraciones yuxtapuestas.**

una después de otra

II. Localiza en el siguiente texto las oraciones coordinadas e indica de qué clase son.

Es necesario que todos los alumnos hagan una exposición sobre el tema y redacten un trabajo escrito. Se están presentando problemas ya que en la biblioteca de la escuela no ha sido posible encontrar toda la bibliografía, así que tendrán que buscar los libros en otra parte.

Los muchachos están muy interesados en estas actividades pero no van a poder terminar a tiempo, por tanto, piensan hablar con el maestro sobre el asunto y exponerle el problema que han tenido. Para esto van a designar un representante del grupo, sin embargo, todavía no han decidido si nombrar a Juan Carlos o votar por María Luisa.

(Comprobación 99)

-- **SINO-SI NO**

No trajeron lo que pediste, **sino** otras cosas.
No queremos éste, **sino** aquél.

No te podemos ayudar **si no** dices la verdad.
Si no encuentro el que busco, voy a comprar éste.

Es frecuente la confusión entre sino/si no, incluso en periodistas y estudiantes. Confusión que puede llegar a alterar el significado de lo que se dice:

No trabaja si no cobra.	No trabaja, sino cobra.
(Él se rehusa a trabajar	(Él no trabaja, solamente
a menos que reciba	cobra. Es un "aviador":
un salario).	el que cobra sin trabajar).
No habla si no grita.	No habla, sino grita.
(Siempre habla a	(Ahora no está hablando;
gritos).	está gritando).

> SINO es una conjunción que enlaza elementos semejantes de una misma oración.
>
> No fue Jorge, sino Elena.
>
> No habló, sino escribió.
>
> SI NO son dos palabras. SI es una partícula que expresa condición y NO es una negación.
>
> Si no me hablan, no voy.
>
> No voy si no me hablan.

III. Corrige el empleo de SINO o SI NO, en caso de que estén mal empleados.

1. No terminamos sino nos prestas el libro. *si no*
2. El libro no es azul si no verde. *sino*
3. Sino puedes llamar antes, mejor no vayas. *si no*
4. No es mi hermana, sino mi prima.
5. No van a venir sino los llama usted. *si no*
6. No llevo el impermeable si no está lloviendo.
7. No necesito tus libros sino tus notas.
8. Nunca se acuerda de nada sino ve su agenda. *si no*

(Comprobación 100)

IV. Construye oraciones con SINO o SI NO, a partir de los elementos que se dan.

Ejemplo: No me interesa el libro. No lo leo.

No leo el libro si no me interesa.

1. No pueden salir. No terminan su trabajo. *si no*
2. A Luis no le gusta el cine. Le gusta el teatro. *sino*
3. No va a venir. Tiene que conseguir las medicinas. *si no*
4. No es necesario que grites. Es necesario que nos expliques. *sino*
5. No me interesan los antecedentes. Me interesa el resultado. *sino*
6. No se presentan hoy. Puede haber problemas. *si no*

(Comprobación 101)

QUE-DE QUE

V. Lee.

A. Tengo la esperanza **de que** lleguen a tiempo.
   Espero **que** lleguen a tiempo.

B. Tenían miedo **de que** los viera la policía.
   Temían **que** los viera la policía.

> En la actualidad existe una fuerte tendencia a aña-
> dir o suprimir la preposición **de**. Esto se debe, entre
> otras cosas, a un cruce de estructuras, así como a
> la vacilación que existe en el uso de las preposi-
> ciones.

OBSERVA:

Sustantivos   *Sustantivo + de + que . . .*

Tiene (la esperanza) **de**
Tiene (miedo) **de**   + oración subordinada **que** vengas
Tiene (necesidad) **de**   introducida por

Lo anterior da como resultado el **de que** mal empleado al hacerse el cruce:

Espera			Espera ~~de~~ que vengas.
Teme que	vengas.	=	Teme ~~de~~ que vengas.
Necesita			Necesita ~~de~~ que vengas.

Podemos ilustrar lo anterior:

	la creencia de que		Creo ~~de~~ que
	el deseo de que		Deseo ~~de~~ que
Tener	la esperanza de que	=	Espero ~~de~~ que
	miedo de que		Temo ~~de~~ que
	necesidad de que		Necesito ~~de~~ que
Existe la posibilidad de que			Es posible ~~de~~ que

Además de estos casos de cruce (**tener** + sust. + **de**) como los que se dan arriba, existen otros verbos a los que frecuentemente se añade un **de** incorrecto, contrario a la norma culta. Los más frecuentes son: **aconsejar, comentar, comprender, creer, decir, leer, oír** y **saber**.

Con frecuencia se oye, por ejemplo: Te aconsejo (digo, recomiendo) **de que** vayas, en vez de la forma apropiada: Te aconsejo **que** vayas.

Por otra parte, **acordarse de** algo, se cruza con **recordar** algo:

Me acuerdo de que = ~~me~~ recuerdo ~~de~~ que

ATENCIÓN:

> Es frecuente oír expresiones como **es necesario de que** (es necesario que); **es inútil de que; es raro de que**, etc; así como la forma **es de que** en vez de **es que**. . .

Debemos evitar el uso de **de que** cuando es contrario a la norma culta.

VI. **Tacha la preposición DE en las oraciones en que está mal empleada.**

Ejemplo: Le dije ~~de~~ que no era importante.

1. Tienen necesidad de que les ayudemos.
2. Es importante ~~de~~ que resuelvas el problema.
3. Me comentaron ~~de~~ que habría un mitin.
4. No recuerdo ~~de~~ haber dicho eso.
5. Me parece importante ~~de~~ que lean ese artículo.
6. Oímos ~~de~~ que hoy venía el presidente.
7. No es necesario ~~de~~ que te disculpes.
8. Tengo la impresión de que falta un libro.
9. Nos aconsejaron ~~de~~ que fuéramos.
10. Es posible ~~de~~ que lleguen tarde.
11. Espero ~~de~~ que no llueva hoy.
12. Tenemos miedo de que no lleguen a tiempo.
13. ¿Por qué fuiste? Es ~~de~~ que me llamaron.
14. Me sorprende ~~de~~ que pienses así.
15. ¿Te comenté ~~de~~ que llegaron mis primos?

(Comprobación 102)

VII. **Agrega la preposición DE cuando haga falta.**

1. Tenemos la esperanza *de* que esté mejor hoy.
2. Recuerdo que me pidió un dinero prestado.

3. Es necesario que regreses temprano.
4. Existe la posibilidad *de* que no haya clase hoy.
5. El maestro tiene necesidad *de* que vengas mañana.
6. Es raro que no haya llegado.
7. Luis comentó que vendría el martes.
8. Tengo la impresión *de* que estás equivocado.
9. Ellos tienen miedo *de* que no alcance el tiempo.
10. Oímos que iban a reunirse aquí.

(Comprobación 103)

LA EXACTITUD

VIII. Lee.

A. El perro de mi hermano, al que le cortaron las orejas ayer, se pasó toda la noche quejándose.

B. "Te cambio mi llanta nueva por tu vieja".

   (Letrero en un camión)

C. El animador indicó que empezara a tocar la orquesta con un gesto.

En el ejemplo A, cabría preguntarse, ¿a quién le cortaron las orejas? En el B, conocido y viejo letrero, tu vieja ¿quiere decir tu llanta vieja o tu mujer? En el C, podríamos preguntarnos: ¿hizo un gesto el animador? o ¿los integrantes de la orquesta empezaron a tocar haciendo un gesto?
Resulta evidente que en los tres ejemplos hay ambigüedad, inexactitud. Un texto ambiguo puede interpretarse de varias maneras, puede dificultar la comprensión de lo que se dice. La falta de exactitud en un escrito puede llegar a cambiar o alterar el contenido.

> La **exactitud** en un escrito consiste en expresar solamente lo que se desea; en no permitir que lo escrito pueda tener alguna otra interpretación.

Los casos de inexactitud más frecuentes ocurren con los posesivos, los demostrativos y los relativos, que hemos visto ya en lecciones anteriores.
Otros casos frecuentes se deben a las formas verbales que corresponden a distintas personas (1a. y 3a. personas del singular del copretérito de in-

dicativo: **cantaba**; del pospretérito: **cantaría**; del presente y del pretérito de subjuntivo: **cante, cantara**; así como sus formas compuestas: **había cantado; habría cantado, haya cantado, hubiera cantado**).

Vi a Margarita cuando salía del cine.
¿Quién salía? ¿Margarita o yo?

La inexactitud se presenta también tal y como hemos visto antes, por el empleo de vocabulario impreciso: cosa, algo, eso, hacer, ser, etc.

IX. Corrige las siguientes oraciones.

Ejemplo:

A. El perro de mi hermano, al que le cortaron las orejas ayer, se pasó toda la noche quejándose.

Al perro de mi hermano le cortaron las orejas ayer y se pasó toda la noche quejándose.

Mi hermano tiene un perro al que le cortaron las orejas ayer, y se pasó toda la noche quejándose.

B. El animador indicó que empezara a tocar la orquesta con un gesto.

El animador, con un gesto, indicó que empezara a tocar la orquesta.

1. Ya se fueron Roberto y Luis y aquí dejaron su impermeable y sus guantes.

   _____

   _____

2. Mi abuelita llegó con mi tía en una ambulancia que, por cierto, se veía en muy mal estado.

   _____

   _____

3. Si lo hubiera sabido, habría asistido. Pero nadie avisó de esa reunión.

   _____

   _____

4. Soy muy amiga de Lupe, la hermana de Carlos, que también asiste a esta escuela.

_____

_____

5. Te estoy mandando una carta con un amigo que dice muchas groserías.

_____

_____

6. Venden unas jaulas para aves hermosamente elaboradas en madera y pintadas de colores.

_____

_____

7. Roberto toma mucho café con leche que es de Colombia.

_____

_____

8. Le cobran 500 pesos por colocarle una pata al maestro en su escritorio.

_____

_____

9. Alicia es la propietaria de una lavandería automática, que es desagradable y gorda.

_____

_____

10. La niña de mi hermana que tiene sarampión se ha puesto muy mala en estos días.

_____

_____

11. Estuvo viendo el trabajo de Juan que es bastante malo y deficiente.

_____

_____

12. Me encontré a Teresa cuando regresaba de la universidad.

_____

_____

13. El maestro pidió que cerraran la ventana con un movimiento de la cabeza.

_____

_____

14. Carlos le propuso a Toño cambiarle su pluma por su encendedor.

_____

_____

15. Jorge le aconsejó a Pepe que era necesario que lo trajera.

_____

_____

16. Elena llevó al hospital a su hijo y a su sobrino que había sufrido un accidente.

_____

_____

17. No pueden abrir la puerta con los paquetes que traen en las manos.

_____

_____

18. Jorge le dijo a Carmen que no creía que merecía el premio.

_____

_____

19. Quieren comprar una cama para niño con barandal de madera.

_____

_____

20. Policías y agentes nos trasladamos al aeropuerto "para investigar un avión del que sospechamos era propiedad de C. Q."*

_____

_____

_____

21. "El grupo contaba con casas particulares habilitadas como cárceles para trasladar personas que detenían, entre ellas la que era propiedad de MAM."*

_____

_____

_____

_____

* Ejemplos tomados de un periódico.

DESORDEN DE LAS IDEAS
(oraciones incompletas)

X. Lee.

A. "Es muy frecuente cuando una persona tiene algo que temer desaparezca si se le avisa de antemano."*

B. Es necesario, debido a las actuales circunstancias, así como a lo penoso del caso, si mañana a primera hora, se presentan, aunque no sean todos, a declarar sobre lo ocurrido.

—o—o—o—o—o—

C. "El caso Tula fue ocultado por 30 meses, cuando el entonces presidente JLP ordenó para las investigaciones en un par de ocasiones, luego de dos entrevistas con D, en 1982."*

D. "Hasta que aparecieron a flote los cadáveres en la ya famosa Lumbrera No. 8 del sistema de Drenaje Profundo."*

> El **desorden en la exposición** de las ideas (A, B), así como la formulación de **ideas incompletas** (C, D) son también causa de textos poco claros e imprecisos.

OBSERVA:

En la oración A, hay cuatro ideas (= verbos):

1. es muy frecuente
2. una persona tiene algo que temer
3. (una persona) desaparezca
4. si se le avisa de antemano

Parte de la oscuridad de la redacción podría deberse a que se separaron las ideas 1 y 2. Por otra parte se omitió **que**. Podemos, entonces, empezar:

---

* Ejemplo tomado de periódicos y revistas.

Es muy frecuente que una persona desaparezca y agregar después las otras dos ideas: observa que ambas son oraciones adverbiales; esto es, estamos en este caso siguiendo el orden SVC, con el fin de aclarar la redacción.

El resultado sería:

Es muy frecuente que una persona desaparezca cuando tiene algo que temer, si se le avisa de antemano.

Evidentemente, ésta no es la única versión. ¿Puedes redactar otra? __

_____

_____

Trabaja el ejemplo B de la misma manera. Escribe dos versiones y coméntalas con tu grupo.

_____

_____

_____

_____

Las oraciones C y D, por su parte, ejemplifican la formulación de ideas incompletas.

La C contiene dos ideas:

1. El caso T fue ocultado por 30 meses
2. el presidente ordenó

Vuelve a leer el ejemplo C y contesta ¿qué ordenó el presidente? _____
_____ . Es imposible saber.

Es frecuente encontrar este tipo de oraciones incompletas. Parece que quien escribe se pierde en explicaciones accesorias y nunca termina la idea principal.

En este caso sabemos:

¿para qué ordenó?   (para las investigaciones)
¿cuántas veces ordenó?   (en un par de ocasiones)
¿en qué circunstancias?   (luego de unas entrevistas)
¿en qué año?   (en 1982)

sin embargo, ignoramos **qué** fue lo ordenado por el presidente. Falta información esencial. No podemos decir:

El hombre ordenó.   Yo ordené.

porque no son pensamientos completos.

En el ejemplo D, nos encontramos frente a otro tipo de oración incompleta. Se trata aquí de una oración subordinada adverbial, pero no conocemos la oración principal, sólo sabemos el **cuándo** de un verbo que ignoramos.

Lo anterior se evita:

- teniendo siempre presente la idea central de lo que deseamos expresar;
- revisando con cuidado nuestros escritos.

XI. **Lee las oraciones siguientes. En ellas hay ideas incompletas, desorden en la exposición de las ideas, así como otros errores: omisión de nexos, palabras innecesarias, repetidas o que tienen la misma terminación. Corrígelas.**

Ejemplo: El abogado, tomando en considera**ción** la situa**ción** de la na**ción,** agravada por la crisis petrol**era** y financi**era** por la que atraviesa el país.

Puntos que hay que corregir:

1. falta el verbo principal.
2. considera**ción,** situa**ción,** na**ción.**
3. petrol**era,** financi**era.**

Resulta:

El abogado afirmó lo anterior, tomando en cuenta la situación del país agravada por la crisis petrolera y económica por la que atraviesa la nación.

1. Dijo el orador, quien se presentó puntualmente e impecablemente vestido, además de la fama de hombre inteligente e informado que se ha ganado, a pesar de lo difícil que esto es en su medio.

2. Aunque tenían tiempo y manifestaron su interés en diferentes ocasiones no se presentaron a la conferencia por la lluvia y porque los muchachos no tenían coche ese día.

3. Esas personas no comentaron, a diferencia de la mayoría de los vecinos y miembros de la comunidad, porque no parecen haber desarrollado una conciencia política ignorando la repercusión que tiene el que se abstengan de votar.

4. De angustia, producida por la situación actual, además de los malos tratos de los adultos y la falta de planeación de la educación de los niños, sobre todo menores de 10 años, sufre la infancia en más de la tercera parte del mundo.

5. Siempre me ha asombrado, dado el carácter tan serio que este diario tiene, así como la alta calidad de sus colaboradores, para no mencionar el tiraje, que dicen es muy grande, aunque yo no tengo la cifra exacta.

6. La señora tiene que visitar, entre otras cosas porque así le fue indicado por el médico que la atiende desde hace tantos años que le es imposible decir cuántos.

7. Después de que hubo insultos, palabras muy fuertes que se cruzaron entre ambas partes y que casi se llega a los golpes a tal grado que hubo que llamar a la policía.

8. Aseguraron los muchachos, compañeros y vecinos de los trabajadores que ellos tienen la razón después de haberse entrevistado con ellos ayer en la tarde y de haber escuchado sus argumentos.

9. Los empleados, por evitar que haya más complicaciones, que incluso puedan afectar a los estudiantes quienes finalmente no están involucrados en este asunto que evidentemente es de carácter laboral.

10. Los niños a pesar de que han estado enfermos y el doctor dijo no pueden salir durante varios días cooperan y colaboran por lo menos en lo que pueden apoyando constantemente a y frecuentemente hasta con un poco de dinero.

11. Desde que se inauguró se procuró y se logró, dado que se ha contado para ello con la colaboración de todos, pero muy principalmente de la sumamente eficiente señorita García que es sin duda una espléndida colaboradora.

12. Parece verdaderamente importante dadas las actuales circunstancias administrativas el análisis, pero sobre todo el ajuste que todos debemos participar en el gasto de las oficinas públicas pues la crisis económica puede incluso agravarse debido a esto.

13. En las presentes circunstancias, y en mi carácter de defensor declaro, apoyado en los datos que se han expuesto anteriormente y en los posteriormente presentados por ustedes en relación con este asunto.

14. Estuvieron aquí, aunque un poco contra su voluntad ya que no les parecía prudente por tratarse de una casa particular y que mejor hubiera sido en local adecuado, los muchachos que van a presentar la denuncia ante las autoridades.

15. Me parece indispensable, ya que he observado la falta de información que existe al respecto, además del poco interés mostrado por algunas personas, y además porque lo considero un deber, deber que considero debo cumplir con ustedes, informarles con precisión sobre el asunto.

16. En la clase de historia, la maestra amable y agradable como siempre además de todo lo que teníamos que discutir y decidir sobre las fechas de los exámenes y las entregas de los trabajos.

17. Sin duda resulta conveniente en lo que se refiere a ustedes e incluso al resto de los empleados puesto que ocultar la información no conduce más que a mayor confusión y producción de malos entendidos.

18. La contaminación ambiental agravada por el crecimiento desmedido de la ciudad, el número de vehículos así como el descuido a cargo de los ciudadanos en cuyas manos está la limpieza y la belleza de la ciudad.

19. No es importante, repitió el director, a los padres de familia que escuchaban sus palabras en el patio de la escuela que está inundado, sino el origen de esta inundación.

20. En síntesis, ya para terminar, me gustaría, aprovechando la gentil presencia de todos ustedes así como de sus familiares, amigos y personas interesadas en nuestra obra que es, sin duda, una gran obra.

XII. Agrega los signos de puntuación que se han omitido en el siguiente texto. (Advierte que es una continuación del texto de puntuación de la lección anterior).

| 6 . | 21 , | 4 ; | 1 : | 1 ( ) | 2 — |

Cuando llegaban a La Habana las cartas alusivas mamá invariablemente musitaba qué raro que tu amigo siempre diga *el* invento y no *tu* invento y papá invariablemente respondía desconfiado qué raro que siempre digas *tu* amigo y no *nuestro* amigo Como era de esperarse *su* amigo le robó la patente y papá tras meses de privaciones pasó de diplomático a inspector fiscal de provincia y de espantar conversaciones perfumadas en lujosos salones a espantar iguanas que esperaban con ansia el excremento de sus vísceras en campo abierto No fueron siquiera patentados el semáforo de celuloide que se colocaba al final de la cuartilla y permitía saber cuántos renglones de escritura quedaban al final de la página en la vieja Remington ni los círculos fosforescentes puestos en los respaldos de las butacas del cine que delataban iluminados por el reflejo de la luz de la pantalla los asientos desocupados en los maravillosos tiempos de la permanencia voluntaria.

Cuando ya no tenía otra ocupación que la de inventar papá se procuró una retahíla de comodidades que le consentían quedarse sentado en su escritorio No existía entonces la pastilla disolvente que puede llevarse a cualquier parte si usted padece agruras Papá inventó un salero en forma de pluma que al ser girada dejaba al descubierto unas perforaciones por donde se vaciaba sobre un simple vaso de agua su contenido efervescente útil para usted que va de aquí para allá y ni manera de andar cargando con el frascote de Picot Pero papá no salía jamás de casa y su invención no tenía otro objeto que la permanencia en su escritorio cuando lo asaltaban las agruras.

Tanto cuento para decir solamente que soy hijo de papá que amo los enseres del escritorio los papeles y los lápices y sobre todo las gomas de borrar tanto o más que la escritura que me interesa más la letra que su publicación que acaso sin saberlo escribo lo que ya escribieron otros en fin que estar sentado en mi escritorio aval de mi acidia y mi jubilación tan prematura como mi nostalgia justifica mi vida Escribir es una manera de quedarse en casa tener la sal de uvas a la mano para aliviar la acidez sin necesidad de levantarse.

GONZALO CELORIO

(Comprobación 104)

14

LA SENCILLEZ

I. Lee con atención.

A. La lluvia de los paraguas

Primero cayeron dos o tres y se clavaron en el suelo. Tras la sorpresa y la curiosidad siguió la inquietud. Pero nos dimos cuenta a tiempo de que había comenzado la lluvia de los paraguas.

Caían y nosotros, sin dejar de mirar a lo alto, corríamos en busca de un refugio, esquiándolos para evitar que nos ensartaran como en un asador.

Hubo suerte, nos refugiamos a tiempo y sólo uno se clavó en el trasero de una muchacha.

Nuestras carcajadas fueron tan potentes que detuvieron la lluvia.

Ella arrancó el paraguas con naturalidad y tuvo para todos una sonrisa afectuosa.

A.F. MOLINA

B. La lluvia de los quitasoles

Primero descendieron dos o tres y se clavaron en el suelo. Tras el pasmo y la curiosidad se sucedió la perturbación. Mas descubrimos oportunamente que se había iniciado la lluvia de los quitasoles.

Descendían y nosotros, sin renunciar a mirar hacia las alturas, arrancábamos a la búsqueda de un albergue, rehuyéndolos para eludir que nos enristraran como en un espetón.

Hubo ventura, nos guarecimos oportunamente y sólo uno se hincó en las asentaderas de una chica.

Nuestras risotadas fueron tan fortísimas que suspendieron la lluvia.

Ella extirpó el quitasol con simplicidad y ofreció a todos una sonrisa afable.

Habrás advertido ya la diferencia entre los dos textos que acabas de leer. Mientras que podemos considerar el A un pequeño cuento, agradable y bien escrito; el B es una forma verdaderamente horrible de decir lo mismo. ¿Cuál es la diferencia? El vocabulario. Del texto original se tomaron algunas palabras y se sustituyeron por sinónimos. Se eligieron siempre voces más rebuscadas, menos comunes, más "cultas". El resultado: un texto artificial y chocante.

> La **sencillez** es otra de las cualidades de un escrito. Ésta se refiere tanto a la forma de expresar las ideas como a las palabras que se emplean.

SENCILLEZ: LAS PALABRAS

RECUERDA:

El empleo de palabras rebuscadas, desconocidas o poco claras da como resultado un texto oscuro, confuso y hasta desagradable y de mal gusto.

II. Reescribe las siguientes oraciones. Sustituye la o las palabras que consideres rebuscadas. Usa tu diccionario de sinónimos.

1. Arribamos a la estación, después de concluida la ceremonia, exhaustos y colmados de tantos confites y pasteles.

   _____

   _____

2. Después de tomar una ducha, piensa ingerir una bebida que le permita descansar con apacibilidad y disfrutar el crepúsculo.

   _____

   _____

3. El empleado que fue inicuamente despedido se presentó ayer a cobrar sus emolumentos.

   _____

   _____

4. Las aves juguetean alegremente en sus jaulas mientras Margarita les ofrece su cotidiana subsistencia.

   _____

   _____

5. Elena considera que su nombre ha sido mancillado y que tan proterva acción es el resultado de la inquina que se le tiene.

_____

_____

6. En su contumaz anhelo de hacer bien las cosas, se obstina en el trabajo de tal manera que puede quebrantar su salud.

_____

_____

7. Se va a diferir la hora de la ceremonia ya que el vehículo del presidente se quedó varado en el fango.

_____

_____

8. La madre reprendió al chicuelo que cometió una execrable acción en contra de su hermano primogénito.

_____

_____

9. Te van a aplicar una sanción por no portar tus enseres de seguridad el día de hoy.

_____

_____

10. Durante nuestro próximo asueto haremos un prolijo recorrido por esa parte del país, a pesar de la pertinaz lluvia característica de la zona.

_____

_____

RECUERDA:

Cuando escribimos, debemos emplear palabras claras y sencillas. A menos que estemos intentando escribir un poema o un texto literario, lo mejor es utilizar palabras que nos sean familiares y que no den lugar a confusión.

SENCILLEZ: LA FORMA

III. Lee.

Las tías de Pedro que viven enfrente de un parque en donde a veces hacen exhibiciones de modas que les gustan mucho porque siempre presentan novedades y cosas bonitas tienen una casa de huéspedes.

RECUERDA:

Otro factor que le resta claridad a un escrito es el abuso en el empleo de oraciones subordinadas.

En el ejemplo hay una oración principal:

Las tías de Pedro tienen una casa de huéspedes.

Hay también cuatro oraciones subordinadas:

que viven enfrente de un parque
en donde a veces hacen exhibiciones de modas
que les gustan mucho
porque siempre presentan novedades y cosas bonitas

Ya habíamos dicho antes que el exceso de oraciones subordinadas, en lugar de aclarar lo que expresamos, lo oscurece y dificulta su comprensión. La **sencillez** de un escrito se refiere tanto al vocabulario como a **la forma**: la manera de organizar lo que decimos.

Vamos ahora a reorganizar lo anterior:

Las tías de Pedro tienen una casa de huéspedes. Viven enfrente de un parque en donde, a veces, hacen exhibiciones de modas. A ellas les gustan mucho porque siempre presentan novedades y cosas bonitas.

IV. Reescribe los siguientes ejemplos. Redacta párrafos sencillos y claros. Evita las palabras rebuscadas y utiliza correctamente los signos de puntuación.

1. Es necesario, dijo el maestro, que a pesar del mal tiempo y de las molestias que esto conlleva, pues la lluvia y el lodo dificultan la travesía, que vayamos a visitar las pirámides y el museo de Teotihuacán mañana.

_____
_____
_____
_____

2. Las muchachas que vienen desde tan lejos a la universidad, porque habitan como a 35 km de aquí y tienen que tomar el metro y varios camiones para llegar son las mejores alumnas lo cual parece increíble dadas las circunstancias que antes se enunciaron.

_____

_____

_____

_____

_____

3. Nos costó trabajo hacer el ejercicio de redacción sin el diccionario que se nos había olvidado en la casa de María desde aquel día que nos reunimos allá, aunque no le pareció a su papá porque es un señor que tiene muchos prejuicios y no le gusta que vayan amigos de su hija cuando él no está.

_____

_____

_____

_____

4. El diccionario que ya el maestro nos había recomendado que adquiriéramos y que por cierto estuvo rebajado en la Librería Patria durante unos días es caro porque es de importación pero dicen que en el centro hay muy buenos diccionarios de sinónimos nacionales que resultan más económicos.

_____

_____

_____

_____

5. Hay ciertos libros sobre todo aquéllos que se emplean consuetudinariamente y que por lo mismo son de uso muy frecuente y podría decirse que hasta casi indispensables para nuestros estudios que es mejor comprar y tener en la casa.

_____

_____

_____

_____

6. Hay otros libros y diccionarios, los que contienen voces vernáculas y usos de la lengua, por ejemplo, que no es necesario comprar, dado que se pueden consultar en la biblioteca que es muy grande y muy completa en la universidad.

_____

_____
_____
_____
_____

7. Dijo el doctor que la niña que aunque ha estado bastante delicada
    no tiene nada grave puesto que le hicieron todo tipo de análisis y
    radiografías, amén de un estudio de ultrasonido, debe alimentarse
    mejor y tomar mucho el sol, ya que presenta ausencia de ciertas
    vitaminas.

    _____
    _____
    _____
    _____

8. La madre que es una persona cuidadosa y responsable, sobre todo
    cuando se trata de esta niña que es la menor y que siempre ha pa-
    recido muy frágil, está muy preocupada por lo que dijo el doctor
    que debe comer mejor y a veces resulta difícil convencerla.

    _____
    _____
    _____
    _____

9. En aquellos días, además, su esposo con el que no ha podido co-
    municarse y que tiene una marcada predilección por su hija menor
    que está en el extranjero en viaje de negocios no puede ayudarla.

    _____
    _____
    _____
    _____

10. La hija mayor, hermana de la enferma que ya no vive en la casa
    porque se independizó el año pasado y puso su propio departa-
    mento con una amiga también está preocupada porque es la pri-
    mera vez que hay un problema de salud en la familia.

    _____
    _____
    _____

11. El año pasado hubo en ese pueblo que queda cerca de aquí, adon-
     de frecuentemente vamos de fin de semana festejos especiales por
     no se qué razón pero estuvo muy animado porque vino un circo,
     un espectáculo de autos, una gran feria y muchas otras cosas.

12. El circo, sin duda el de mayor éxito ya que es el favorito de los ni-
     ños y de las familias en general porque es un espectáculo propio
     para todas las edades, desde la abuelita hasta el niño más chiquito
     fue lo primero que llegó al pueblo cuando todavía estaba lloviendo
     por allí lo cual creó algunas dificultades.

13. En mi opinión, lo mejor pero no es una opinión general ya que
     muchos prefirieron otras cosas, como los payasos o los animales
     entre los cuales había un osito muy semejante al Panda fueron los
     trapecistas que son muy jóvenes y presentaron un número nove-
     doso y emocionante.

14. Fue, sin embargo, el espectáculo de autos que no recuerdo cómo
     se llama porque creo que está en inglés el nombre y porque a mí
     no me interesan los autos en particular lo que llamó más la aten-
     ción de los jóvenes que en un pueblo pequeño escasas veces
     tienen la oportunidad de ver autos volar envueltos en llamas y co-
     sas así.

_____

_____

_____

15. A mi hermana y sus amigas fue la comida que les complace tanto aunque a Laura le hace daño comer ciertas cosas pero no hace caso y por eso siempre se está quejando de su úlcera lo que más les agradó ya que había una increíble variedad de platillos que se veían deliciosos.

_____

_____

_____

_____

16. La semana pasada Carlos, mi primo el que vino hace unos meses de Monterrey, que está estudiando Administración aunque él hubiera preferido Ingeniería pero no hubo lugar consiguió un empleo que tenía varias semanas buscando pues cada día se hace más difícil para un estudiante que no tiene una preparación específica conseguir trabajo pero ya no tenía ni para pagar la pensión donde vive.

_____

_____

_____

_____

17. El empleo que por lo que me cuenta no es nada fácil, donde tiene que tratar con personas muy diferentes ya que está relacionado con ventas y publicidad de jabones y detergentes de los que por cierto le obsequian una dotación cada día de pago y él se los regala a mi mamá, puede no resultar lo que él quería ya que no es de medio tiempo como le habían dicho sino más bien de tiempo completo y él no piensa abandonar sus estudios.

_____

_____

_____

_____

18. Mi mamá que es una persona razonable y que casi siempre nos aconseja bien, que ha pasado con nosotros por estas mismas situaciones cree que Carlos debería a menos que él no lo considere

así esperar un mes o mes y medio por lo menos pues antes de eso es difícil evaluar correctamente la situación ya que ahorita está aprendiendo pero puede ser que después le sea posible combinar el trabajo y el estudio.

_____

_____

_____

_____

19. Carlos que es flaco, ojeroso, que no come bien y que además es muy nervioso y ya estaba un tanto deprimido por el tiempo que tardó en conseguir el trabajo piensa seguir el consejo de mamá aunque a veces le parece que no va a ser fácil, sobre todo por el tiempo que tiene que dedicarles a las visitas a clientes que con frecuencia no están y hay que volver a verlos hasta dos y tres veces.

_____

_____

_____

_____

20. El padre de Carlos que tiene varios hijos, todos en edad escolar, y que es viudo hace muchos años por lo que ha tenido que dedicarles todo su esfuerzo a sus hijos considera conveniente que los muchachos que ya tienen cierta edad y preparación trabajen para que puedan costear su propia educación lo que para él sería difícil en las presentes circunstancias económicas.

_____

_____

_____

_____

V. **Agrega los signos de puntuación que se han suprimido en el texto siguiente.**

11 .	36 ,	2 ;	3 ¿ ?

Era un rostro lívido cárdeno al que la inmensa luz lunar prestaba matices azules y verdes casi fosforescentes Unos ojos abiertos y fijos

fijos sobre un solo punto invariable y aquel punto en tal instante eran los míos más abiertos aún tan abiertos como el abismo que traga tinieblas y tinieblas sin llenarse jamás Eran unos ojos que fosforecían opacos y brillantes a un tiempo mismo como un vidrio verde Era una nariz rígida y afilada semejante al filo de un cuchillo De sus poros colgaban coágulos sangrientos detenidos sobre el escaso e hirsuto bigote que sombreaba labios delgadísimos y apretados.

Eran unas mandíbulas donde la piel se restiraba tersa y manchada de pelos ásperos y tiesos y del lienzo que ceñía la frente se escapaba hacia arriba un penacho de greñas que el viento de la noche azotaba macabramente.

Debajo de aquel rostro lóbrego y trágico a la vez un tronco enhiesto y duro dejaba caer los brazos como dos látigos sobre las piernas dislocadas Del extremo de aquellos látigos envueltos en manta gris surgían dos manos que se encogían desesperadamente cual si se apretaran asidas a alguna invisible sombra Y todo aquel conjunto era un espectro un espectro palpable y real con cuerpo y forma destacado inmensamente sobre la divina claridad del horizonte.

Cómo pude resistir a tal aparición Cómo logré sobreponerme a mis terrores y dominar la debilidad de mis nervios tan trabajados por las repetidas y tremendas emociones de aquella noche

Cómo alcancé por último a conservar un punto de lucidez y desviarme de tan horrenda larva lanzando mi cabalgadura como quien se lanza hacia el vértigo por entre las intrincadas selvas del bosque para ir después a tomar de nuevo el camino que mi instinto solamente me señalaba Lo ignoro todavía sólo sé que al cabo de algún tiempo pude orientarme hacia el sendero antes seguido y ya sobre él proseguí la marcha como a través de un sueño.

Como a través de un sueño proseguía que todo en derredor tomaba los tintes y el aspecto de las cosas entrevistas cuando soñamos Pero la realidad se imponía tiránicamente a mis sentidos y en vano me figuraba estar bajo el aterrador influjo de una pesadilla.

Galopaba corría frenético por el blanco sendero que otra vez tomara al salir de la selva El viento me azotaba el rostro mis oídos zumbaban y una especie de vértigo me impelía Pero la misma frescura de la noche y aquel furioso galopar fueron parte a calmar mi excitación El perfume acre y resinoso que venía arropado en el aliento de la montaña al penetrar en mi pecho ensanchó mi ánimo a la par que mis pulmones Ya la aparición iba separándose de mí no por la distancia ni el espacio transcurridos veíala en mi mente como a través de muchas leguas y de muchos años.

MANUEL JOSÉ OTHÓN (1858-1906)
Encuentro pavoroso

(Comprobación 105)

I. Lee.

A. Hoy en la noche pasan un estupendo **show** en la televisión.

B. Encontraron rastros de un ser **antidiluviano**.

—o—o—o—o—

C. Carmen no **se recuerda** bien del recado.

D. **Hubieron** tumultos y violencia en el estado.

Hemos visto ya en páginas anteriores algunos de los casos que aquí reunimos bajo el título **vicios del lenguaje**.

> Los vicios del lenguaje son formas de construcción o empleo de vocabulario inadecuados, que pueden dificultar la interpretación correcta de un escrito. Consideramos como vicios del lenguaje: **barbarismos, solecismos, cacofonías, anfibologías** y **pobreza del vocabulario.**

BARBARISMOS

Las oraciones A y B contienen ejemplos de barbarismos: el empleo de una palabra extranjera, **show,** que es innecesaria puesto que en español contamos con un término, **espectáculo,** que significa lo mismo.

En el ejemplo B se emplea la palabra **antidiluviano** donde debe decirse **antediluviano**.

OBSERVA:

Anti es un elemento que antepuesto a ciertas palabras significa ''oposi-ción'' o ''contrariedad''. Por ejemplo: **antiacadémico** = lo que va en contra de la autoridad o influencia de las Academias; **anticlerical** = contrario al clero; **ante,** por su parte, es un prefijo que significa anterior, antes: **ante-ayer, antecomedor, anteojo,** etc.

Localiza en tu diccionario diez palabras que empiecen con ANTE y diez con ANTI. Explica su significado.

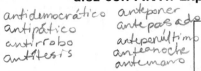

antidemocrático   anteponer
antipático   antepasado
antirrobo   antepenúltimo
antítesis   anteanoche
                   antemano

Se conoce como **barbarismo:**
- El uso de voces extranjeras cuando es innece-sario, es decir, cuando existe una palabra es-pañola equivalente (A).
- El empleo de palabras a las que se les ha hecho algún cambio de letras o de colocación del acento (B).

SOLECISMO

En la oración C vemos el empleo de **se recuerda** por **se acuerda,** y en la D, **hubieron** por **hubo.** Ambos son casos de solecismo que resulta de una mala construcción sintáctica o de la falta de concordancia.

RECUERDA:

hay, hubo, había, etc. ⟨ uno / muchos

Hay un libro.   Hubo un problema.
Hay muchos libros.   Hubo muchos problemas.

Llamamos **solecismo** al resultado de:
- Una deficiente construcción gramatical (princi-palmente con **cuyo,** cambios de preposiciones, uso y colocación inadecuados de pronombres personales, empleo incorrecto de partículas, etc.);
- La falta de concordancia.

II. Escribe una oración con cada una de las siguientes palabras. Entre paréntesis, se da el barbarismo: evítalo tanto al hablar como al escribir.

1. aeroplano (aereoplano) *El aeroplano apenas subió*

2. empujar (arrempujar) *Empuja la puerta*

3. tergiversado (trasquiversado) *Todas las pinturas son tergiversadas.*

4. infringir (infligir) _____

5. cacarear (cacaraquear) *Cuando se ríe cacarea también*

6. magullado (mallugado) *Mi brazo está magullado.*
esposo de mi hermano

7. concuño (concuñado) _____

8. dentífrico (dentrífico) *Mi dentífrico me duele.*

9. diabetes (diabetis) *Mi abuela tiene diabetes.*

10. escena (excena) *La escena pintado por Frida Kahlo es magnífico*

11. forzudo (fuerzudo) *Mi papá es forzudo*

12. polvareda (polvadera) *Solo se puede ver una polvareda*
los detalles de

13. achicar (achiquitar) *Para ver todo la imagen tienes que achicarla*

RECUERDA:

Antes de usar una palabra, debes estar seguro de su significado. Consulta frecuentemente tu diccionario.

III. Reescribe las oraciones siguientes. Elimina barbarismos y solecismos.

1. Las personas de quien te hablé nos están esperando allá.
   quienes te hablaron

2. Me quiero comprar un saco sport que haga juego con varios pantalones que tengo.

_____ *deportivo* _____

3. Podrán parquear el carro cercas de aquí.

_____ *cerca* _____

4. Ya se los preguntamos a todos los maestros pero ninguno sabe la
respuesta.

_____ *se lo* _____

5. Yo quería pedir un favor a ustedes.

_____

6. Encontramos al licenciado, le saludamos y le enviamos un recado
a su hija.

para
_____

7. Volví en sí inmediatamente pero me sentí muy mal por un rato.

_____

8. *Hubo*
   Hubieron fiestas, desfiles, juegos mecánicos y feria para celebrar
el bicentenario del pueblo.

_____

9. No quieren depender de cualquiera de los partidos políticos.

_____

10. No le gustó ni su risa ni sus maneras.

_____

11. Hay que plantiar idiales claros y precisos.

_____ *plantear ideales* _____

12. Con esto se solda todas clases de metales.

_____

13. Los precios son a 30 pesos la hora.

El precio es _____

14. Te trajeron unos papeles cuyos papeles *que* puse en tu escritorio.

_____

15. Tus amigos no estaban pero habían otras personas.

    estuvieron

    _____

16. Eso le sucede por infligir las leyes frecuentemente.

    _____*infringir*_____

17. Le van a hacer una interview a ese actor.

    _____*entervista*_____

18. Me iré de aquí sino te portas mejor.

    _____*si no*_____

19. Ya se los dije: No puedo ir.

    _____*le dije*_____

20. ¿Quieren salir a pasiar o prefieren ir al tiatro?

    _____*pasear*_____*teatro*_____

(Comprobación 106)

IV. Lee.

A. Nun**ca ca**mina en la **ca**lle.

B. Es necesario que pongan aten**ción**, guarden discre**ción** y actúen
   con deci**sión** en rela**ción** con este asunto.

—o—o—o—o—

C. Eugenia le comentó a Rosa que no debió haber salido en un día tan
   frío.

D. Se presentó Jorge con su perro y sus medicinas.

Observa en los ejemplos A y B, los grupos **ca, ca, ca,** y **ción, ción,**
etc. A esto se le llama cacofonía y hay que evitarla en la escritura.

CACOFONÍA

> Una **cacofonía** es un sonido repetido o monótono que se produce cuando se repiten la mismas letras o palabras.

Puede ser:

- La unión de dos sílabas: **con con**ocimiento.

- La repetición de una misma letra: Roberto corre rápido.

- La presencia de la misma vocal en la unión de dos palabras: V**a a A**capulco, Dije **que he** estado allí.

- La aparición de una misma sílaba en palabras cercanas: Marc**ela**, su abu**ela** y Mica**ela**.

Las **cacofonías** deben evitarse. Esto puede hacerse:

a) sustituyendo las palabras problema por sinónimos;

b) alterando el orden de las palabras;

c) expresando la misma idea de otra forma.

Así:

A. Nu**nca ca**mina en la calle.

   a) Jamás camina en la calle.

   b) No camina jamás en la calle.

   c) Prefiere no andar a pie en la calle.

B. Es necesario que pongan aten**ción**, guarden discre**ción**, y actúen con de**cisión**, en rela**ción** con este asunto.

Es necesario que atiendan, sean discretos y actúen con decisión, respecto a este asunto.

En los ejemplos C y D vamos a revisar algo que ya hemos visto antes: la ambigüedad.

ANFIBOLOGIA

> Se conoce como **anfibología** a aquellas construcciones que admiten más de un significado.
>
> Las más frecuentes se deben al empleo poco preciso del relativo **que**; así como al uso de **le, les, se, su, sus**; empleo inadecuado de las preposiciones, etc.

Las anfibologías deben evitarse:

a) repitiendo la o las palabras necesarias hasta que resulte clara la expresión;

b) colocando lo más cercanas posible, las palabras o frases relacionadas entre sí;

c) utilizando con cuidado los signos de puntuación.

En el ejemplo C,

Eugenia le comentó a Rosa que no debió haber salido en un día tan frío.

nos preguntamos: ¿quién no debió haber salido, Eugenia o Rosa?

No podemos responder. Luego, existe anfibología y hay que eliminarla.

Eugenia cree que no debió haber salido en un día tan frío. Así se lo comentó a Rosa.

Eugenia comentó que Rosa no debió haber salido en un día tan frío. Se lo comentó a la misma Rosa.

En el ejemplo D,

Se presentó Jorge con su perro y sus medicinas.

también hay anfibología. ¿Las medicinas son de Jorge o del perro?

Podríamos aclarar:

Se presentó Jorge con sus medicinas. Traía además a su perro.

Se presentó Jorge con su perro y con las medicinas que le mandó el veterinario.

V. Reescribe las oraciones siguientes. Corrige las cacofonías y las anfibologías que en ellas se encuentran.

1. Corre rápido con Rosa y ruégale que regrese.

   _____

2. Vino Nora llorando y gritando.

   _____

3. Allí estaban el doctor y su esposa, aproveché la ocasión para comentarle que estaba muy preocupado.

   _____

4. Me encontré a Mary y a Verónica; te dejé un recado para que me buscaras en su casa.

   _____

5. Si actúan sin sinceridad el resultado va a ser muy malo.

   _____

6. Cuando Luis se casó con ella ya tenía tres hijos.

   _____

7. Marcela le dijo a Carmen que está enferma.

   _____

8. Susana suda sólo en el sol.

   _____

9. Pepe y Rosa estuvieron hablando un rato y, de pronto, se fue corriendo.

   _____

10. En esa estación pasan seguido la canción de mi predilección.

    _____

11. Le dije que me avisara con la mano.

    _____

12. Tómate un té y te alivias.

    _____

13. Se busca un cuarto para rentar a dos señoritas solteras.

   _____

14. Este polvo es bueno para limpiar la casa de las cucarachas.

   _____

15. Luis vio a Marcela que estaba hablando con su hijo.

   _____

16. El abogado le preguntó al médico por el asunto que le interesaba.

   _____

17. Tito teme tomar tantas tabletas.

   _____

18. Con esa pluma firmó un cheque que no sirve.

   _____

19. Me encontré a Jorge y a Pepe y le dije la verdad.

   _____

20. Fueron Carmen y Tere a la clase con su bebé.

   _____

21. Están tan taciturnos porque temen que pueda haber una complicación.

   _____

22. Siempre he escrito con pluma fuente.

   _____

23. La decisión sobre la amputación del dedo depende de Delia.

   _____

24. Esta tarea no parece tan complicada como Lucía decía.

   _____

25. Una persona insultó al abogado que lo agredió en su casa.

   _____

26. Carmen y Martha están preocupadas porque no encuentran sus anteojos y ya se tienen que ir.

_____

(Comprobación 107)

POBREZA DEL VOCABULARIO

VI. Lee.

A. **Valora** en todo lo que **valen** tus **valiosas** acciones.

B. Es necesario darle mucha **agua** al niño, ya que el **agua** impide que el niño se deshidrate al perder el **agua** su organismo.

C. Es un **hecho** que ha **hecho** un esfuerzo y esto se ve en el **hecho** mismo de que ha **hecho** su trabajo sin la ayuda de nadie.

> Al uso constante y repetido de las mismas palabras se le llama **pobreza del vocabulario** o **monotonía**.

La repetición de una misma palabra debe evitarse:

• Eliminando alguna palabra.

• Cambiando alguna palabra por otra, sin alterar el sentido del escrito.

• Variando la redacción si es necesario, pero conservando el sentido de lo que se dice.

Veamos los ejemplos A, B y C.

A. **Aprecia** en todo lo que **valen** tus meritorias acciones.

B. Es necesario darle mucha **agua** al niño, ya que esto impide que se deshidrate al perder los **líquidos** su organismo.

Observa que además de hacer el cambio **agua** por **líquido,** suprimimos **el niño** por ser innecesario.

C. Es una **realidad** que se ha **esforzado** y esto se ve en el **hecho** mismo de que ha **realizado** su trabajo sin la ayuda de nadie.

RECUERDA:

El diccionario de sinónimos es de gran utilidad, pero, como ya dijimos antes, en ocasiones no es fácil encontrar un sinónimo exacto. Sin embargo, hay otros recursos para evitar la repetición de las palabras.

VII. Corrige los siguientes párrafos.

1. Estoy enviando a ustedes los gatos que les ofrecí. Los gatos están en buenas condiciones de salud, aunque pequeños, porque la gata tuvo once gatitos pero están en buenas condiciones de salud.

   _____

   _____

   _____

2. El maestro de historia nos pidió un trabajo sobre las culturas prehispánicas que nos está costando mucho trabajo porque no sabemos redactar muy bien. Además, no es sólo trabajoso escribir sino localizar la bibliografía ya que muchos autores han trabajado sobre este tema y no sabemos qué trabajo elegir.

   _____

   _____

   _____

3. Tenemos que decirte algo muy importante. Por favor, llámanos a alguna hora mañana, porque es algo urgente que hablemos contigo. Como no queremos que alguien vaya a oírte procura hablar con alguna discreción.

   _____

   _____

   _____

4. Para mí es una gran alegría el éxito de Carlos. No sólo yo, toda la familia está alegre y comparte su éxito, que es además un éxito para el país por la trascendencia que puede tener.

   _____

   _____

   _____

5. No debería usted tomar tantas medicinas que no le ha recetado

ningún doctor. Mucho se dice que las medicinas no deben tomar-
se sin la vigilancia de un doctor y, además, las que está usted tomando podrían no tener el efecto medicinal que usted supone.

_____

_____

6. Investigaciones recientes han manifestado el gran interés que existe entre los investigadores del mundo por investigar los efectos
que esta droga puede causar.

_____

_____

7. El director tiene interés en que ustedes tengan la oportunidad, que
otros alumnos ya han tenido, de tener su laboratorio propio en el
cual puedan tener en conservación algunas muestras que tienen
importancia para el estudio que ustedes van a llevar a cabo.

_____

_____

8. Estoy tomando este curso de redacción principalmente porque
quiero aprender a redactar mis trabajos escolares. Sin embargo,
también quiero saber redacción para poder redactar otro tipo de
escritos.

_____

_____

9. También nos interesa leer buenas lecturas. Al leer novelas, por
ejemplo, además de pasar un buen rato leyendo, se puede aprender mucho sobre muchas cosas.

_____

_____

10. Jorge es un buen amigo, un buen hijo y un buen alumno. Está lleno de buenas cualidades que lo hacen ser un buen ejemplo para
todos.

_____

_____

11. Fueron a la librería a comprar un libro de historia pero vieron unos

libros rebajados y pensaron comprarlos. No lo hicieron porque no tienen un librero grande en donde poner tantos libros.

_____

_____

12. Nunca había comido una comida tan sabrosa. Ya me habían dicho que la señora García preparaba una comida riquísima pero yo no la había comido antes.

_____

_____

13. Elena tenía tantas cosas que hacer que no sabía qué cosa hacer primero. Además, como ya había hecho otras cosas en la mañana, pues hizo las compras y también hizo la comida, estaba cansada y no sabía qué hacer primero.

_____

_____

14. Ellos no salen a tiempo de su trabajo porque siempre se quedan más tiempo del que deberían. A pesar de que hoy hace mal tiempo y nos arriesgamos a no llegar a tiempo, no han salido todavía.

_____

_____

15. Vamos a pintar toda la casa con pintura verde aunque quizá pintada de ese color no se vea muy bien, según dice el pintor. Sin embargo, como compramos la pintura muy rebajada, la vamos a utilizar.

_____

_____

VIII. **A continuación, como ejercicio final de esta segunda parte: el párrafo, se ofrecen varios ejemplos, así como una carta, tomados de diferentes periódicos, en relación con un famoso crimen ocurrido hace algunos años.* En todos ellos hay problemas de redacción y puntuación.**

_____

* Ejemplos tomados de diversos periódicos.

Reescríbelos de tal manera que resulten claros, exactos y sencillos. Agrega las palabras y signos de puntuación que consideres conveniente.

1. ''Pero cuando esto sucedía la señorita AFA se preparaba a bajar la estancia con unos papeles y una bolsa en la mano, los cuales le pidió a A se los bajara, mientras ella se despedía de sus abuelos.''

    _____

    _____

    _____

2. ''Là defensa del caso se basará en el hecho notorio admitido por la autoridad y que resulta obvio de que el joven FA es paciente de enfermedad mental y por tanto no se trata de un delincuente.''

    _____

    _____

    _____

3. ''A las 23:45 horas del mismo día, A llevó a G a la residencia de los FM, metiendo éste el machete escondido en la gabardina, para después guardarlo a través de una alacena.''

    _____

    _____

    _____

4. ''Acudió a ver a don G y éste le dijo: 'Ha de ser un infarto', enojándose el joven por lo que había dicho su abuelo. Regresó a ver a la señora llegando su hermana A, diciendo: 'Qué pasó', y respondió: 'Nada, vete a acostar'.''

    _____

    _____

    _____

5. ''A las 11 horas del viernes el muchacho vestía pantalón y camisa negra, así como una gabardina, trayendo en cada una de sus bolsas de ésta un guante, los cuales posteriormente entregó a P.''

    _____

    _____

    _____

6. ''A acudió a verlo a la residencia para que le explicara lo sucedido, diciéndole el nieto: 'Si nos cachan en esto nos hunden a los dos'.''

    _____

    _____

    _____

7. "Dijo A que efectivamente G le propuso que comprara los machetes para tirar la cabaña que tienen en la parte posterior sus familiares en las calles de P. 165."

   _____

   _____

8. "Me aseguró que los instrumentos comprados y las pastillas de V
   10 eran para darle muerte a sus abuelos."

   _____

   _____

9. "Más tarde, en la casa de G en PP, con un grupo de amigos mu-
   tuos, hicieron varios comentarios sobre la muerte de los señores
   FM y que G lo jaló aparte y en su recámara le preguntó que si había
   sido él y contestó sí. . ."

   _____

   _____

10. "Me pidieron que les mostrara qué clase de machetes y cuánto
    valían."

    _____

    _____

11. "Mostró la relación de medicamentos que se expenden al día y la
    cantidad no coincidía con lo que declaró compró el nieto de los
    FM."

    _____

    _____

12. "No es remoto que el defensor logre establecer que está enfermo
    psíquicamente, no le harían ningún favor ante la opinión pública,
    además de que. . ."

    _____

    _____

13. "Uno de los machetes, indica en su documento el juez, al que con
    su amigo A compró y sacó filo con la lima e introdujo al domicilio
    de sus abuelos, escondiéndolo atrás del refrigerador, es el arma
    que fue encontrada sobre el cuello de su abuelita."

14. "La misma prudencia y ética ha aconsejado que a nadie se le atri-
    buya la responsabilidad de un crimen hasta. . ."

15. ". . .tras la puerta se pudo ver la presencia de zapatos tenis de
    surcos paralelos sin poder determinar la longitud de la huella ya
    que se trata únicamente de fragmentos, el comedor consta en piso
    de alfombra verde, lugar donde se observaron pequeñas ramas de
    zacate. . ."

16. "Las huellas de pisadas se iniciaban a partir de la puerta del come-
    dor que comunica con el jardín, terminando aproximadamente a
    2.00 mts. al oriente del punto de inicio."

17. "encontrándose una puerta que ve hacia el oriente, con huellas de
    forzadura en el marco y borde de la puerta (. . .) dando entrada a
    un cuarto de baño con vestidor, teniendo en el mismo muro otra
    puerta de madera, que presenta también huellas de forzadura
    (. . .) dándose paso a la recámara."

18. "en la puerta que da acceso al baño (. . .) se observaron huellas
    (. . .), apreciándose que dichas huellas presentaban característi-
    cas de no ser recientes."

19. "Cuando a mí en el Juzgado me enseñaron mis guantes, esos
    guantes no son mis guantes porque son de plástico y yo nunca he
    usado guantes de plástico, y son muy chicos para mi mano."

---

20. "También G desmintió más tarde este relato. Lo llamó 'información insidiosa' divulgada por 'gente que le pagan por decir en su columna lo que otra gente desea escribir'."

---

21. CARTA

"Le quiero agradecer, bueno por agradecerle a usted, todo lo que hace por nosotros y que siempre se me figura como que está cuidándonos. Se lo agradezco de todo corazón. Gracias por el dinero que me manda no sabe lo que me va a servir. En estos momentos está tocando una grabadora una música que usted sabe que me gusta "Alone Again" y se me llena el corazón de odio al saber que una basura la tiene acongojada, pero usted sabe más que nadie que uno debe poner de su parte también. Y le voy a pedir un regalo que no es fácil de comprar y que cuesta mucho y es el siguiente que cuando llegue la encuentre cambiada en muchos aspectos principalmente moralmente, que engorde, que salga con sus amigas, se arregle mucho. Yo claro lo comprendo que usted ya no tiene ganas de lucir nada si no tiene al señor ese. Pero creo todavía que estoy yo, que puedo y voy a reemplazar ese hueco en su corazón que tiene estudiando y estamos tratándole que también tenga algo de Izquierdo, así como usted nos lo demuestra. Hace unos meses qué podría yo dar apenas para verla otra vez feliz, contenta con esa sonrisa grande que antes solía tener. Y después como cosa secundaria verla muy apuesta y distinguida arreglada como siempre pero mejor y que use sus cositas que tiene guardadas. No sabe lo orgulloso que me siento de tener una Nena como usted: me despido y ruégole que haga eso. Besos.

Q

P.D. Voy a comprobar si de veras nos hace caso a todos y viva el presente y no el pasado".

TERCERA PARTE:
EL ESCRITO

Hasta ahora, hemos trabajado en la construcción de oraciones y párrafos. En adelante, valiéndonos de la ejercitación y los conocimientos adquiridos en lecciones anteriores, vamos a escribir. La práctica, la ejercitación es lo único que puede contribuir a que nuestra expresión escrita sea cada vez mejor: más fluida, adecuada y precisa.

Dado que en esta sección vas a ejercitar tu escritura libremente, ya no encontrarás tanto apoyo en la sección de comprobaciones, ya que sólo se proporcionan algunas que son posibles y que, en general, no son sino meras aproximaciones. Es recomendable que los escritos se comenten en grupo y que reflexiones sobre cualquier observación que tu maestro haga en relación con tu escritura.

Recuerda que la práctica y sólo la práctica nos ayuda a escribir mejor.

LA DESCRIPCIÓN

I. Lee con atención.

Desde la popa de uno de los buques de corto calado que pueden acercarse a Campeche, la ciudad mural parece una paloma marina echada sobre las olas con las alas tendidas al pie de las palmeras. Allí no hay rocas ni costas escarpadas; el viajero extraña cómo el mar tranquilo de aquella bahía, que tiene por fondo una larga y suavísima pendiente, se ha detenido en el borde de aquella playa que parece no presentarle más obstáculo que la movible y parda cintura de algas que el agua deposita lentamente en sus riberas.

JUSTO SIERRA
La sirena

Pueblo de mujeres enlutadas. Casas de las que no escapan rumores, risas, gritos, llantos. Pueblo sin otras músicas que cuando clamorean las campanas, propicias a doblar por angustias, y cuando en las iglesias la opresión se desata en melodías plañideras, en coros atiplados y roncos. Pueblo seco, sin árboles ni huertos. Pueblo de sol, reseco, brillante. La limpieza pone una nota de vida. Bien barridas las calles. De las casas emana el aire de misterio y hermetismo que sombrea las calles y el pueblo.

AGUSTÍN YÁÑEZ
Al filo del agua

. . .era un joven que representaba tener de diez y ocho a veinte años a lo más; pero tan alto, tan flaco, tan nervioso, que nada más propiamente personificaba que la imagen de ese personaje, que bajo el prosaico nombre de Juan Largo, nos ha descrito el pensador mexicano.

Sus brazos eran algo largos en relación a su cuerpo, y sus manos un poco largas con relación a sus brazos, sus piernas no estaban tampoco en razón muy directa de longitud con el resto de su individuo. Sus facciones bastante pronunciadas para marcarse perfectamente, a pesar de la escasa luz que ahora sobre ellas caía, no eran precisamente hermosas, puesto que los ojos eran algo grandes y un poco saltones, las orejas y la nariz grandes también, la barba un poco saliente y la boca con los labios muy ligeramente vueltos hacia fuera, dejando entrever dos hileras de dientes blanquísimos y afilados.

JUAN DÍAZ COVARRUBIAS
Gil Gómez El Insurgente

Acabas de leer tres descripciones: un paisaje, un pueblo, un muchacho.
Una descripción es una especie de pintura. Un cuadro que, valiéndose de las palabras, nos ofrece una imagen o una sensación.

> La descripción, que puede referirse a personas, lugares, objetos o acciones, es una pintura hecha con palabras. Constituye una forma de representar un objeto de manera tal que la persona que lee o escucha sea capaz de reproducirlo en su mente.

CARACTERÍSTICAS DE UNA DESCRIPCIÓN

Describir no es simplemente comunicar detalles. Es, más bien, recoger los más relevantes, seleccionarlos y presentarlos en un escrito preciso y ordenado.

RECUERDA:

Las cualidades de un buen escrito son la claridad, la exactitud y la sencillez.
Podríamos hablar de tres pasos a seguir para lograr una buena descripción:

Observar: Es éste un paso previo e indispensable para lograr una buena descripción. Observar significa más que ver. Observar, aquí, implica la participación de todos nuestros sentidos —el gusto, el olfato, el oído, etc.—, que nos permitan percibir en su totalidad el objeto de nuestra descripción.

Seleccionar: Reunir de lo anterior todo aquello que consideremos relevante para nuestros fines. Analizar y valorar los datos obtenidos.

Escribir: Darle una forma precisa y clara a lo observado y seleccionado previamente; esto es, organizar los datos y proceder a redactarlos, de acuerdo con las normas y criterios que ya conocemos.

La observación puede efectuarse sobre algún objeto, persona, paisaje, situación que tenemos frente a nuestros ojos; en este caso, se trata de una **observación directa**. Sin embargo, también podemos hablar de una **observación indirecta**: aquélla que tiene como objeto de la observación algo inexistente, que no está presente.

RECUERDA:

La observación requiere de la práctica. La capacidad de observar puede mejorar con la ejercitación.

II. Observa atentamente todo lo que te rodea en este momento. Descríbelo con todos sus detalles. Sé lo más preciso posible.

III. Después de leer en voz alta algunas de las descripciones anteriores, se comparan los resultados con el objeto de ver qué diferencias y semejanzas hay entre ellas. Vas a advertir que hay elementos faltantes y sobrantes. Una vez hecho lo anterior puede procederse a trabajar en equipo hasta lograr una descripción satisfactoria del ambiente en cuestión: una descripción a la que no se añadan elementos innecesarios y en la cual no esté ausente ningún elemento esencial.

IV. Describe el cuarto donde duermes.

V. Describe un pueblo que hayas visitado recientemente.

VI. Describe un día que consideres importante en tu vida.

VII. Describe a una persona a quien quieres mucho.

VIII. Describe a una persona a quien no aprecias.

IX. Describe tu primer día de clases.

X. Describe un asalto en un supermercado. Tú estabas formado en la caja, se presentaron tres individuos, amagaron a todos los presentes y se llevaron el dinero de todas las cajas. Describe el lugar, los hechos y a las personas. Haz "retratos hablados" de los asaltantes que serán de suma utilidad para la policía.

LA NARRACIÓN

XI. Lee con atención.

Era un poeta hijo de una bailarina española y de un mulato peluquero y debía ganarse la vida como peinetero. Tenía cierto talento y sus poesías comenzaban a ser conocidas y apreciadas en la isla. Pero él anhelaba ser conocido fuera.

Su vida estuvo marcada por el infortunio. Al nacer lo depositaron en la casa cuna y cuando apenas contaba treinta y cinco años fue aprehendido, acusado de conspirar contra los poderes coloniales y condenado a ser pasado por las armas. Durante el juicio, en el que no se le pudo probar delito de sedición alguno, se mantuvo sereno. La noche antes de la ejecución la pasó escribiendo una plegaria en forma de poema. Con ella consiguió la fama póstuma en el extranjero.

GUILLERMO CABRERA INFANTE
Vista del amanecer en el trópico

Estaban a punto de agotarse. Toda una vida tejiendo, ¿y qué? Ése había sido su territorio, su ámbito querencioso, su patria, pero cuando ellos llegaron les destruyeron sus hogares y les desmantelaron una y otra vez sus humildísimas industrias. Tuvieron que huir. Se fueron desplazando a sitios apartados, se escondieron en rincones solitarios y oscuros, y sólo se aventuraban a salir sordamente, pero escapaban ante cualquier crujido, ante el mínimo estrépito que anunciara la presencia de alguien, pues allí donde las descubrieran, las aplastarían sin piedad, con horror desdeñoso, con asqueada indiferencia.

Hasta los científicos fueron inventando tóxicos cada vez más eficaces, que las dejaban paralíticas y las asfixiaban.

Me entristecen las arañas.

MARCELINO CEREIJIDO
"Meta Menardii"
en *Aquí me pongo a contar*

Todas las mañanas compro el periódico y todas las mañanas, al leerlo, me mancho los dedos con tinta. Nunca me ha importado ensuciármelos con tal de estar al día en las noticias. Pero esta mañana sentí un gran malestar apenas toqué el periódico. Creí que solamente se trataba de uno de mis acostumbrados mareos. Pagué el importe del diario y regresé a mi casa. Mi esposa había salido de compras. Me acomodé en mi sillón favorito, encendí un cigarro y me puse a leer la primera página. Luego de enterarme de que un jet se había desplomado, volví a sentirme mal; vi mis dedos y los encontré más tiznados que de costumbre.

Con un dolor de cabeza terrible, fui al baño, me lavé las manos con toda calma y, ya tranquilo, regresé al sillón. Cuando iba a tomar mi cigarro, descubrí que una mancha negra cubría mis dedos. De inmediato retorné al baño, me tallé con zacate, piedra pómez y, finalmente, me lavé con blanqueador; pero el intento fue inútil, porque la mancha creció y me invadió hasta los codos. Ahora más preocupado que molesto, llamé al doctor y me recomendó que lo mejor era que tomara unas vacaciones, o que durmiera. En el momento en que hablaba por teléfono, me di cuenta de que, en realidad, no se trataba de una mancha, sino de un número infinito de letras pequeñísimas, apeñuzcadas, como una inquieta multitud de hormigas negras. Después, llamé a las oficinas del periódico para elevar mi más rotunda protesta; me contestó una mujer, que solamente me insultó y me trató de loco. Cuando colgué, las letritas habían avanzado ya hasta mi cintura. Asustado, corrí hacia la puerta de entrada; pero, antes de poder abrirla, me flaquearon las piernas y caí estrepitosamente. Tirado bocarriba descubrí que, además de la gran cantidad de letras-hormiga que ahora ocupaban todo mi cuerpo, había una que otra fotografía. Así estuve durante varias horas hasta que escuché que abrían la puerta. Me costó trabajo hilar la idea, pero al fin pensé que había llegado mi salvación. Entró mi esposa, me levantó del suelo, me cargó bajo el brazo, se acomodó en mi sillón favorito, me hojeó despreocupadamente y se puso a leer.

GUILLERMO SAMPERIO
"Tiempo libre"
en *Textos extraños*

Acabamos de leer tres narraciones diferentes, escritas por reconocidos escritores hispanoamericanos. Una narración, como acabamos de ver, es el conjunto de hechos y acciones que suceden en el tiempo y en el espacio.

> La narración es el relato de uno o varios sucesos ordenados de tal modo que adquieren un significado propio. Narrar es contar, relatar una o varias acciones, valiéndonos del encadenamiento de las situaciones y las imágenes.

El orden que se sigue en una narración puede ser **cronológico**: los hechos se presentan en el orden mismo en que sucedieron, o **climático**: los hechos se presentan de acuerdo con la atmósfera que el autor desee recrear.

CLASES DE NARRACIÓN

Por su contenido, la narración puede ser **subjetiva, objetiva, realista, fantástica** o **histórica**.

• *Narración subjetiva:* El narrador, el que habla o escribe, es un personaje de la narración, participa en el relato.

"Cuando yo tenía ocho años pasé una larga temporada con mi abuela en una casita pobre. Una tarde le pedí muchas veces una pelota de varios colores que yo veía a cada momento en el almacén."

FELISBERTO HERNANDEZ
"La pelota"

• *Narración objetiva:* El narrador, que no es un personaje dentro del relato, observa y cuenta los sucesos.

"Cuando el avión aterrizó cinco mil kilómetros y ocho horas más tarde, un ovillo semicongelado cayó de entre las ruedas. Era el polizón con suerte. El polizón sin suerte fue la luz roja que se encendió en el control del tren de aterrizaje y se mató cayendo en el mar o en algún descampado de la isla que los dos querían abandonar a todo trance."

GUILLERMO CABRERA INFANTE
Vista del amanecer en el trópico

• *Narración realista:* Los hechos se presentan tal y como suceden en la realidad.

"Era el miércoles dieciséis de diciembre de 1818. Me encontraba en el campo como de costumbre con mi rebaño, cuando acertaron a pasar, como a las once del día, unos arrieros conduciendo varias mulas con rumbo a la sierra. Les pregunté si venían de Oaxaca; me contestaron que sí, describiéndome a ruego mío algunas de las cosas que allí vieran, y siguieron luego su camino."

ANDRÉS HENESTROSA
"Otra vez la oveja perdida"
en *Los caminos de Juárez*

• *Narración fantástica:* Los hechos a que se refiere no son reales.

"Una tarde, mientras la mujer verde descansaba en su casa, tocaron a la puerta. Ella se arregló su verde cabello y abrió. En el quicio de la puerta se encontraba un hombre, un hombre violeta, violeta de pies a cabeza. Se miraron a los ojos. La mujer verdiazul vio un dragón encantador. El hombre violeta vio una cascada de peces. El hombre violeta se acercó a la mujer y la mujer verde se acercó al hombre violeta. Entonces, un dragón violeta voló hacia la cascada y ahí se puso a jugar hasta que se dejó ir en la corriente de peces. Luego, cerraron la puerta."

GUILLERMO SAMPERIO
"La señorita Green"
en *Textos extraños*

• *Narración histórica:* Se refiere a un hecho real sucedido en el pasado.

"El famoso rey de los lidios, Kroisos o Creso, capturado por Kyros en 554, había intentado no sólo dominar a los ionios de Asia y de las islas, sino atraérselos por medio de una política eminentemente helénica, cuya muestra fue la veneración hacia el oráculo de Delfos."

JUSTO SIERRA
"Las guerras heleno-pérsicas"

Antes de hacer los ejercicios que se proponen a continuación, lee nuevamente y con mucha atención los textos que se han dado como modelo para la narración.

XII. Escribe un relato sobre alguna experiencia personal que hayas tenido. Se trata de hacer una narración subjetiva; esto es, tú eres uno de los personajes.

XIII. Cuenta una historia sobre un accidente, una fiesta, un encuentro deportivo, un pleito, etc. Ésta debe ser una narración objetiva; tú no eres un personaje, eres sólo el que cuenta.

XIV. Redacta una narración realista. Habla de un hecho del que tengas noticias, presentando los sucesos tal y como acontecieron.

XV. Haz un relato fantástico. Crea un personaje y unas circunstancias ajenos a la realidad.

XVI. Relata un hecho histórico. Consulta un libro de historia y reescribe algún episodio que te parezca interesante.

XVII. Redacta una pequeña historia de ficción.

I. Lee con atención los siguientes relatos.

A. Puebla ha sido fatal para los franceses. Allí fueron vencidos por los ejércitos republicanos y allí se casó el soldado Juan Provat con Pepita Romero.

Pepita era hija de una buñolera. Tenía la nariz chata y la boca morada; su color era trigueño; de los negros ojos le salían como ráfagas de fuego; y en conjunto, podía muy bien decirse de ella lo que decía su esposo a los amigos: "No es bella, no, pero es apetitosa".

Pepita nació, sin duda alguna, para representar papeles trágicos. Tenía todas las condiciones requeridas para una heroína de Echegaray: la prueba es que a los tres meses de casada arañó al marido.

La historia de las infidelidades de Pepita podría escribirse en muchos tomos, como la historia de las Variaciones que escribió Bossuet.

Sólo que sería mucho menos edificante.

Era Pepita una mujer de fuego; una escopeta con el gatillo levantado y dispuesta a lanzar sus proyectiles; un barril de aguardiente en cuya tapa paveseaba una vela agonizante.

En sus ojos podía encenderse un puro.

Desprendíase de su cuerpo un vago olor a horno de panadería, a fragua de herrero, a pasteles calientes, a leña verde puesta al fuego.

Cuando se lavaba, el agua helada, cayendo sobre su cutis ardoroso, chirriaba evaporándose, como si hubiera caído sobre un hierro candente.

MANUEL GUTIÉRREZ NÁJERA
"Los amores de Pepita"

B. El sol denso, inmóvil, imponía su presencia; la realidad estaba paralizada bajo su crueldad sin tregua. Flotaba el anuncio de una muerte suspensa, ardiente, sin podredumbre pero también sin ternura. Eran las tres de la tarde.

Pedro, aplastado, casi vencido, caminaba bajo el sol. Las calles vacías perdían su sentido en el deslumbramiento. El calor, seco y terrible como un castigo sin verdugo, le cortaba la respiración. Pero no importaba: dentro de sí hallaba siempre un lugar agudo, helado, mortificante que era peor que el sol, pero también un refugio, una especie de venganza contra él.

Llegó a la placita y se sentó debajo del gran laurel de la India. El silencio hacía un hueco alrededor del pensamiento. Era necesario estirar las piernas, mover un brazo, para no prolongar en uno mismo la quietud de las plantas y del aire. Se levantó y dando vuelta alrededor del árbol se quedó mirando la catedral.

INÉS ARREDONDO
"La señal"

Acabas de leer dos fragmentos literarios en los cuales, a la vez que se relatan ciertos hechos, se recrean situaciones o imágenes, quehacer fundamental de toda obra literaria.

En general, en nuestros escritos podemos narrar y, al mismo tiempo, expresar sentimientos, puntos de vista, percepciones, acciones; esto es, nos valemos alternativamente de lo que hemos definido como **descripción** y **narración,** puesto que ambas formas no son más que recursos que empleamos al escribir y que con frecuencia se entrelazan, al grado de que puede ser difícil separarlos.

RECUERDA:

La **descripción** se refiere a fenómenos, a acontecimientos que se perciben por medio de los sentidos. La **descripción** produce una imagen. Podría llevarse a cabo a partir de las preguntas ¿qué hay?, ¿cómo es?

La **narración** tiene que ver con las acciones, con el suceder de las cosas, con el encadenamiento de los acontecimientos. Narrar es relatar una o varias acciones. Podría responder a ¿qué sucede?

La **descripción** y la **narración** son dos recursos de la escritura que difícilmente pueden aparecer desligados uno del otro. En un escrito ambas formas generalmente se entrelazan y se complementan.

La separación que hemos hecho entre descripción y narración en páginas anteriores ha sido simplemente una cuestión de carácter metodológico. Es decir, se ha intentado hacer más clara cada una de las formas para, en un momento posterior, poder trabajarlas ya como un conjunto.

Vamos ahora a trabajar los dos textos que se han dado como ejemplo en esta lección. Aunque sabemos que un párrafo puede no ser absolutamente narrativo o descriptivo, intentaremos señalar cuál es el elemento predominante. Éste es un ejercicio de lectura, de acercamiento a un texto que, a su vez, nos va a permitir realizar nuestros propios escritos.

En el texto A, encontramos que el primer párrafo, desde **Puebla ha sido** hasta **con Pepita Romero,** constituye una especie de marco para introducir la descripción que se dará líneas después. Es una narración. A partir de **Pepita era hija de una buñolera** hasta el final del texto, estamos frente a una descripción. Observa que en muchos momentos el autor se vale de la descripción de acciones que le sirven para redondear el retrato que se ha propuesto ofrecernos. Es ahí donde vemos perfectamente entrelazadas las formas narrativa y descriptiva.

En el texto B, tenemos en el primer párrafo (**El sol denso. . . las tres de la tarde.**) la descripción de un ambiente. A partir de **Pedro, aplastado** hasta el final del texto, hay una narración dentro de la cual se introducen, cuando así se requiere, elementos descriptivos.

Habrás advertido ya que, además de difícil, éste es un ejercicio bastante artificial. Sin embargo, cumple sus fines: nos acerca a un texto, nos permite hacer una lectura diferente y nos facilita las herramientas para que nosotros podamos también redactar nuestros propios escritos.

II. Trabaja los siguientes textos separando los elementos narrativos de los descriptivos. Añade todas las observaciones que consideres pertinentes y coméntalas con tu maestro y tus compañeros.

1.

La cañada todavía estaba a obscuras. El sol que empezaba a nacer por los llanos de Tierra Colorada, aun no había podido entrar al fondo de estas peñas, todas quebradas, con matorrales y pájaros. En el río, que pasa rebotando entre las piedras de abajo, todavía estaba la noche con sus luciérnagas. Los muchachos que andaban pasando por la última cresta del cerro, se llenaban los ojos con la enorme naranja que hacía el sol brotando de entre las nubes. Estaba amaneciendo; pero esto no se notaba en el fondo de esta cañada que le dicen del Principio.

Los árboles enredaban las ramas unos en otros con la hamaca de los bejucos. Las urracas estaban ya volando. El grito plateado de las peas se colgaba de los panales y hacía zumbar los avísperos.

El coronel fue distribuyendo los puestos. Los hombres escogían el hueco de una peña, o el tronco derribado de un árbol y algunos llegaban a trepar por una ceiba y acomodarse entre las ramas, con la carabina suspendida a las espaldas.

—No vayan a hacer ruido nomás; a lo mejor hay avanzadas —recomendaba el coronel al señalar los apostaderos.

Los hombres preparaban las armas y se aseguraban de que los cartuchos quedaran a mano. Algunos untaban saliva en la muesca de puntería, y trazaban con los dedos cruces sobre la boca del cañón.

La ametralladora, que habían conseguido en el asalto a Mojarras, fue emplazada en la boca de la cueva. Los tres hombres encargados de ella prepararon lo necesario.

La cañada se fue llenando de ruidos. Las chachalacas volaron a la punta del cerro y allá se quedaron desparramando su canto ronco y acesante. Seis pavas pasaron cerca, con el vuelo pesado y torpe, y descendieron a las ramas de un árbol de mulato que se levantaba al fondo, muy cerca del río.

Las dos paredes pedregosas de la cañada fueron ocupadas por los hombres. Todos los puestos fueron cubiertos. Se hacían señas de saludo de un acantilado al otro. Los últimos hombres fueron destinados a sus colocaciones. El coronel recorrió toda la línea de tiradores. Estaba satisfecho.

—De esta no se pelan ¿verdad?

—Ni queriendo —contestó el asistente que con la carabina colgada del hombro, caminaba a su lado.

—Andá a decirles que no vayan a hablar en voz alta. Si fuman que tapen el humo y la lumbre con el sombrero, para que no nos vaya a delatar. Si no cae la tropa en esta trampa podemos salir fregados. La señal de disparo la va a dar la ametralladora.

—Voy señor.

Neófito se acurrucó en una hondonada. Reclinó la espalda sobre la roca y revisó su carabina. El día anterior se la habían entregado. Apenas si tuvo tiempo de aprender su funcionamiento. Disparó unas cuantas veces sobre un papel que alguien colocó en una barda de adobe. Después dieron la orden de iniciar la marcha y ya no hubo oportunidad de seguir practicando. Ahora, a las seis de la mañana, sentado en este agujero de la peña, con la dotación de cartuchos pesándole sobre la cintura, hacía funcionar el mecanismo de la carabina, reluciente de aceite. Le gustaba sentir en sus manos, la suave presión que ofrecía el cerrojo al cerrarse. Sacó de la carrillera cinco cartuchos y los fue colocando en su arma cuidadosamente. Con un movimiento seguro preparó el fusil y lo apostó sobre la roca. Luego se frotó las manos sobre los pantalones y encendió un cigarro.

ERACLIO ZEPEDA
La cañada del principio

2.

Yo recordaba a mi abuelo como un hombre torpe y tranquilo. Con gorra a cuadros, sin corbata, las manos pulidas por ese renegrido que da el trabajo y que es una limpieza. Encontré en cambio un hombre taciturno y que parecía no comprender nada. Sus ojos miraban como a través de una membrana turbia, con una tristeza inmóvil de pez. Su bigote había perdido el color como si hubiera perdido la sangre. La expresión de lástima y de temor a irritarse que vi en los rostros de mi tío, de mi tía, de mi abuela, me hicieron comprender en seguida que en aquella casa las preguntas habían caído en desuso desde hacía mucho tiempo. Opté pues por mostrarme infantil y en la luna, y dejar que mi abuelo llegara poco a poco a las confidencias, tal vez con el vago sentimiento de que yo no comprendería bien.

Un día le conté que había soñado con él y que tenía un bigote negro y conducía un gran camión que iba sin luz a través de la noche. Me dijo que antes él también soñaba "cosas". Quise saber qué soñaba ahora y no supo explicarme. Dijo que acaso alguna vez había soñado lo mismo, pero sin camión, sin bigote y sin noche. También que soñaba con el espacio. Y que otras veces sólo soñaba luz; pero que no era eso. Así empezaron sus confidencias. Casi todos los días me hablaba de sus sueños. Me dijo que al jubilarse había creído empezar una vida dulce y como juvenil. Todavía era fuerte y el ocio le parecía un claro espacio navegable. Pero apenas desocupado empezó a soñar todas las noches que nó había tiempo. Al principio trató de explicarles a los de su casa, pero se daba cuenta de que lo que había soñado era nada. Ahora se pasaba el día en silencio, tratando de acordarse.

A menudo soñaba con el tiempo. No era nada, era el tiempo, era saber que *ahora* ya no existe el instante precedente. Otras veces se soñaba a sí mismo. Pero no era él, no era ni siquiera un hombre, no había el mundo; sólo había "algo" y ese algo era él que soñaba. Cada vez pasaba más tiempo en su butaca hundida, sobre la que la luz de la tarde, atravesando los visillos almidonados, resbalaba sin fuerza. Se despertaba en la penumbra y me contaba que durante un rato no sabía en qué universo, en qué existencia se había despertado. Luego entraba mi abuela y él se iba acordando poco a poco, estupefacto, de que era su mujer. Otras veces no podía recordar qué era tener un cuerpo. Durante largos ratos no sabía cómo se llamaba ni cuáles de los fragmentos de pasado que circulaban por su mente eran suyos. También soñaba a veces que la realidad no había existido nunca, que jamás nada había nacido y todo era un vacío sin edad, una espera sin objeto. Y hubo ocasiones en que soñó que era inmensamente feliz; no por algún motivo, sino que precisamente esa felicidad era el motivo de que él existiera. Me dijo que era como cantar, pero sin voz. Una tarde se despertó sobresaltado. Me contó que había visto la muerte. El era fluido y estaba derramado y sorbido sin remedio. Su memoria estaba ciega y deshabitada. Tenía miedo y decía que no quería olvidarse.

Un día no se levantó ni una vez de la butaca. Me mandó llamar para contarme, conmovido por una alegría tan pura que casi parecía picardía, que había soñado con la existencia de Dios. Me pareció muy interesante eso de soñar con Dios, como los místicos de otro tiempo.

Le pedí que me lo describiera; pero él entonces me miró con tanta desilusión —como si aquella pregunta revelara una total y lastimosa ignorancia de la cuestión—, que no pude evitar una sensación de ridículo. Insistí con cierta irritación, diciéndole que me explicara por lo menos cómo sabía él que era Dios y no otra cosa cualquiera. "Dios no *estaba* allí", me dijo; "no soñé con Dios, sino que Dios existía". Debí de poner una cara bastante estúpida. Entonces, con tono condescendiente, como se explica la regla de tres a un niño, añadió: "Mira, tú sabes cómo se olvidan las cosas. Dicen que a mi edad se olvidan más, pero yo no lo creo. Trata uno de acordarse con todas sus fuerzas, porque sabe que entonces lo que se olvida se muere para siempre. Bueno, pues lo que yo soñé es que cuando uno olvida una historia que le ha pasado, la historia en cambio se acuerda, ¿comprendes?" Le dije que sí, tal vez lo creí incluso.

Al día siguiente, cuando entré en su cuarto, volvió hacia mí una mirada abierta en una benevolencia tan infinita que era como si no me viese. "Acércate," me dijo; "¿tú quién eres?"

TOMÁS SEGOVIA
Leteo

3.

Si hubiera nacido vaca estaría contenta. Tendría un alma apacible y cuadrúpeda y unos ojos soñolientos. Dos rosas cabalgarían en mis flancos, orgullo de mi estampa bermeja. Mi cola, entretejida con papel de china, espantaría las moscas que retozaran en mi lomo como sobre un puesto de fruta. Junto al río, hincharía mis riñones con enormes tragos de agua, y barrerían mis belfos el perfil verdoso donde flota el limo. Buscaría siempre tiernos retoños y triscaría prefiriendo el perfume del trébol a la madura caña. Por bonita habría de cercarme el bramido del toro.

Los años en mis ojos húmedos, en mi espera en el llano, en mi testa de sueños, se estancan. Me gusta frotar la piel sudorosa en el aprisco asfixiante mientras por mis lagrimales pasean las hormigas acariciándome las cuencas. Horas y horas paso sobre el musgo terso sin hacer ruido. A la queda, bien echada en mis cuadriles pienso que el cielo es un enorme prado de alfalfales azules, y el sol un semental de fuego.

En la cerca de huizaches, cuando los labriegos se acerquen les enseñaré mis ubres de lino como una cordillera y los terneros nutridos de mi zumo.

Con la mente hueca viviré sin culpa, alerta sólo al toque de las seis campanas que dispersan el repique de su voz sobre el sembradío. Descarriada en el valle iré a lamer las piedras salinas, las que se amontonan y bardan el campo más allá de la vereda. En la calentura de los mezquitales detendré mi carne perezosa para mirar cómo a las lagartijas les palpita el vientre color de arsénico y cómo las acerinas de sus ojos se petrifican bajo el sol llameante.

Cuando algún becerro cayera en el barranco, mugiría con fuerza para que los pastores bajaran corriendo hasta el soto y le hicieran una tumba de siemprevivas. Pero yo siempre estaría inmóvil, solemne, ídolo de siesta infinita, mientras mis mandíbulas rumiaran suavemente la eternidad de la tarde.

GUADALUPE DUEÑAS
Digo yo como vaca

4.

En la humedad gris y blanca de la mañana, las lavanderas tallan su ropa. Entre sus manos el mantel se hincha como pan a medio cocer, y de pronto revienta con mil burbujas de agua. Arriba sólo se oye el chapoteo del aire sobre las sábanas mojadas. Y a pesar de los pequeños toldos de lámina, siento como un gran ruido de manantial. El motor de los coches que pasan por la calle llega atenuado; jamás sube completamente. La ciudad ha quedado atrás; retrocede, se pierde en el fondo de la memoria.

Las manos se inflaman, van y vienen, calladas; los dedos chatos, las uñas en la piedra, duras como huesos, eternas como viejas conchas de mar. Plenas de agua, las manos se inclinan, como si fueran a dormirse, a caer sobre la funda de la almohada. Pero no. La terca mirada de doña Otilia las reclama. Las recoge. Allí está el jabón, el pan de a cincuenta centavos, y la jícara morena que hace saltar el agua. Las lavanderas tienen el vientre humedecido de tanto recargarlo en la piedra porosa y la cintura incrustada de gotas que un buen día estallarán.

A doña Otilia le cuelgan cabellos grises de la nuca, Conchita es la más joven, la piel restirada a reventar sobre mejillas redondas (su rostro es un jardín y hay tantas líneas secretas en su mano) y doña Matilde, la rezongona a quien "siempre se le amontona la ropa".

—Doña Lupe ¿por qué no había venido?

Doña Lupe deja su bulto en el borde del lavadero.

—De veras, doña Lupe, hace muchos días que no la veíamos por aquí.

Las cuatro hablan quedito. El agua las acompaña. Las cuatro encorvadas sobre su ropa, los codos paralelos, los brazos hermanados. . .

—Pues, ¿qué le ha pasado Lupita?

Doña Lupe hablaba con su voz de siempre mientras las jícaras jalan el agua para volverla a echar sobre la piedra, con un ruido seco. Cuenta que su papá se murió (bueno, ya estaba grande), pero era campanero, por allá por Tequisquiapan, y lo quería mucho el señor cura. Y lo querían mucho todos los de Tequisquiapan. Subió a dar las seis como siempre, y así, sin aviso, sin darse cuenta siquiera, la campana lo tumbó de la torre. Y repite, más bajo aún, las manos llenas de espuma blanca:

—Sí. La campana lo mató. Era un esquila, de esas que dan vuelta.

Se quedan las tres mujeres sin movimiento bajo la huida del cielo. Doña Lupe mira un punto fijo:

Entonces, todos los del pueblo agarraron la campana y la metieron a la cárcel.

Arriba el aire chapotea sobre las sábanas.

ELENA PONIATOWSKA
Las lavanderas

5.

Ella estaba lavando en el patio cuando le trajeron la noticia. No dijo nada ni lloró ni mostró emoción. ¿Es verdá?, preguntó solamente. El hombre, el que habló, porque eran tres los que vinieron, dijo que sí con la cabeza y explicó. Por el radio mencionaron su nombre con el de otros compañeros caídos. Tenía su sombrero en la mano y ahora se golpeó una pierna con el ala. Sabíamos que el parte oficial era falso, dijo. Todo eso de batalla y de muertos en acción es una mentira descarada, claro. Fue de otro lado que nos contaron cómo pasó. Los cogieron presos y los llevaron al cuartel y los mataron allá, dijo. Después fue que inventaron el combate. Ella los miró y no dijo nada. Tendría cuarenta años, quizá menos, pero parecía una vieja. Llevaba un gastado vestido de florecitas moradas y el pelo recogido en un moño. Sus ojos eran de un verde amarillo muy pálido y parecía que le molestara la luz del mediodía. En el silencio se oyó el viento entre los árboles del patio y una gallina cacareaba. Ustedes me perdonan, dijo, pero tengo que seguir lavando.

Terminó y entró en la casa y se hizo café. Lo tomó de pie, en la puerta, mirando cómo el aire se hacía visible entre las sábanas.

GUILLERMO CABRERA INFANTE
Vista del amanecer en el trópico

6.

Cuando llueve mucho me siento frente a la ventana y repaso mentalmente mis planes. Llego a mi casa a eso de las seis de la tarde. Me quito de encima los olores de afuera y me pongo a ver a la gente que pasa. Si no tuviera esta ventana que da a la calle, creo que tendría muchos problemas. Antes vivía en el seis y la ventana daba al pasillo. Un día llegué más temprano que de costumbre y estaba tan aburrido que me empecé a hacer cortaditas en las rodillas, en las manos y en la cara. La navaja de rasurar ya no tenía filo y yo seguía tratando de cortarme. No sentía dolor pero me espanté cuando me vi lleno de sangre. Me estuve echando alcohol en cada una de las cortadas y eso sí me dolió muchísimo. No sé por qué no me gusta tomar. Creo que eso me ayudaría. Tampoco me gusta ir al billar o platicar en la esquina. Cuando salgo de trabajar siempre me vengo a mi casa. Conozco cada una de las manchitas de las paredes y el techo. Cuando se le acaban las pilas a mi radio, me empiezan a zumbar los oídos y como que no puedo respirar bien. Necesito tomar mucho aire y luego me duele al irlo sacando poco a poquito. Pero ahora que vivo aquí me da mucho gusto sentarme frente a la ventana y ver a la calle. Sobre todo me gusta hacerlo cuando llueve. Me divierte ver cómo se moja la gente. Parecen ratas. Me dan lástima. Lo mejor es vivir en el centro porque aquí siempre hay gente. Sin salir de mi calle puedo hacer todo y comprar cualquier cosa. Cuando tengo hambre en la noche, nada más bajo y luego luego encuentro un sope y un refresco para cenar. En la mañana desayuno un atole y un tamal en la esquina y ya estoy listo. Ahora que ha llovido mucho también me divierto con los tlaconetes que han salido quién sabe de dónde. Me gusta ver cómo sacan y meten sus cuernitos y cómo van dejando un como hilo brillante por donde pasan. Se tardan varias horas en recorrer un metro. Cuando era chico me gustaba echarles sal para ver cómo se deshacían. Ojalá nunca dejara de llover. Cuando no llueve la gente se ve más contenta y a mí me da coraje. Ya estoy cansado de ver a la puta esa dando vueltas por aquí. Si llueve casi no la veo porque se está todo el tiempo parada en un zaguán que no alcanzo a ver desde la ventana. Quién sabe dónde se meten los borrachos cuando llueve, pero qué bueno que yo no los veo todo el tiempo. Lo que gano me alcanza muy bien para pagar el cuarto y comer y hasta para comprarme unos zapatos o una camisa el día de mi santo o en Navidad. Lo único que me choca de vivir aquí es que siempre me están molestando todos. Sobre todo la puta y los borrachos. Yo nunca me pongo a platicar con nadie. No sé por qué me están fregando cuando paso. Cuando llueve ni tiempo tienen de meterse conmigo. Llego a mi calle y casi no me encuentro a nadie en el camino ni en el pasillo por donde se entra a mi casa ni en el patio ni en la escalera. Siempre tengo todo muy limpio. Hasta el güater le quité todo lo amarillo que tenía cuando llegué. Nadie conoce mi cuarto. Cuando toca alguien, salgo al pasillo a ver qué quiere y no dejo que vea nada. Ya sé que si alguien entra se va a burlar de ver todo tan arreglado. Hasta un sillón tengo. Yo mismo lo cosí porque estaba todo roto. Ahora que ha estado lloviendo tanto, decidí no ir a trabajar para ver por la ventana y pensar muchas cosas. Me compré muchos bolillos y tortillas para no tener que salir en varios días. Cuando pare de llover voy a salir a matarlos a todos. Ya tengo un cuchillo bien filoso para que me la paguen poco a poco. Voy a salir en la noche. A quien encuentre solo en la calle, le entierro el cuchillo en las tripas. Mato a dos o tres por el mismo rumbo y a la noche siguiente me voy muy lejos y mato a otros tres o cuatro. Si nadie me ve, no van a agarrarme porque no voy a robarles nada. Cuando pescan a los que matan es porque descubren el motivo. Yo los voy a matar porque se me da la gana. Porque llovió mucho la semana pasada. Yo creo que van a tardar mucho en atraparme. Y cuando me atrapen ya estaré contento de haberme vengado. Creo que entonces podré salir en el *Alarma* y voy a estar muy satisfecho. Esto es lo que pienso cuando llueve mucho.

JUAN CORONADO
Oficio de melancolía

7.

Ésta era una mujer, una mujer verde, verde de pies a cabeza. No siempre fue verde, pero algún día comenzó a serlo. No se crea que siempre fue verde por fuera, pero algún día comenzó a serlo, hasta que algún día fue verde por dentro y verde también por fuera. Tremenda calamidad para una mujer que en un tiempo lejano no fue verde.

Desde ese tiempo lejano hablaremos aquí. La mujer verde vivió en una región donde abundaba la verde flora; pero lo verde de la flora no tuvo relación con lo verde de la mujer. Tenía muchos familiares; en ninguno de ellos había una gota de verde. Su padre, y sobre todo su madre, tenían unos grandes ojos cafés. Ojos cafés que siempre vigilaron a la niña que algún día sería verde por fuera y por dentro verde. Ojos cafés cuando ella iba al baño, ojos cafés en su dormitorio, ojos cafés en la escuela, ojos cafés en el parque y los paseos, y ojos cafés, en especial, cuando la niña hurgaba debajo de sus calzoncitos blancos de organdí. Ojos, ojos, ojos cafés y ojos cafés en cualquier sitio.

Una tarde, mientras imaginaba que unos ojos cafés la perseguían, la niña se cayó del columpio y se raspó la rodilla. Se miró la herida y, entre escasas gotas de sangre, descubrió lo verde. No podía creerlo; así que, a propósito, se raspó la otra rodilla y de nueva cuenta lo verde. Se talló un cachete y verde. Se llenó de raspones y verde y verde y nada más que verde por dentro. Desde luego que, una vez en su casa, los ojos cafés, verdes de ira, la nalguearon sobre la piel que escondía lo verde.

Más que asustarse, la niña verde entristeció. Y, años después, se puso aún más triste cuando se percató del primer lunar verde sobre uno de sus muslos. El lunar comenzó a crecer hasta que fue un lunar del tamaño de la jovencita. Muchos dermatólogos lucharon contra lo verde y todos fracasaron. Lo verde venía de otro lado. Verde se quedaría y verde se quedó. Verde asistió a la preparatoria, verde a la Universidad, verde iba al cine y a los restoranes, y verde lloraba todas las noches.

Una semana antes de su graduación, se puso a reflexionar: "Los muchachos no me quieren porque temen que les pegue mi verdocidad; además, dicen que nuestros hijos podrían salir de un verde muy sucio, o verdes del todo. Me saludan de lejos y me gritan: 'Adiós, señorita Green', y me provocan las más tristes verdes lágrimas. Pero desde este día usaré sandalias azul cielo, aunque se enojen los ojos cafés. Y no me importará que me digan señorita Green porque llevaré en los pies un color muy bonito.''

Y así, esa misma noche, la mujer verde empezó a pasear luciendo unas zapatillas azules que recordaban el mar y las tardes de cielo limpio a quienes las miraban. Aunque dijo ''un color muy bonito'' un tanto cursi y verdemente, sin imaginar lo que implicaba calzarse unas sandalias azules, la suerte le cambió. Cuando la mujer verde pasaba por los callejones más aburridos, la gente pensaba en peces extraños y en sirenas atractivas; una inesperada imaginación desamodorraba las casas.

—Gracias, Mujer Verde —le gritaban a su paso.

Si la mujer verde salía a dar la vuelta en la madrugada, aquellos que padecían insomnio llenaban sus cabezas con aleteos alegres y cantos de aves y vuelos en cielos donde la calma reposaba en el horizonte; luego, dormían soñando que una mujer azul les acariciaba el pelo.

Pronto, la fama de la mujer verdiazul corrió por la ciudad, y todos deseaban desaburrirse, o curarse el insomnio, o tener sueños fantásticos, o viajar al fondo del cielo azul.

Una tarde, mientras la mujer verde descansaba en su casa, tocaron a la puerta. Ella se arregló su verde cabello y abrió. En el quicio de la puerta se encontraba un hombre, un hombre violeta, violeta de pies a cabeza. Se miraron a los ojos. La mujer verdiazul vio un dragón encantador. El hombre violeta vio una cascada de peces. El hombre violeta se acercó a la mujer y la mujer verde se acercó al hombre violeta. Entonces, un dragón violeta voló hacia la cascada y ahí se puso a jugar hasta que se dejó ir en la corriente de peces.

Luego, cerraron la puerta.

GUILLERMO SAMPERIO
La señorita Green

18

LA EXPOSICIÓN

I. Lee.

Para algunos niños es difícil o imposible aprender el lenguaje. Para los clínicos y los pedagogos que trabajan con niños normales, el beneficio más importante que se obtiene con esta clase de niños es la descripción concienzuda del curso (o cursos) normales del desarrollo del lenguaje. El desarrollo "anormal" solamente puede definirse en relación con descripciones normales. Cualquier lenguaje infantil va a ser diferente del lenguaje de los adultos; la tarea del diagnosta consiste en separar las diferencias normales del desarrollo de las diferencias que indican una dificultad subyacente en la adquisición del lenguaje.

PHILIP S. DALE
Desarrollo del lenguaje
Un enfoque psicolingüístico

Acabas de leer un texto de carácter expositivo. Su propósito esencial es informar al lector acerca de algo: una idea, un suceso, un objeto, etc.

> En una **exposición** se expresan ideas o hechos con el objeto de **informar** al lector acerca de un tema o asunto en particular.

Un texto expositivo puede ser: un trabajo de **investigación,** un **análisis,** un **resumen,** un **informe,** una **reseña crítica,** un **reporte,** etc.

En cualquiera de ellos se expresan ideas en relación con algún asunto de nuestro interés.

OBSERVA:

En la lectura de esta lección se nos ha dado información sobre el habla de los niños subnormales; el interés que esto puede tener para algunos especialistas; la manera de poder definir el desarrollo anormal del habla, así como una explicación sobre cuál es la labor del diagnosta.

Más adelante, y como tema final de este Manual, veremos cómo se lleva a cabo un trabajo de investigación y de análisis. Ahora, vamos a trabajar sobre el resumen: cuál es su propósito y utilidad y cómo se hace.

EL RESUMEN

II. Lee con atención.

A. Lenguaje telegráfico
Lenguaje telegráfico es un término que describe perfectamente los comienzos del lenguaje infantil. Los niños omiten en sus oraciones exactamente las mismas palabras —preposiciones, verbos auxiliares, artículos, etc.— que se suprimen en los telegramas, en los cuales cada palabra cuesta. En la lectura 2.1, Roger Brown y Ursula Bellugi analizan la naturaleza telegráfica del lenguaje infantil y reflexionan acerca de su origen. El término describe tanto las imitaciones que el niño hace del lenguaje de los adultos como su lenguaje espontáneo. Si se le pide a un niño de dos años que repita **I can see the truck** (puedo ver el camión), probablemente dirá **I see truck.** El concepto de lenguaje telegráfico pone énfasis en la primera de las dos características: la sencillez del lenguaje infantil. La creatividad probablemente se deba a que el niño usa un sistema que, de no omitir ciertos elementos, sería exactamente igual al sistema creativo de los adultos. Sin embargo, este concepto no es satisfactorio porque al poner el énfasis en las omisiones del lenguaje infantil resulta eminentemente negativo.

B. Lenguaje telegráfico
Término que describe los comienzos del lenguaje infantil. Los niños omiten las mismas palabras que se suprimen en los telegramas. Brown y Bellugi analizan esta naturaleza telegráfica, así como su origen. El término describe las imitaciones que el niño hace así como su lenguaje espontáneo. (Ejemplo: **I can see the truck** = **I see truck**). El concepto pone énfasis en la sencillez del lenguaje infantil. La creatividad sería igual al sistema creativo de los adultos, de no omitir el niño ciertos elementos. Concepto poco satisfactorio porque es muy negativo.

C. Lenguaje telegráfico.- Término que describe los comienzos del habla infantil. Se apoya en la sencillez del lenguaje de los niños.

PHILIP S. DALE
Desarrollo del lenguaje

> Un **resumen** es la reducción de un escrito a térmi-
> nos breves y precisos; consiste en tomar en cuenta
> únicamente la parte esencial de una información.

Resumir un escrito puede tener diferentes intenciones. Una de ellas, tal
vez la más frecuente, sería elaborar fichas de consulta que nos permitan tener una información sintetizada de las lecturas que hacemos, con el fin de
poder consultar lo esencial, sin tener que acudir al libro y releerlo.

Para elaborar un resumen se siguen los siguientes pasos:

1. Leer cuidadosamente el texto.
2. Subrayar las ideas principales.
3. Redactar.

RECUERDA:

Cuando escribimos partimos de una idea central, alrededor de la cual se
organiza lo que queremos decir. Un párrafo contiene una sola idea central a
la que se añaden otras ideas complementarias.

Vamos a revisar los ejemplos que se dan en el ejercicio II. Primero
leímos el texto con mucha atención. En seguida, subrayamos lo que conside-
ramos más importante para elaborar una ficha (B).

Lenguaje telegráfico.

Lenguaje telegráfico es un **término que describe** perfectamente **los
comienzos del lenguaje infantil. Los niños omiten** en sus oraciones
exactamente **las mismas palabras** —preposiciones, verbos auxiliares,
artículos, etc.— **que se suprimen en los telegramas,** en los cuales
cada palabra cuesta. En la Lectura 2.1, Roger **Brown y** Ursula **Bellugi
analizan la naturaleza telegráfica del lenguaje infantil y reflexionan acerca de su origen. El término describe** tanto **las imitaciones
que el niño hace** del lenguaje de los adultos como **su lenguaje espontáneo.** Si se le pide a un niño de dos años que repita **I can see the
truck** (Puedo ver el camión), probablemente dirá **I see truck.** El concepto de lenguaje telegráfico **pone énfasis** en la primera de las dos
características: **la sencillez del lenguaje infantil. La creatividad** probablemente se deba a que el niño usa un sistema que, **de no omitir
ciertos elementos, sería** exactamente **igual al sistema creativo de
los adultos.** Sin embargo, **este concepto no es satisfactorio porque** al poner énfasis en las omisiones del lenguaje infantil **resulta** eminentemente **negativo.**

Una vez subrayadas las ideas principales del texto, procedemos a redactarlo.

En el ejemplo C nos encontramos frente a otro tipo de resumen. En él se recogen las dos ideas centrales del texto.

Un resumen, de acuerdo con los propósitos que se persiguen, puede variar en cuanto a su extensión, pero siempre debe contener las ideas centrales.

III. Haz un resumen de los textos que se ofrecen a continuación. Recuerda: Leer, subrayar y redactar son los pasos a seguir.

1.

QUIEBRA DE LA INTERNACIONAL. COMIENZO DE LA GUERRA

Comienzo de la guerra
Su transformación en guerra mundial

Los planes del Estado Mayor General alemán preveían el comienzo de las hostilidades contra Francia en primer término, pero el gobierno de Berlín decidió declarar antes la guerra a Rusia, en su deseo de utilizar la consigna de la lucha contra el zarismo para engañar a las masas. Los círculos dirigentes de Alemania sabían que Francia se ponía inmediatamente al lado de Rusia, y esto permitiría al ejército prusiano, de conformidad con el plan de Schlieffen, asestar el primer golpe en el Oeste.

El 1 de agosto de 1914 por la tarde, el embajador de Alemania en Rusia, conde Purtales, acudió al ministro de Asuntos Exteriores, Sazónov, en busca de respuesta al ultimátum, que exigía que los rusos suspendiesen la movilización de su ejército. Ante la negativa recibida, Purtales entregó a Sazónov la nota de declaración de guerra. Así, con la entrada en liza de estas dos grandes potencias imperialistas —Alemania y Rusia—, empezó la guerra imperialista mundial.

Ante la movilización general decretada por Alemania, Francia había adoptado idéntica medida. Pero el gobierno de París no quería tomar la iniciativa de la declaración de guerra, tratando de cargar la responsabilidad a Alemania.

El día de la presentación del ultimátum a Rusia, el gobierno alemán exigió de Francia que ésta observase la neutralidad en la guerra rusoalemana. Simultáneamente preparó el texto de la declaración de guerra a Francia, arguyendo que sobre el territorio alemán habían volado aviones militares franceses (más tarde se vio obligado a reconocer que nadie los había visto).

Alemania declaró la guerra a Francia el 3 de agosto, pero ya la víspera, el día 2, había enviado al gobierno belga un ultimátum reclamando el paso libre para las tropas alemanas a través de Bélgica hasta la frontera francesa. El gobierno belga rechazó el ultimátum y recurrió a Londres en petición de ayuda. El gobierno de Inglaterra decidió utilizar esta circunstancia como pretexto principal para la entrada en la guerra. "La agitación en Londres crece de hora en hora", telegrafiaba a Petersburgo el 3 de agosto el embajador ruso en Inglaterra. Aquel mismo día, el gobierno británico presentó a Alemania una nota en la que exigía que la neutralidad de Bélgica no fuese violada. El plazo del ultimátum inglés terminaba a las 11 de la noche hora de Londres. A las 11 horas 20 minutos, el primer lord del Almirantazgo, Winston Churchill, comunicó en la reunión del gabinete que había enviado un radiograma a los buques de guerra del país que surcaban por todos los mares y océanos, ordenando empezar las hostilidades contra Alemania.

Comenzada la guerra, anunciaron su neutralidad Bulgaria, Grecia, Suecia, Noruega, Dinamarca, Holanda, España y Portugal, y también Italia y Rumania, que eran aliadas de las potencias centrales. Fuera de Europa declararon su neutralidad los Estados Unidos de América y una serie de países de Asia y América Latina. Pero la declaración de neutralidad no significaba en modo alguno que se dispusieran a permanecer al margen de la contienda. La burguesía de muchos países neutrales deseaba participar en la guerra, pensando que así podría ver cumplidas sus pretensiones territoriales. De otra parte, las potencias beligerantes pensaban que la incorporación de nuevos países a la guerra podría acortarla e influir sobre su resultado final. De ahí que cada una de las coaliciones se esforzara al máximo para ganarse a esos países o para asegurarse, al menos, su neutralidad favorable hasta el fin de las operaciones.

Ya en agosto, los imperialistas nipones decidieron que la situación se había hecho favorable para el establecimiento de su dominio en China y en el Océano Pacífico. El 15 de agosto, el Japón presentó a Alemania un ultimátum en el que pedía la retirada de aguas chinas y niponas de todas las fuerzas armadas alemanas, debiendo ser transferido a las autoridades japonesas, antes del 15 de septiembre, el territorio "arrendado" de Tsiaochou con el puerto de Tsindao. Alemania rechazó el ultimátum y el 23 de agosto el Japón le declaraba la guerra.

Turquía, aun habiendo proclamado formalmente la neutralidad, el 2 de agosto había suscrito un tratado secreto con Alemania en virtud del cual se comprometía a ponerse al lado de ésta y a poner de hecho su ejército a la disposición del Estado Mayor General alemán. El mismo día en que este tratado era suscrito, el gobierno turco decretó la movilización general y, al amparo de la neutralidad, empezó a prepararse para la guerra. Apoyándose en el grupo panturco de orientación alemana, el más influyente en el gobierno, donde disponía de figuras tales como el ministro de la guerra, Enver, y el ministro del Interior, Talaad, la diplomacia alemana consiguió la rápida incorporación de Turquía a la guerra.

Los cruceros alemanes *Goeben* y *Breslau* cruzaron los Dardanelos entrando en el mar de Mármara, y el contraalmirante alemán Sushon, que iba a bordo del primero, fue nombrado comandante en jefe de las fuerzas navales turcas. A Estambul no cesaban de llegar, procedentes de Alemania, trenes con armamento, municiones, oficiales y especialistas militares. En los círculos gobernantes de Turquía se dudaba aún en cuanto a la entrada en la guerra, pero las contradicciones imperialistas que separaban a Rusia, Inglaterra y Francia en el Cercano Oriente impidieron que las potencias de la Entente utilizasen las vacilaciones y adoptasen una línea política común de conducta en las conversaciones con el gobierno turco.

Entre tanto, la presión de Alemania sobre Turquía no cesaba de incrementarse. En su deseo de colocar al país ante un hecho consumado, los círculos militares germanos y los militaristas turcos, dirigidos por Enver, recurrieron a la provocación. El 29 de octubre, una escuadra germano-turca atacó a los buques rusos en el mar Negro y bombardeó Odesa, Sebastopol, Feodosia y Novorossiisk. De este modo, Turquía entró en la guerra al lado de Alemania.

A fines de 1914 se encontraban en estado de guerra Austria-Hungría, Alemania, Turquía, Rusia, Francia, Servia, Bélgica, Gran Bretaña (con su Imperio), Montenegro y Japón. De este modo, el conflicto militar surgido en Europa no tardó en extenderse al Extremo y Cercano Oriente.

E. M. ZHUKOVI
La primera guerra mundial

2.

RELACIONES CON EL REINO ANIMAL

Indudablemente, una de las grandes maravillas de la naturaleza es el extenso y variado mundo de los insectos, que abarca las dos terceras partes de todo el reino animal.

Como es de suponerse, un grupo tan inmenso ha invadido prácticamente todo el globo terrestre, pues a sus integrantes se les encuentra en los bosques, ríos, cuevas, bajo la tierra, en lugares calientes y fríos, en los desiertos, en las montañas y como parásitos del hombre y otros animales, hasta de otros insectos y, en fin, casi no hay lugar en el que no existan. Todos los años son reconocidas nuevas especies en todo el mundo, y cada día se siguen encontrando más.

El estudio de las mariposas se inicia dándoles un lugar entre los demás insectos, y es así como quedan incluidas en el Orden Lepidoptera, que es uno de los muchos órdenes de la Clase Insecta.

El Orden Lepidoptera abarca alrededor de 200 000 especies repartidas en todo el mundo, y su estudio ha impulsado la formación de enormes colecciones en las principales ciudades del mundo, así como la publicación de numerosos libros y revistas en todos los idiomas; inclusive, actualmente se están haciendo estudios de genética en las mariposas, y en años pasados se estuvo siguiendo el curso de algunas especies migratorias.

Caracteres generales

Los lepidópteros, son organismos que tienen las características morfológicas de todo insecto. Su cuerpo está formado por tres partes: cabeza, tórax y abdomen. Están recubiertos generalmente por pequeñas escamas y pelos. Su tamaño varía desde tres milímetros en algunos microlepidópteros, hasta un poco más de 30 cm de envergadura, como ocurre en la noctuida *Thysania agripina,* de las zonas tropicales húmedas de México.

Los adultos son las mariposas que conocemos; se alimentan principalmente de jugos vegetales, así como del néctar de las flores, en tanto las formas jóvenes (orugas o larvas) son fundamentalmente devoradoras de plantas, por lo que en algunos casos llegan a convertirse en verdaderas plagas en la agricultura.

La presencia de dos pares de alas torácicas en el adulto, es otro carácter básico de las mariposas, aunque existen algunas excepciones, por ejemplo: las hembras de los psíquidos (cargapalitos), que no las presentan. También en el tórax se encuentran tres pares de patas bastante frágiles debido a su poco uso durante la locomoción. Las mariposas son animales unisexuales, y en muchos casos presentan el llamado "dimorfismo sexual", o sea que los machos son diferentes de las hembras, ya sea en color o tamaño, o en ambas cosas, dato de gran interés para el aficionado, ya que puede tomar como dos especies distintas a dos ejemplares que siendo de la misma especie difieran en el sexo.

Se acostumbró en un tiempo agrupar a las mariposas en tres categorías: diurnas, nocturnas y vespertinas, de acuerdo con las horas o el tiempo en el que vuelan; sin embargo, actualmente se consideran sólo dos grupos: diurnas y nocturnas, y las vespertinas, que correspondían a especies de varias familias, principalmente hespéridas, quedaron incluidas entre las diurnas. Los nombres técnicos de estas dos divisiones son: Rhopalocera, las diurnas y Heterocera, las nocturnas.

CARLOS ROMMEL BEUTELSPACHER
Cómo hacer una colección de mariposas

3.

El Santo Oficio de la Inquisición de Nueva España tuvo el propósito de defender la religión y la cultura católica españolas de quienes seguían ideas heréticas y no respetaban los principios religiosos. Los documentos de la Inquisición contienen la historia social e intelectual;

reflejan la vida del pueblo y la mentalidad colonial en cualquier momento dado. Cuando se estudian *en masse*, los archivos ofrecen un panorama de la vida colonial que no se encuentra en otras fuentes. Quizá una sociedad pueda conocerse mejor por sus herejes y sus disidentes. La manera como las instituciones sociales reaccionan ante el rebelde, el inconforme, el que discute y el individuo intelectualmente combativo, produce todo tipo de datos sobre la herejía y la tradición, y la reacción ante esto ayuda a medir el cambio social e ideológico.

Los juicios de la Inquisición ilustran más que la práctica religiosa sobre el castigo que se imponía a la heterodoxia. Traslucen menos preocupación por los psicópatas de la colonia española que por la seguridad de la religión en la estructura social. El parentesco y la vida familiar se muestran a través del aparato de procedimientos judiciales, y los patrones del habla y la conducta revelan la cultura popular. El lenguaje coloquial de los pobres ofrece un panorama vibrante de los escalones más bajos de la sociedad española y mestiza. De estos documentos surgen destellos de la vida cotidiana, la devoción y las distracciones. El anarquismo del carácter español emerge en las acusaciones por blasfemias y bigamia. Las profanaciones constantes indican una dicotomía común de reverencia y burla, de creencia y agnosticismo, de servilismo y rencor, de conformismo y alienación. Muy a menudo los encargados de imponer la ortodoxia entre las masas eran sorprendentemente tolerantes, quizá porque comprendían esta anarquía del carácter y consideraban que la irreverencia hasta cierto punto era saludable: constituía una válvula de escape que ofrecía un alivio aceptable a la personalidad voluble.

Los significados de la blasfemia son difíciles de traducir y de relacionar con la época.* Por ejemplo, la maldición más usada por los colonos del siglo XVI era ''Pese a Dios''. Pero, desde luego, ''Pese a Dios'' tenía un significado más coloquial, algo semejante a ''God damn'' en inglés. Obviamente, es difícil imaginar a un arriero pateando a un burro y gritando ''Pese a Dios''. La piedad formal y el habla cotidiana eran dos cosas diferentes. La Inquisición parecía comprenderlo.

Durante el siglo XVI, una función especial del Santo Oficio fue imponer la conducta y las creencias ortodoxas entre la población indígena recientemente convertida. Los juicios a los indígenas muestran que el sincretismo religioso era la preocupación principal de la Iglesia novohispana en su primer siglo. En muchas zonas los nativos desarrollaron una religión católica en su forma, pero pagana en su sustancia. Los procesos de la Inquisición revelan datos fascinantes para el etnohistoriador y el etnólogo, información que sólo se ha conservado en algunos documentos específicos en México y en España. ¿Dónde más pueden investigarse las fuentes básicas de la religión nativa en la época del contacto con los españoles? ¿Dónde más pueden obtenerse relatos testimoniales

---

* Este párrafo sólo es pertinente para los lectores de la versión inglesa de este libro. |T.|

de la idolatría, los sacrificios, los ritos funerarios, las danzas nativas y las ceremonias posteriores a la Conquista? Los procesos a menudo contienen claves para la genealogía y la organización social indígenas, y también son un testimonio viviente del trauma cultural que resultó del choque de estas dos civilizaciones.

Los verdaderos herejes del virreinato novohispano generalmente eran súbditos no españoles de Carlos V, piratas de la época de Felipe II, y judíos peninsulares que habían huido de España o de Portugal por varias razones. Una investigación profunda del archivo de la Inquisición nos indica que hubo muchos más protestantes y judíos en Nueva España en el siglo XVI de lo que se supone comúnmente, y los documentos sugieren que sólo un pequeño número de ellos comparecieron ante el Santo Oficio. Ambos grupos constituían en la colonia una subcultura nebulosa que dio variedad al escenario social y al medio intelectual. Excepto cuando desafiaban a la Iglesia o a las autoridades españolas de manera abierta o cuando en especial disgustaban a los españoles peninsulares por ser sus competidores comerciales o sus rivales políticos, estos herejes no aparecían en las cortes de la Inquisición. Cuando los juzgaron por herejía se abrieron casos que ayudan a ejemplificar la ambivalencia de la tolerancia y la rigidez en la estructura social.

El antisemitismo y los prejuicios de algunos colonos contra los extranjeros son evidentes desde los primeros años de la Conquista. Pero ya que un número sustancial de colonos tenían antecedentes dudosos, el panorama general probablemente era de tolerancia, por lo menos hasta que la Contrarreforma llegó a Nueva España. Por ejemplo, la palabra "marrano" no se usó en el México del siglo XVI para designar a los "judaizantes" (cristianos judaizantes). Palabras más formales, menos cargadas de emociones, se emplearon para denominar a estos "nuevos cristianos" que habían abandonado el judaísmo, pero que aún practicaban su antigua religión en privado.[1]

Una dimensión más absorbente de las actividades del Santo Oficio en su primer siglo fue la preocupación por la moral clerical. La vida clerical, el intelecto y la mentalidad se ilustran en los juicios con las actitudes de los que eran sometidos a proceso y de los encargados de los litigios. La postura ortodoxa por una parte era farisaica e inflexible; por la otra, fue tolerante hasta que los seculares de la Contrarreforma y los jesuitas identificaron al clero regular con el protestantismo. El Santo Oficio actuó como una bolsa de compensación de las viejas y nuevas ideas clericales. El conflicto entre los regulares y la jerarquía clerical sobre la misión de la Iglesia añadió grandes cantidades de documentos al archivo de la Inquisición. Sin duda las investigaciones del Santo Oficio son una medida del cambio ideológico que hubo en el México del siglo XVI. Aunque

---

[1] Un estudio etimológico muy útil de la palabra "marrano" se encuentra en el ensayo de Yakov Malkiel titulado "Hispano-Arabic 'marrano' and its Hispano-Latin Homophone", *Journal of the American Oriental Society,* vol. 68, 1948, pp. 175-184.

muchas autoridades en la materia han hecho énfasis en el concepto medieval apocalíptico que tenía el clero, sin duda la "conquista espiritual" de México se basó en el Renacimiento. Pero los documentos de la Inquisición muestran la ascendencia que tuvieron las ideas de la Contrarreforma a mediados del siglo, y ofrecen la clave del desarrollo del intelecto barroco que surgió a principios del siglo XVII.

Los archivos administrativos del tribunal del Santo Oficio muestran que dentro del marco de sus procedimientos judiciales la Inquisición rara vez actuó en forma arbitraria, y más bien lo hizo de manera ordenada. A los investigadores del siglo XX les es difícil evaluar los procedimientos judiciales del Santo Oficio a menos que los juzguen exactamente de acuerdo con el sistema judicial y la estructura ideológica del catolicismo del siglo XVI. Los documentos administrativos confirman que los inquisidores actuaban con celo, pero con justicia en la mayor parte de los casos. Los datos económicos en el archivo confirman que la burocracia responsable del tribunal administraba con escrupulosa honradez las propiedades y las multas de los que eran castigados. En los numerosos escritos se encuentran cuidadosamente detallados los inventarios de bienes, las relaciones de deudas y ganancias de los enjuiciados, y las listas de los gastos de abogados, de jueces y de la cárcel de la Inquisición. Los documentos de los litigios administrativos en que participaba la Inquisición, en especial los casos de competencia y los conflictos de jurisdicción, ofrecen valiosos datos de la historia del Santo Oficio novohispano, porque sólo a través de las disputas de este tipo puede verse a la Inquisición como una institución viable en todos los niveles de la sociedad colonial.

Los estudios sobre el Santo Oficio de la Inquisición en Nueva España carecen de profundidad y no hacen un análisis sensible, a pesar de los esfuerzos muy valiosos de los primeros investigadores, como José Toribio Medina, Henry C. Lea y Luis González Obregón, en las partes de sus obras que se refieren al siglo XVI. Una razón de esta limitación es el enfoque tabular. Contar a los herejes no nos permite conocer la herejía, y apoyarnos en compendios de los juicios y no en los archivos completos produce poca información sustancial. Por hacer énfasis en las descripciones de los crímenes y los castigos muchos han ignorado el contenido intelectual y los datos sociales que hay en los documentos. Rara vez el método estadístico relaciona los procesos del Santo Oficio con las corrientes ideológicas, políticas y sociales prevalecientes.

RICHARD E. GREENLEAVE
La Inquisición en Nueva España
siglo XVI

4.

FISIOLOGÍA

"La fisiología es la parte de las ciencias biológicas que estudia las funciones de los organismos vivientes, tanto en el estado de salud como en el de enfermedad" (Houssay, 1945). A las preguntas que dan respuesta los fisiólogos son: ¿por qué late el corazón?, ¿cómo se mantiene la postura erecta?, ¿cómo se tragan y digieren los alimentos?, ¿cómo vuela una lechuza?, ¿por qué los cocodrilos lloran?, ¿de qué le sirven al cactus las espinas?

Los conocimientos de la fisiología de hoy, y la metodología necesaria para adquirirlos, son muy vastos y diversos como para ser abarcados por una sola persona, y eso ha dado origen a la fisiología humana, la fisiología de los peces, la fisiología vegetal, etc. Pero luego los especialistas en esas ramas comparamos cómo se cumple una función determinada en los distintos organismos y especies para tratar de extraer leyes generales de la fisiología.

Un poco de historia antigua

Todos conocemos el chiste del señor que paseaba a su niño por el zoológico explicándole: Ese es el elefante, tiene trompa para poder coger los alimentos y llevárselos a la boca; esa es la foca, tiene las patas en forma de aletas para poder nadar; ese es el león, tiene garras y colmillos para cazar y alimentarse. Pero cuando llegó a la cebra dudó un poco y luego, incapaz de encontrarle una justificación a las rayas, explicó: "¿Ves ese animal?, pues bien: no existe". Ese chiste nos muestra una de las actividades más comunes del hombre ante la naturaleza: tratar de encontrar una función a las cosas, sobre todo a las biológicas. Justamente la palabra *Fisiología* fue usada por primera vez por los filósofos griegos del siglo VII a.C. que trataban de dar respuesta a la pregunta fundamental *¿qué es la realidad?* Esos filósofos se dividieron en dos grandes grupos: los que fijaron su atención en *¿de qué está hecha?* (estos serían los materialistas) y los que se concentraron en *¿por qué tienen esa forma?* Estos últimos, tal como lo hizo Platón en su *Cratilo*, suponían que toda forma lleva implícita la idea de *función*. Esta posición que adoptaron los pitagóricos, Sócrates y Platón, y que llegó a su máximo esplendor con la Teleología de Aristóteles, fue siendo desechada como ciencia y sólo quedó como problema filosófico. Así y todo, en el siglo pasado, el fisiólogo Emile Du Bois Reymond solía decir que ". . .la Teleología era como esas mujeres con las que los fisiólogos gustan de estar en privado pero no mostrarse en público". Aunque detestemos meternos en la vida privada de Du Bois Reymond, debemos confesar que a los fisiólogos nos resulta útil orientar nuestro estudio preguntándonos *para* qué está presente tal sustancia en determinado lugar, o *para* qué está tal núcleo en el hipotálamo, y no abandonamos las preguntas hasta no encontrar una función, momento en que empezamos a largar el *para* y empezamos a usar el *por qué.*

Un poco de historia moderna

Aparte de su interés por la realidad total, algunos griegos se concentraron en la realidad particular de los organismos vivos. Así Hipócrates (antes del 350 a.C.) con su *De natura hominis;* Aristóteles (325 a.C.) con su *Lykaion,* y Galeno (180 a.C.) con su *De usu partium,* fueron introduciendo conceptos y prejuicios (varios de ellos duros de eliminar), que orientaron el pensamiento. Pero la versión moderna de la fisiología arranca más bien de trabajos como el de Harvey (1628) *Exercitatio Anatomica de Motu Cordis et Sanguinis in Animalibus,* o el de von Haller (1747) *Elementa Physiologiae Corporis Humani,* o los varios de Lavoisier sobre aspectos energéticos y químicos de los procesos biológicos, al final del siglo XVIII. Esos trabajos, que tenían la característica de basarse en el estudio directo de los organismos y desechar las concepciones teleológicas y místicas a las que se deberían adecuar las explicaciones, culminaron en los trabajos de Claude Bernard, Johannes Müller, Justus von Liebig, François Magendie, Carl Ludwig y tantos otros investigadores, casi todos del siglo pasado, que se distinguieron no ya por conformarse con observar la realidad (lo que ésta, buenamente, quisiera mostrarles) sino pasar a hacerle preguntas (experimentar). Además de obtener conocimientos sobre la función de vasos, nervios y órganos, esos hombres crearon procedimientos y técnicas experimentales (quimógrafos, estimuladores, pletismógrafos), e iniciaron ciertos enfoques que transformaron a la fisiología en ciencia y en madre de otras ciencias. Por ejemplo ya en el siglo XVIII el enfoque químico de Lavoisier llevaría a la bioquímica moderna, y el de Galvani sobre fenómenos eléctricos llevaría a la biofísica.

Fue en el siglo pasado cuando apareció el primer texto de fisiología (Müller: *Handbuch der Physiologie des Menschen für Vorlesungen*); la primera revista dedicada exclusivamente a la fisiología (*Journal of Physiology,* 1878) y el primer instituto de fisiología (el de Ludwig, en Leipzig: *Neue Physiologische Anstalt*).

Cosas que estudia la fisiología

En la sección anterior dijimos que la fisiología, a la vez que brindó información sobre los problemas específicos que se propuso estudiar, resolvió *intríngulis* filosóficas (o planteó nuevas) y dio crecimiento a otras disciplinas. Así, por ejemplo, desechó los conceptos de ''energía vital'' y estudió al organismo como máquina, aplicándole las mismas normas usadas para analizar calderas y aparatos mecánicos. La calorimetría enseñó que la energía proveniente de los alimentos es suficiente para dar cuenta del trabajo muscular. Luego se analizaron: el valor energético de los distintos tipos de alimentos, el papel de la respiración en su combustión y, con los años, se llegó a individualizar la molécula del trifosfato de adenosina (ATP) que el organismo sintetiza a partir de la degradación de moléculas provenientes de la dieta, y que es luego utilizada en el trabajo de fabricar las moléculas constituyentes de sus células, y para transportarlas a través de membranas, para generar electricidad, contraer fibras musculares, emitir luz, etc. Cuando a su vez el estudio de la fisiología de los vegetales llevó al conocimiento de que las plantas podían restaurar las propiedades vitales del aire que había sido viciado por la respiración animal y ser reutilizado, se sentaron las bases para entender los complicados balances ecológicos. Por supuesto que esos conceptos requirieron un estudio detallado del proceso digestivo (¿qué le pasa a las proteínas en el estómago?, ¿qué le sucede a los lípidos cuando la vesícula descarga su bilis?, ¿cómo se regula al peristaltismo intestinal?), del valor nutritivo de los alimentos, del descubrimiento de las vitaminas, de la comprensión de la simbiosis y del parasitismo, y llevó incluso a descubrir las primeras enzimas.

La vida de los organismos superiores no sería posible si el intercambio de sustancias dependiera de los procesos difusivos como ocurre al nivel celular. La glucosa tardaría días en llegar del hígado al cerebro. Pero la evolución los ha equipado con un complejísimo aparato circulatorio que acelera miles de veces el transporte y asegura la provisión de nutrientes, la remoción de agua y de catabolitos que a su vez los lleva a los órganos excretores (eg. el riñón), permite el intercambio de calor lo que asegura un funcionamiento homeotérmico, acarrea hormonas, distribuye anticuerpos, etc. La sangre a su vez es un líquido muy raro, no newtoniano, y los conceptos de hidrodinámica debieron ser desarrollados y muy ampliados para poder comprender la hemodinámica. Para que la sangre circule el corazón debe latir. La comprensión de este fenómeno, requiere estudiar el proceso por el cual los cambios de potencial eléctrico de la membrana de las fibras cardíacas desencadenan la maravillosa reacción mecanoquímica que acorta la fibra (contracción), y dilucidar además cómo se reclutan los millones de fibras del corazón para generar un latido.

Otro de los problemas centrales de la fisiología fue el manejo de la información: toda la maquinaria humana está coordinada por señales nerviosas que la recorren a una velocidad millones de veces más rápida que el proceso difusivo. Por un lado se comprendió la función de los nervios como verdaderos cables transmisores de señales eléctricas. Pero por otro se analizó la naturaleza de la señal eléctrica que transportaban y se vio que eran pulsos de potenciales generados por el pasaje y distribución selectiva de iones a través de la membrana celular de las neuronas. Estas señales pasan de una neurona a la siguiente (sinapsis) constituyendo complejos circuitos neuronales, y éstos explican a su vez la base funcional de todo el sistema nervioso. Sin embargo no siempre el con-

tacto y pasaje de la señal de una neurona a otra determina una excitación, sino que se han reconocido por lo menos dos estados: uno de
excitación y otro inhibitorio, en el que la actividad de la segunda neurona (y por ende la actividad de todo el circuito del que forma parte) se ve
reducida, lo que da mayor versatilidad a las funciones regulatorias. Esto
requirió —en realidad estuvo condicionado a— un progreso de la elec-
trónica que permitiera detectar y analizar cambios de potenciales
eléctricos de muy pocos milivoltios que duran unos pocos milisegun-
dos. También requirió un enorme progreso en la tecnología química
que permitiera estudiar cantidades pequeñísimas de sustancias que se
liberan en las sinapsis como consecuencia de la actividad de las neuronas. Así nació el concepto y el campo de los transmisores químicos.

MARCELINO CEREIJIDO
"Fisiología"
en *La biología contemporánea*

5.

LA NOCHE

Al no tener una explicación lógica del cambio de la luz diurna por la
oscuridad nocturna, muchos pueblos del mundo sentían temor e inse-
guridad ante estos fenómenos. Los inquietaba la llegada de la noche;
pensaban que en los atardeceres el sol se dirigía a la región de los muertos y temían que algún obstáculo impidiera su regreso.

Entre los mexicas, el miedo culminaba en el momento crítico en que
la rueda calendárica cumplía 52 vueltas. Según la tradición, al comple-
tarse el ciclo, un temblor acabaría con el mundo y reinarían las tinieblas.

Una gran tensión embargaba al pueblo: todos los fuegos se apagaban y se esperaba con ansiedad la señal de que el mundo mantendría su
existencia durante otros 52 años y que el sol alumbraría de nuevo. Entonces, a manera de acción de gracias, con un barreno se encendía un
fuego en el corazón de un cautivo. Este fuego era llevado a todos los
confines del valle, como un respiro de vida.

Durante la noche, los influjos malignos se mantenían latentes: las
Tzitzimime y otros espíritus malignos, así como los astros estaban al
acecho. Por tanto, había que propiciar a las fuerzas nocturnas, los tlamatini, sabios especialistas, inspeccionaban los movimientos estelares
que regían el destino de los hombres y del reino[1] (Lám. 10).

[1] Códice Mendocino. Talleres Gráficos del Museo Nacional de Arqueología y Etnografía, México, 1925, p. 63.

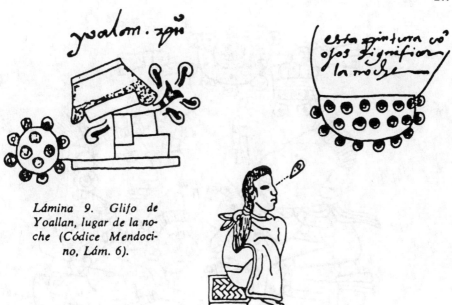

Lámina 9. Glifo de Yoallan, lugar de la noche (Códice Mendocino, Lám. 6).

Lámina 10. Tlamatini (Códice Mendocino, Lám. 63).

Nombres y representación

La palabra yoalli, designaba a la noche. Todo lo relacionado con ella llevaba la raíz yoa. Por ejemplo, Yoaltecuhtli, era el Señor de la Noche. Yoallan, el lugar de la noche y yoalli é hécatl, el viento de la noche.

En el Códice Mendocino,[2] yoallan, el lugar, fue representado por medio de un círculo negro lleno de ojos, que significa la oscuridad y las estrellas (Lám. 9).

A veces, en los códices, el símbolo de la noche está asociado con ciertas ceremonias. Significa que éstas eran nocturnas, por ejemplo, en la Lámina 11 del Códice Borgia. (Lám. 11).

En otras, la noche fue pintada como un líquido salido de un recipiente o que rodea cierta figura; por ejemplo, las diosas largas del Códice Borgia.[3]

En el Códice Laud,[4] la noche —también en forma de líquido— está a punto de envolver al sol que cobra nuevas fuerzas con el sacrificio de un hombre.[5]

[2] *Ibídem,* p. 6.
[3] Seler, 1963, III, *op. cit.,* pp. 29, 30 y 31. A este respecto, es interesante la tradición recogida por Preuss (1912), la noche es concebida como la serpiente nocturna del agua del oeste.
[4] Códice Laud, *op. cit.,* p. 21.
[5] Carmen Cook, dice que se trata de hollín enviado al sol. ''Ciencia y misticismo'', en *El esplendor del México antiguo,* T. I, Fig. 14, México, 1959.

Lámina 11. Ceremonia nocturna (Códice Borgia, Lám. 58).

Según Seler,[6] los colores rojos y azul de los manuscritos simbolizan el claro cielo diurno y el oscuro cielo nocturno.

Ritos y ceremonias

Las ceremonias nocturnas —sobre todo las relacionadas con deidades acuáticas— se consideraban muy importantes. En el calmecac, parte del entrenamiento de los jóvenes y niños —futuros guerreros y sacerdotes— consistía en realizar gran cantidad de actividades religiosas durante las noches.

Sobre el sacerdote encargado de las guardias nocturnas en los templos, recaía la mayor responsabilidad.

Niños, jóvenes y sacerdotes del calmecac debían levantarse a media noche. Los jóvenes se bañaban en agua fría, después barrían el templo y las casas. Uno de ellos era seleccionado por un sacerdote para ir al campo a cortar ramas de abeto y espinas de maguey para el culto[7] co-

[6] Seler, *op. cit.*, 1963, T. 1, p. 12.
[7] Juan Bautista Pomar. *Relación de Tezcoco*. Ed. Chávez Hayhoe. México, 1941, p. 26. Códice Ramírez. *Relación de los indios que habitan esta Nueva España según sus historias*. E. Leyenda, México, 1944, p. 149.

mo prueba especial de valentía, ya que todos temían a las fuerzas nocturnas.

Mientras tanto, en el templo, los jóvenes incensaban hacia las 4 direcciones y "despiertos aguardaban a que amaneciese".[8]

Por su parte, después de levantados los sacerdotes tocaban caracoles y flautas. Uno de ellos tomaba fuego del gran fogón; incensaba al ídolo del santuario, lo limpiaba conforme al ritual, acción que repetía en el altar.

Luego todos los sacerdotes se reunían en un gran salón, y en comunidad, se autosacrificaban y, ofrecían las espinas ensangrentadas a la deidad. Por último, marchaban a lavarse la sangre en la laguna Ezapan.

Las dos horas rituales más importantes durante la noche eran las de "el toque de caracoles" —entre el ocaso y la media noche—, y "la media noche"; estas horas deben haber sido indicadas por especialistas observadores del cielo.

Uno de los ritos nocturnos más importantes se efectuaba cada año y cada 4 en el mes de izcalli, con motivo de las celebraciones al viejo dios del año y del fuego: se obtenía, conforme al ritual, el fuego nuevo en un altar del Cerro de Uixachtécatl.[9] Pero las mayores celebraciones eran cada 52 años, cuando se "ataban los años". Todos los fuegos del Valle de México se apagaban y se esperaba la culminación de las Pléyades para sacar fuego nuevo sobre el pecho de un cautivo.

Una vez obtenido, se repartía, con gran alegría, en todos los confines del valle, pues el pueblo sabía que el sol alumbraría al día siguiente y que el mundo existiría por otros 52 años.[10]

A continuación se hace una relación de las ceremonias nocturnas, en distintas fiestas en honor de diferentes dioses.

Durante su reinado como dios, a la "semejanza"[11] de Tezcatlipoca, le era permitido, en la noche, deambular con toda libertad por la ciudad acompañado por dos criados que lo seguían a todas partes. La "semejanza" tocaba su flauta y la gente, que despertaba al oírla, se levantaba, y arrojaba incienso hacia las 4 direcciones. Comenzaba, desde luego, por el oriente. Si les era posible, salían de sus casas e incensaban a la "semejanza" de Tezcatlipoca. Este paseo se repetía todas las noches. Cuando se acercaba el día del sacrificio, la "semejanza" se recogía en el templo y procuraba no ser sorprendido por la luz matutina.[12]

La noche anterior a la fiesta de Tóxcatl,[13] un alto dignatario —vestido

---

[8] Pomar, op. cit., p. 26.
[9] *Florentine Codex*. Traducido por Charles E. Dibble y Arthur J. Anderson. The School of American Research and the University of Utah. Santa Fe, New Mexico, L. 2, pp. 202, 204.
[10] Florentine Codex, L. 2, op. cit., pp. 136 y 142.
[11] Las "semejanzas" de los dioses podían ser de dos tipos: sacerdotes ataviados con el traje de algún dios o víctimas destinadas al sacrificio que representaban a la deidad en cuyo honor iban a morir.
[12] Pomar, op. cit., p. 11. Durán, op. cit., T. II, p. 100.
[13] *Ibídem*.

también a semejanza del dios— salía del templo de Tezcatlipoca y tocaba una flautilla hacia los 4 puntos cardinales. Todos los presentes o los que oían el sonido de la flauta debían "comer tierra", en señal de respeto, llamaban y rogaban a la oscuridad de la noche y al viento para que no los desamparasen ni olvidasen.

Con 80 días de anticipación a la fiesta de Panquetzaliztli a media noche, en la cima de las montañas y en los altares circulares, se extendían ramas verdes —cortadas para el propósito—. Los sacerdotes, 5 días antes de la misma fiesta, ayunaban hasta medio día y, a la media noche, se bañaban en "la casa de las nubes". La noche anterior a la fiesta, se bailaba la danza de la serpiente[14] desde el anochecer hasta la media noche.

Las "semejanzas" de algunos dioses debían —la noche anterior a su sacrificio—, bailar o cantar.[15] A varias de estas "semejanzas", durante la noche de su fiesta, se les daba muerte en el templo del dios que personificaban. Así, en la fiesta de Ochpaniztli eran sacrificadas las "semejanzas" de Toci y de Chicomecóatl, esta última en el templo del dios Cintéotl; en la fiesta de Tepeílhuitl se sacrificaba en el templo de Nappateco, a la "semejanza" de Nappatecuhtli; en la fiesta de Tititl se sacrificaba en el templo de Tlaxicco a la "semejanza" de Mictlantecuhtli; y en la fiesta de Atlcahualo se ofrendaban esclavos "ceremonialmente bañados" en el templo de Chililico.[16]

En las fiestas no fijas, también durante la noche, se sacrificaban víctimas en el templo de Tlacochcalco Acatl Yiacapan —donde se guardaban las armas— y en Teccizcalco —ambos relacionados con Tezcatlipoca—, sacrificaban hombres "cuando deseaban". También había sacrificios humanos en el templo de Macuilcipactli —se mataban hombres escogidos por este signo—, en el de Chicomecóatl, cuando reinaba el signo de Ce Xóchitl; y en Chililico, cuando imperaba el signo de Chicnauhécatl.[17]

Cada año, en el templo de Ilhuicatitlan se sacrificaba a la "semejanza" de la estrella matutina, cuando ésta reaparecía después de su desaparición en el inframundo.[18]

Durante la fiesta de Etzalcualiztli, los representantes del dios del agua eran sacrificados a media noche. En una vasija pintada de azul —llama-

---

[14] Florentine Codex, L. 2, *op. cit.,* pp. 130, 131.
[15] *Ibídem,* L. 2, pp. 88 y 98. Los tipos de víctimas para el sacrificio eran varios: prisioneros de guerra, esclavos que habían sido "ceremonialmente bañados" unos días antes del sacrificio, indicando con esto que estaban destinados al dios, y personas libres de la misma comunidad como los niños ofrecidos a Tláloc, las jóvenes ofrecidas a Xochiquétzal, etc. También variaba la forma de sacrificio y la manera de disponer del cadáver del sacrificado, según el tipo de víctima y según la deidad a quien había sido ofrendado.
[16] *Ibídem,* L. 2, pp. 112, 173, 176.
[17] *Ibídem,* L. 2, pp. 169, 170, 171, 173, 175.
[18] *Ibídem,* L. 2, p. 172.

da "la vasija de nubes" —, sus corazones eran llevados a la laguna y arrojados al agua.[19]

En muchas ocasiones, debían velar toda la noche anterior a un sacrificio, no sólo los sacerdotes y las víctimas, sino todo el pueblo. Así, durante toda la noche anterior al sacrificio de la "semejanza" de Xilonen, las mujeres cantaban. También era frecuente que, en esa misma ocasión, el pelo de la coronilla de las futuras víctimas fuese cortado y guardado como reliquia.[20]

YÓLOTL GONZÁLEZ TORRES
El culto a los astros entre los mexicas

---

[19] *Ibídem*, L. 2, pp. 83, 84
[20] *Ibídem*, L. 2, pp. 88, 106.

19
INVESTIGACIÓN Y ANÁLISIS

Ya para concluir nuestro Curso de Redacción, vamos a hablar, aunque sea brevemente, sobre la manera de llevar a cabo un trabajo de investigación o de análisis, tarea a la que nos enfrentamos regularmente en la escuela.

> La **investigación** es una búsqueda, una recopilación de datos, una organización de ellos y una escritura final.

Los datos pueden encontrarse en libros, revistas, periódicos, documentos. Entonces, cuando vamos a hacer un trabajo de investigación, lo primero que habrá que hacer es acudir a los sitios en donde se encuentran esas fuentes: librerías, bibliotecas, hemerotecas, archivos.

Si se nos pide que hagamos un trabajo sobre un determinado tema (Las clases sociales en México, La drogadicción, Las leyes de Newton, La teoría de conjuntos, El aparato digestivo, etc.), el primer paso que habrá que dar consistirá en recabar una información; es decir, investigar.

¿Qué camino vamos a seguir?

1. Consultar las fuentes.
2. Seleccionar una bibliografía.
3. Tomar las notas necesarias, esto es, elaborar las fichas.
4. Organizar las fichas.
5. Elaborar un esquema del trabajo.
6. Redactar el trabajo.

I. Vamos a proponer un tema: la novela de la Revolución Mexicana.

Buscamos en la biblioteca:

- una historia de la literatura mexicana.
- una historia de México.

Para localizar el tema específico, habrá que saber la manera en que están clasificadas las fichas de la biblioteca:

- por tema.
- por autor.
- por título de la obra.

Buscamos por:

a) **Tema**

Novela:	Novela de la Revolución Mexicana.
Revolución:	Revolución Mexicana (novela, historia)
Literatura:	Literatura Mexicana
Historia:	Historia de la Literatura Mexicana

b) **Autor**

Letra

A:	Azuela, Salvador
G:	Guzmán, Martín Luis
M:	Muñoz, Rafael F.

c) **Título de la obra**

H:	Historia de la Revolución Mexicana
	Historia de la Literatura Mexicana
N:	Novela de la Revolución Mexicana
P:	Panorama de la Literatura Mexicana

En las fichas de las bibliotecas hay una pequeña descripción del contenido del libro, el número de volúmenes, capítulos, páginas, etc. Consultándolas, podemos elegir las obras que consideremos de mayor utilidad para el propósito del trabajo que pensamos llevar a cabo.

Una vez seleccionada la bibliografía que vamos a utilizar, procedemos a recabar la información necesaria.

Con el tema que nos hemos propuesto como ejemplo, necesitaremos una **base histórioa.** La Revolución Mexicana, ¿cuándo se inicia?, ¿qué la provoca?, ¿cómo se desarrolla?, ¿cuáles son sus propósitos?, ¿qué personajes intervienen en ella?

Consultamos también una historia de la literatura mexicana con el fin de examinar lo que dice sobre el tema: ¿qué se entiende por novela de la Revolución?, ¿de cuándo a cuándo se da?, ¿cuáles son los autores principales y las obras más relevantes?, ¿qué características tiene?

A lo largo de la lectura de las obras seleccionadas iremos elaborando fichas en las cuales se encontrará resumida la información que responda a nuestras preguntas anteriores.

Además de las obras básicas, citadas anteriormente, podemos consultar un libro de crítica sobre el tema que nos ocupa. Ahí encontraremos una información más detallada que puede complementar la que ya tenemos.

Una vez reunida toda la información, procederemos a organizarla. Para ello elaboramos un pequeño esquema que, en términos generales, debe contener los siguientes puntos: Introducción, Desarrollo, Conclusiones y Bibliografía. Cada uno de estos puntos, a su vez, deberá desarrollarse y contener, en caso necesario, incisos o subtítulos en los cuales se indique claramente de lo que trata cada punto.

En el tema que hemos elegido como ejemplo, podría ser así:

1. INTRODUCCIÓN

a) El contexto histórico de la Revolución Mexicana.
b) Su proyección en la literatura.

2. DESARROLLO

a) Características generales de la novela de la Revolución.
b) Temas específicos: la lucha armada, la violencia, los problemas políticos, etc.
c) Características literarias: realismo, verosimilitud histórica, etc. La narración, en general, es en primera persona.
d) Autores y obras más representativos: Salvador Azuela, Martín Luis Guzmán, José Vasconcelos, Nellie Campobello, etc. **Los de abajo, Vámonos con Pancho Villa, Se llevaron el cañón para Bachimba,** etc.

3. CONCLUSIONES

a) La literatura como testimonio histórico-social.
b) Valor literario de las obras.

4. BIBLIOGRAFÍA

a) Directa: la que se cita en la obra.
b) Indirecta: la que se consultó pero no se cita en el trabajo.

Una vez recabada toda la información y elaborado el esquema anterior, podríamos iniciar ya la redacción del trabajo.

No vamos a desarrollar aquí todo un ensayo sobre el tema, sino únicamente a ejemplificar lo que podría ser algunas de nuestras fichas.

Fichas:

Etapas de la Rev. Mex.: —la lucha armada —la organización político-social —la institucionalización	Etapas del ciclo narrativo: —obras de carácter bélico —obras de carácter crítico —obras de análisis y toma de conciencia
En 1916 se publica **Los de abajo,** de Azuela que se considera como la primera obra de este ciclo. Se podría decir que el ciclo se cierra hasta 1955, con **Pedro Páramo,** de Juan Rulfo.	El personaje principal es casi siempre la masa, el pueblo. Hay personajes puramente novelescos y de realidad histórica.
Para algunos críticos la novela de la Rev. es sólo la que trata directamente los acontecimientos de la lucha armada (1910-1920). Para otros, sólo es novela de la Rev. la que nace de la experiencia directa del autor; es decir, del que fue protagonista de los hechos. 　　Para otros, lo es toda la que trata el tema sin importar si el autor fue o no testigo.	Características: —Gusto por lo popular. —Ambiente rural. —Pesimismo. —Violencia. —Omnipresencia de la muerte. —Movimiento de grupos (en sentido bélico, político, social, psicológico). —Actitud crítica. —Existencia de un "yo" testigo. —Se sitúa entre el documento histórico y la ficción novelesca. —Abundancia de diálogos.

ANÁLISIS

Análisis de un cuento de la Revolución.

> Por **análisis** de una obra entendemos el señalamiento de las **características formales** (estructura, tipo de narración, estilo, etc.) y **temáticas** (tipo de argumento: histórico, social, etc.) de un escrito.

II. Vamos a proponer, ya como trabajo final, el análisis de un cuento de la Revolución: "El feroz cabecilla", de Rafael F. Muñoz.

Para llevar a cabo este análisis puedes seguir los pasos que se enumeran a continuación:

1. Situación del cuento: época, corriente, autor, etc.
2. Tema principal (enunciado sintético y sencillo).
3. Anécdota (relato de lo que acontece).
4. Personajes: principales y secundarios.
5. Ambiente físico (descripción).
6. Ambiente psicológico (descripción).
7. Propósito del autor.
8. Narrador o narradores.
9. Tiempo: ¿presente o pasado? Desarrollo cronológico.
10. Tono: ¿irónico?, ¿realista?, ¿solemne?, etc. (Señalar con ejemplos).
11. Diferencia de léxico y de sintaxis entre lo que dice el narrador y los diálogos.
12. Opinión personal.
13. Conclusiones.

EL FEROZ CABECILLA

Una caravana de diez o doce hombres que arrastran los pies cruza un llano de tierra blanca, de la que emergen los abanicos verdes de los mezquites. Van tirando de unos cuantos caballos, y al caminar bajo el sol y entre el polvo, hombres que reniegan y bestias que jadean, se cubren de una costra sucia de sudor y de tierra. Llevan un cargamento de moribundos. Son rebeldes, campesinos que han ido a la guerra a conquistar la posesión de la tierra que labraban. Habían combatido durante tres días, sosteniéndose con sus armas viejas en una sierra donde se habían refugiado, en contra de batallones compactos, regimientos veloces y artillería implacable.

Habían sido vencidos y se dispersaron; cuando la mañana comenzaba a teñirse de gris, aquel grupo de supervivientes comenzó su jornada por el desierto árido y ardiente, llevando como jefe a un muchachote calzado con altas mitazas y cubierto con una guayabera de lino, bajo la cual iban dormitando, metidas en sus fundas, dos grandes, dos agresivas pistolas. Era él quien había obligado a unos cuantos de los que podían tenerse en pie, a echar sobre los lomos de sus caballos a seis u ocho heridos, alcanzados por la certera artillería que barrió con metralla las laderas de la sierra. No debían abandonarlos para que los "changos" los remataran a la bayoneta, y los llevaban sin saber a dónde, lentamente, al paso de las bestias fatigadas.

El jefe iba a caballo como punto final de la columna, volviendo a veces la vista hacia la serranía azul donde había sido el desastre.

—Caminen aprisa, muchachos; si no, nos alcanzan. Pa' la noche ya no habrá peligro.

Los infantes se pasaban una botella con agua, mojaban los labios y seguían el impreciso camino que el jefe les marcaba. A veces, alguno de los fardos que iban en los lomos de las cabalgaduras gemía dolorosamente, haciendo fuertes movimientos como si tratara de desasirse de las ligaduras que lo mantenían fijo, y dejaba manchas rojas en la tierra suelta de la llanura inmensa. Los que iban a pie murmuraban una protesta y seguían la marcha. Casi al final de la caravana iba sobre una mula un bulto más pequeño que los otros: era la mitad de un hombre metida en un saco y amarrada por fuera con gruesas cuerdas; no asomaban del costal sino una cabeza sucia y melenuda, y dos brazos cubiertos con harapos; el resto era sólo un tronco al que una bala de cañón había arrancado las piernas. En pleno combate, otros rebeldes metieron al herido en un saco, y con sus cobijas bien ceñidas lograron contener un poco las dos cascadas de sangre. En la retaguardia, el herido hervía de fiebre y deliraba incoherencias en voz alta; la monotonía de su voz impacientaba al rebelde que tiraba de la mula.

—Cállate, loco. . .

Al mediodía se acabó el agua de la botella; los hombres caminaban sin seguir la recta, como si anduvieran dormidos.

—¿Hasta cuándo vamos a cargar con estos bofes? —preguntó una voz.

—Por mí, ya los hubiéramos dejado en cualquier mezquite —contestó otra, después de un momento.

—Al que no camine le doy su agua —amenazó el jefe. Y todos siguieron adelante.

El herido del costal comenzó a reírse estúpidamente, y los demás a quejarse, inquietos, sobre el lomo de las bestias. A lo lejos, rumbo a la serranía, se levantó una columna de polvo que el jefe notó, mas no habló de ella. Uno de los infantes volvió la cara, la vio también, y dijo.

—Ora sí. Ai vienen. . .

—Están lejos todavía —observó el muchacho—; cuando menos, cuatro kilómetros. . .

Al frente del grupo se detuvo un hombre viejo, alto y canoso, herido en la frente y vendado con una toalla sucia.

—Pa qué diablos —dijo— vamos cargando con estos muertos. . . Vamos a dejarlos aquí y echamos carrera. . .

—Nos van a alcanzar los changos —añadió el que había visto la columna de polvo.

El jefe no contestó: abrió su blusón, sacó una pistola, y al viejo canoso lo tendió en la tierra, con un enorme boquete entre los ojos. La caravana reanudó su marcha en silencio.

Por la tarde sopló viento del norte, y se amontonaron, unas sobre otras, espesas nubes que iban surgiendo rápidamente del horizonte. La columna de polvo que se había levantado atrás de los fugitivos desapareció; sin duda los soldados enemigos se habían tendido a descansar. A lo lejos, al norte, veíanse algunas arboledas que ponían su negra silueta en el nublado gris: era la orilla de un río, donde terminaba el desierto, y a la vista de ese oasis los rebeldes se animaron y marcharon de prisa, tirando siempre de las bestias cargadas con moribundos.

Cuando el sol hubo desaparecido, el grupo llegó frente a una vieja iglesia a medio destruir, una vieja y pobre capilla de adobe, con una torrecita encalada de la que la campana había sido arrancada con todo y viga; las maderas de la puerta habían servido para hacer lumbre, y dentro no quedaban sino un altar de piedra y una cruz verde que se habían escapado de la hoguera, frente a una amplia hornacina vacía. El piso estaba cubierto con restos de pastura y estiércol.

El grupo de campesinos se detuvo frente a la iglesia, cuando las nubes comenzaron a descargar sus primeras gotas; el jefe desmontó y dijo a sus hombres:

—Aquí pasamos la noche, y en la madrugada nos vamos rumbo a Encinillas. . .

—Sí —dijo uno—, para que nos agarren dormidos. . .

—Yo no me quedo —agregó otro.

—Ni yo. . .

—Yo, de tonto. Tan fácil que es escapar de noche. . .

Todos los infantes pensaban igual.

—Está bien —dijo el muchacho—, dejemos los heridos aquí dentro y nos vamos. . .

Todos se pusieron a maniobrar muy rápidamente, febrilmente. Bajaron a los heridos y los fueron colocando sobre el estiércol, en el interior de la iglesia, y bien pronto ya no hubo espacio para un cuerpo más. El pedazo de hombre metido en el saco quedaba sobre la mula, delirando en voz baja; el muchacho lo tomó en vilo, penetró al interior, y en la hornacina, tras la cruz verde, recargó al herido.

Después, todos los hombres útiles subieron a las caballerías y se perdieron en la noche.

Comenzó la tormenta. Las nubes que se habían amontonado en el cielo lanzaron torrentes de lluvia. Las descargas eléctricas se sucedían en cadena abatiendo los álamos de la orilla del río; una cayó sobre la minúscula torrecilla, campanario ya mudo, derribando una chueca cruz que abría a todos los vientos sus brazos acogedores; otra abrió un boquete en la techumbre apolillada e hizo polvo unos cuantos adobes. La lluvia caía incesante, y pronto los heridos tendidos en el estiércol quedaron empapados; muy pocos, tres o cuatro, se quejaban todavía: los más habían quedado inmóviles, con los ojos abiertos y los dedos rígidos, sobre la basura sangrienta.

En la hornacina, el mutilado seguía delirando.

Se veía con unas piernas larguísimas, caminando horizontalmente por los muros; salía a la llanura, y de dos pasos llegaba hasta la sierra azul, donde los campesinos estaban todavía combatiendo; iba de un lado a otro con velocidad de luz, recorriendo la línea de combate. Luego, las piernas se le iban encogiendo hasta ser del mismo tamaño que las de los demás hombres, y después más chicas, hasta que los pies quedaron pegados a la cintura; entonces, apenas podía andar y daba saltitos balanceándose sobre los brazos, apoyando las manos en el suelo. Al poco rato las piernas le volvían a crecer, y él corría por la llanura, alcanzaba a un grupo que llevaba varios heridos sobre unas bestias y lo adelantaba burlándose de los que iban despacio, sudorosos y cubiertos de polvo. Llegó a la orilla del río y se puso a derribar los álamos a puntapiés, aplastándolos como si fueran cañas de maíz; de un golpe derribó la torre de una iglesia; de otro, un muro; de otro, un altar. . .

La tempestad era a cada minuto más violenta. Los rayos habían derribado la mayor parte de la iglesia. Los cadáveres tendidos sobre el estiércol habían quedado medio sepultados bajo los restos de las vigas y la tierra de los adobes. No quedaba en pie sino el muro donde estaba la hornacina, con la cruz de madera verde abriendo los brazos en el vacío.

El herido experimentó la impresión de que le desaparecían las piernas y sintió los pies dentro del cuerpo, bailándole horriblemente; le golpeaban el estómago, le pisoteaban los pulmones para que no pudiera respirar, le prensaban la lengua. . . Quiso gritar y no pudo. Agitó los brazos tan violentamente que estuvo a punto de caerse del nicho y se abrazó de la cruz; entonces los pies se salieron colgándose de los brazos, creciéndole de la punta de las manos. Se desprendieron y echaron a correr por el madero verde. Subían y bajaban a toda prisa, los dos solos, ágiles, rápidos. Se volvían a meter en el cuerpo y jugaban con todos los órganos; uno asomó por el pecho y dio un puntapié a la nariz, otro salió para aplastar una oreja, y después los dos se pusieron a patalear dentro del cráneo, correteando de un lado a otro. Por fin salieron del cuerpo y se fueron siguiendo unas huellas de herradura por la orilla del río, llegaron a una casa de adobe situada en una hondonada, de donde habían salido cuatro días antes, cuando las fuerzas rebeldes pasaron a fortificarse en la sierra. Habían dejado el surco en que trabajaron por muchos años, para unirse a los alzados que iban a batirse con las tropas federales. Esos pies no habían sido nunca de hombre de armas, siempre de labriego, de hombre que no había empuñado jamás una carabina; fueron hacia la sierra y ahí quedaron, despedazados por la metralla, sangrientos. . .

Cesó la tempestad. De la vieja iglesia no quedaba sino un muro en vertical, la cruz verde cubriendo el nicho, y un pedazo de hombre abrazado al madero.

Estaba aclarando cuando una patrulla de soldados, al mando de un joven capitán de capote azul, llegó frente a las ruinas de la iglesia; desmontaron los soldados, y con las armas apercibidas rodearon recelosamente las ruinas, temerosos de una emboscada; en cuanto se convencieron de que no había peligro, se aventuraron a remover los escombros para darse cuenta del número de cadáveres. El oficial daba órdenes de que desensillaran los caballos para tomar un descanso en aquel sitio, cuando aparecieron dos soldados que llevaban en brazos al hombre metido en el costal.

—Es el único que está vivo, mi capitán.

El oficial tosió para dar a su voz un tono ronco, azotó su fusta contra las botas, puso la mano izquierda en la cintura y ordenó:

—Fusílenlo.

Los soldados buscaron con la vista un sitio a propósito; fueron hacia la pared que había quedado vertical, pusieron al rebelde en el suelo como un fardo, recargado en el muro, y pasaron a formar con otros tres o cuatro la línea de tiradores.

—Un momento —dijo el capitán, y dirigiéndose al mutilado que le miraba con ojos espantados de calenturiento, le preguntó—: ¿Cómo te llamas?

El infeliz apenas pudo murmurar:

—Gabino. . . Gabino. . . Durán.

Sonó una descarga uniforme; el campesino rebelde no se movió, quedó recargado en el muro y tocando con las manos el suelo, pálido, callado, fijos los ojos en el fulgor del sol que se levantaba sobre los álamos.

Parte que rinde el jefe de la patrulla avanzada, al Coronel Jefe del 100° Regimiento de Caballería: "Hónrome en poner en el superior conocimiento de usted, que durante la noche pasada dimos alcance en la orilla del río, a un grupo de rebeldes dispersos del combate de Sierra Azul, que se había atrincherado en una vieja iglesia; inmediatamente dicté órdenes para que mis soldados los desalojaran de sus posiciones, lo que se logró después de media hora de nutrido tiroteo, durante el cual hicimos al enemigo ocho muertos y capturamos vivo al feroz cabecilla Gabino Durán, bandolero conocidísimo que se hacía llamar «Mayor» de los campesinos rebeldes. Después de un Consejo de Guerra sumarísimo, que lo condenó a muerte, el cabecilla Durán fue ejecutado. Felicito a usted, mi coronel, por esta acción de armas consumada por elementos a sus dignas órdenes, y que viene a completar la derrota de los rebeldes en Sierra Azul. Respetuosamente, el capitán jefe de la patrulla avanzada. . ."

Parte que rinde el coronel jefe del 100° Regimiento de Caballería, al General Jefe del Ala Derecha: "Hónrome en poner en el superior conocimiento de usted, que anoche las avanzadas que destaqué después del combate de Sierra Azul, me dieron parte de que un grupo como de trescientos campesinos rebeldes, prófugos de aquella acción, se habían decidido a presentar resistencia en la orilla del río, donde se habían estado atrincherando durante la tarde. Inmediatamente di las órdenes para que el regimiento a mi mando tomara disposición de combate, y al rayar el alba comenzó el tiroteo, que se prolongó por espacio de dos horas. Visto que el enemigo estaba perfectamente atrincherado, dispuse que las compañías primera y segunda del regimiento a mi mando, hicieran un movimiento de flanco, que dio los resultados apetecidos, pues los rebeldes comenzaron a abandonar sus posiciones presas de verdadero pánico, abandonando sus armas y caballos ensillados, con el propósito de pasar el río a nado, lo que causó la muerte de muchos de ellos, que fueron arrastrados por la corriente. Ya en plena persecución, los soldados de mi regimiento consiguieron capturar al jefe de la partida, que lo era el feroz cabecilla Gabino Durán, quien se hacía llamar «Coronel» de los campesinos rebeldes; inmediatamente ordené que se le formara Consejo de Guerra sumarísimo, integrado por mí y los demás jefes del regimiento; y después de comprobar debidamente la culpabilidad de Durán en varios asaltos a trenes y desperfectos en las vías férreas, se le condenó a muerte, cumpliéndose la sentencia inmediatamente. Felicito a usted, mi general, por este nuevo triunfo de las fuerzas a su mando, y respetuosamente me permito proponer el ascenso de los oficiales P. . ., H. . . y L. . ., quienes se portaron brillantemente en esta hazaña. El coronel jefe del 100° Regimiento de Caballería. — Rúbrica.''

Parte que rinde el General de Brigada Jefe del Ala Derecha, al generalísimo Jefe del Ejército: ''Hónrome en poner en el superior conocimiento de usted, que durante todo el día de ayer hemos estado empeñados en un rudo combate con los campesinos rebeldes, que no fueron completamente derrotados por el Ala Izquierda de nuestro Ejército en Sierra Azul, y que pudieron reunir poco más de dos mil hombres y fortificarse en una línea de kilómetro y medio de largo en la orilla del río. Inmediatamente que tuve conocimiento de que los campesinos se aprestaban a oponer resistencia, ordené que dos batallones y dos regimientos presentaran combate por el frente, asaltando las posiciones enemigas, como lo hicieron con singular brío. Sin embargo, las posiciones de los agraristas eran tan ventajosas, que me vi en la necesidad de disponer que una batería de artillería procediera a bombardearlas para acallar el certero fuego de los insurrectos sobre nuestros soldados de infantería y caballería; nuestras piezas desmontaron algunas ametralladoras que el enemigo había salvado del combate en Sierra Azul, y con esto se facilitó grandemente el avance. Pero comprendiendo que el enemigo bien podía intentar la retirada sin grandes pérdidas, cruzando el río, para lo cual ya tenía preparadas algunas grandes balsas, y que nosotros no podíamos continuar la persecución en la otra ribera, ordené que dos regimientos dieran una violenta carga de caballería por el extremo derecho, logrando colocarse entre las trincheras y el río. Entre el enemigo cundió inmediatamente el pánico y nuestras valientes tropas pudieron en breves momentos dominar la situación, haciendo a los rebeldes más de doscientas bajas entre muertos y heridos. Cayó prisionero el feroz

cabecilla Gabino Durán, que se hacía llamar «General» de los campesinos rebeldes, y que fue el Jefe del núcleo de agraristas que nos opuso
resistencia. Se le recogieron todos sus documentos, entre los que figura un nombramiento extendido a su favor como jefe de los rebeldes en
este Estado, y en tal virtud, inmediatamente ordené que se le formara
Consejo de Guerra sumario, durante el cual se comprobó que Durán fue
quien mandaba a los rebeldes durante el saqueo de los pueblos de Encinillas, Pueblo Viejo, La Piedad, etc., etc., además de ser directamente
responsable de varios asaltos a trenes y desperfectos en las vías férreas.
Se le condenó a muerte, y la sentencia fue cumplida frente a todas las
fuerzas de esta columna, a las que posteriormente hice desfilar ante el
cadáver. Felicito a usted por este nuevo triunfo de las fuerzas federales,
y me permito proponer el ascenso de los coroneles J. . ., B. . . y D. . .;
de los tenientes coroneles P. . ., M. . . y L. . ., y en general, de todos
los oficiales de mi Estado Mayor, sin aspirar a más recompensa que seguir conservando la confianza de usted; mi digno Jefe. Atentamente, el
General de Brigada, Jefe del Ala Derecha. . .''

Parte que rinde el generalísimo, Jefe del Ejército, a S. E. el Ministro
de la Guerra, para su conocimiento y para que se sirva transcribirlo al
Excelentísimo Señor General Díaz, Presidente de la República: ''Hónrome
en poner en el superior conocimiento de usted, que las tropas a mi mando
están castigando a los campesinos agraristas levantados en armas, con-
tinúan su cadena de triunfos, pues durante los días lunes, martes y
miércoles de la presente semana hemos obtenido sobre las hordas un
triunfo más importante que el de Sierra Azul, porque logramos capturar
al Jefe Supremo del movimiento de insurrección, el feroz cabecilla Gabino Durán, que se hacía llamar «Generalísimo» de los campesinos rebeldes, y quien después de ser juzgado por el Consejo de Guerra, fue
pasado por las armas. Paso a referir a usted detalladamente el curso de
la batalla: el lunes por la mañana, las avanzadas me notificaron que el
enemigo se había fortificado al lado del río, y que habiéndosele reunido
algunos centenares de campesinos a quienes los agitadores radicales
han estado excitando a la rebelión, podía calcularse el número total
entre ocho y diez mil hombres, que aprovechándose de la naturaleza
del terreno se habían decidido a jugarse la última carta de esta insurrección contra el derecho de propiedad y contra las instituciones que por
espacio de treinta años han venido dando al país la paz sacrosanta de
que disfrutamos. Desde luego me di cuenta de que el enemigo estaba
en una situación privilegiada, pues encontrándose sus trincheras al otro
lado del río, nuestros valientes soldados tendrían que pasarlo a nado
para llegar a la lucha cuerpo a cuerpo, en la que nuestra superioridad
sobre los campesinos indisciplinados, es indiscutible. Con la rapidez
que el caso requería, ordené que se construyeran dos puentes de
lanchas y grandes balsas en las que nuestros soldados intentaron varias
veces pasar el río durante el día lunes, pero la suerte favoreció a los re-

beldes, quienes pudieron mantenerse en sus posiciones. Durante la noche ordené que varias patrullas de caballería buscaran un vado en el río, y mientras tanto nuestros batallones de zapadores construyeron una línea de trincheras a lo largo de la ribera, y frente a frente de las del enemigo, que con no menos de cincuenta ametralladoras, manejadas en su totalidad por filibusteros extranjeros, se defendió vigorosamente, aunque comprendiendo la inminencia de su derrota. Durante la noche, también, nuestra artillería gruesa estuvo bombardeando las posiciones del enemigo, y al amanecer, en vista de que no habían regresado las patrullas de caballería enviadas a buscar un paso por el río, con unos cuantos oficiales de mi Estado Mayor me lancé a la obra, consiguiendo pocas horas después localizar un magnífico vado, bastante ancho, por donde nuestros soldados de caballería pudieran pasar a la orilla opuesta sin ser vistos por el enemigo. Comprendiendo la necesidad de asestar, de una vez por todas, un golpe de muerte al movimiento campesino, dispuse que nuestros dragones se mantuvieran ocultos hasta la media noche, hora en que debían asaltar por la retaguardia las posiciones de los rebeldes, al mismo tiempo que nuestros infantes, con nuevas balsas construidas durante el día, tocaban por el frente. Así se hizo con precisión matemática, y a las doce en punto de la noche comenzó el ataque por ambos lados, lo que provocó entre el enemigo un pánico indescriptible.

"Para no cansar a usted, le referiré únicamente que al amanecer, el campo estaba materialmente cubierto de cadáveres de insurrectos, que a reserva de decir a usted posteriormente cuántos fueron en cifras exactas, puedo asegurar que no bajaron de mil.

"Los oficiales de mi Estado Mayor, que se portaron brillantemente, capturaron, durante la confusión que siguió a nuestro ataque simultáneo, al jefe de los rebeldes, que se hacía llamar «Generalísimo» Gabino Durán, que con un grupo de hombres de su escolta personal, opuso una tenaz resistencia hasta que fue desarmado y aprehendido personalmente por mi ayudante el capitán V. . ., quien lo condujo hasta el Cuartel General, donde estuvo prisionero mientras se integraba rápidamente un Consejo de Guerra, que después de oír la cínica relación que hizo este feroz cabecilla de todos los crímenes que ha cometido, no sólo durante la revuelta, sino desde muchos años antes, lo condenó a muerte por traidor a la patria, salteador de caminos, asesino con alevosía, premeditación y ventaja, e incendiario. La sentencia se cumplió inmediatamente, y considero que con la desaparición de este sanguinario bandido y peligroso agitador, puede darse por terminado el movimiento insurrecto. Felicito a usted por este nuevo triunfo. . . ascensos. . ., confianza. . ., etc."

Información publicada por La Gaceta Nacional, periódico de la capital de la República:

(Título en rojo, al ancho de la plana:)

¡¡¡DURÁN, FUSILADO!!!

Brillante acción de armas en Río Largo.

Las tropas federales se cubrieron de gloria en un
combate de cinco días contra los rebeldes.

CAPTURA Y EJECUCIÓN DEL JEFE INSURRECTO

La Gaceta Nacional es el único periódico que entrevista al feroz cabecilla, durante la noche anterior a la ejecución sumaria.

por *Merdardo Encinas Rojas*,

enviado especial.

Desde el Cuartel General. Escribo estas notas para los numerosos
lectores de *La Gaceta Nacional,* instantes después de presenciar la solemne ejecución de uno de los bandoleros que más ha ensangrentado
nuestro suelo: el feroz cabecilla Gabino Durán, a quien capturaron las
bien disciplinadas fuerzas federales, después de un combate de cinco
días, del que envío crónica por el correo.

Sin embargo, para calmar la justa ansiedad de los numerosos lectores de nuestro periódico, digo que el combate de Río Largo, que acaba
de registrarse, pasará a la Historia como el más sangriento que ha habi-
do desde la Independencia hasta nuestros días, y al mismo tiempo
aquel en que se ha hecho mayor derroche de estrategia (de genio,
puede decirse) por parte de los dignos jefes de nuestro ejército, y de he-
roico valor por parte de los indómitos soldados que defienden las instituciones contra las hordas de fascinerosos.

Desde el lunes comenzó el combate y es hasta hoy sábado que
puede darse por terminado; más bien que una lucha entre hombres,
parecía un gigantesco juego de ajedrez en el que un genio sobrehuma-
no estuviera moviendo, con asombrosa precisión y decisiva certeza, las
piezas que participaban en esta gran acción. Los rebeldes, en número
no menos de veinte mil hombres, pues se habían reunido los insurrectos de varios Estados para dar un golpe mortal al gobierno del señor general Díaz (golpe que fue evitado por la maravillosa actuación de
nuestro generalísimo), los rebeldes, digo, ocupaban magníficas posiciones y sin duda inspirados por oficiales extranjeros de cuya presencia

entre aquéllos fue este periódico el primero en informar, maniobraban hábilmente, tomando a veces rápida ofensiva, a veces vigorosa y serena defensiva.

Pero el generalísimo estuvo sencillamente colosal: durante cinco días y cinco noches no descansó, dando continuamente atinadas órdenes que hacían que el curso de la batalla se desarrollara favorablemente a nuestras gloriosas armas. Le acompañaban todos los elegantes oficiales del Estado Mayor, y el señor pagador general de la División, don Everardo Mayo, que tan gentil caballero y fino amigo es siempre con los periodistas que tenemos el honor de acompañar a la columna expedicionaria.

Aquí debo hacer un pequeño paréntesis: los corresponsales de esos dos indecentes periódicos, que se llaman *La Noticia Nocturna* y *El Madrugador Informativo,* no presenciaron los grandes sucesos a que me refiero, por haberse quedado en la población de Lanas, en una tremenda orgía.

¿Para qué narrar todas las escenas de habilidad en el mando y heroicidad en la ejecución, que se registraron en estos cinco días de combate? Baste decir que no menos de dos mil quinientos muertos del enemigo han quedado en el campo y que los insurrectos que lograron escapar con vida arrojaban sus armas llenos de pavor sombrío y se fueron a esconder en la montaña, castigados para siempre por su insana osadía.

La captura de Durán

Fue poco antes de la terminación del combate, cuando nuestro ilustre generalísimo se dio cuenta de que un grupo como de doscientos hombres, entre los que sin duda iba algún jefe de mucha importancia a juzgar por las magníficas cabalgaduras en que montaban, trataba de romper el sitio, e inmediatamente dio atinadas órdenes para que le cortaran la retirada, quedando encargadas de cumplirlas varios oficiales del Estado Mayor, en unión de un escuadrón de la escolta personal del generalísimo.

Los comisionados se dedicaron desde luego a perseguir la mencionada columna en cumplimiento de las órdenes recibidas, y le dieron alcance, trabándose un reñido encuentro en el que murieron no menos de cincuenta rebeldes, y siendo capturado el jefe supremo de la insurrección, el feroz cabecilla Gabino Durán, que fue conducido a la comandancia militar.

Allí, el generalísimo lo sujetó a un severo y hábil interrogatorio del que resultó la tremenda culpabilidad que Durán tuvo en el levantamiento que cubrió de sangre esta rica zona de nuestro país. No relato aquí los principales hechos de la vida de Durán, porque éstos serán publicados posteriormente en el periódico favorito del lector culto, *La Gaceta*

Nacional, en calidad de memorias del feroz cabecilla, dictadas personalmente a este periodista durante la noche que precedió a la ejecución.

Durán fue condenado a muerte por unanimidad y se le puso en capilla, obteniendo nosotros exclusivamente el privilegio de acompañarle durante la noche, para oír de sus propios labios el relato de una vida espantosa, plagada de crímenes de lo más salvaje e indecible. Este relato comenzará a ser publicado en nuestra edición de mañana, y los numerosos lectores de este periódico deben apresurarse a adquirir sus ejemplares a temprana hora, pues es seguro que nuestra edición, a pesar de que será aumentada considerablemente, se agotará en muy poco tiempo.

Si acaso los dos desprestigiados diarios, llamados *El Madrugador Informativo* y *La Noticia Nocturna,* pretenden tener también las memorias del feroz cabecilla, mienten descaradamente, pues nuestro enviado especial fue el único, etc., etc.

La Historia, dentro de cincuenta años o cien:

"Este movimiento insurrecto fue planeado y dirigido por Gabino Durán, sin duda el más sanguinario bandolero que ha existido en el continente. Sus crímenes. . ."

BIBLIOGRAFÍA

ALONSO, Martín, *Ciencia del lenguaje y arte del estilo,* Aguilar, Madrid, 1976.

ARREDONDO, Inés, *La señal,* UNAM (Textos de humanidades/15), México, 1980.

BERISTAIN, Helena, *Gramática estructural de la lengua española,* UNAM, 1981.

BEUTELSPACHER, Carlos R., *Cómo hacer una colección de mariposas,* UNAM, México, 1983.

CABRERA INFANTE, GUILLERMO, *Vista del amanecer en el trópico,* Seix Barral, Barcelona, 1974.

CARBALLO, Emmanuel (compilador), *Cuentistas mexicanos modernos,* Tomo I, Editores Mexicanos Unidos, S.A. (Biblioteca mínima mexicana, vol. 26), México, s/f.

CELORIO, Gonzalo, *Para la asistencia pública,* Katún (Prosa contemporánea, 15), México, 1985.

CEREIJIDO, Marcelino, *Aquí me pongo a contar,* Folios Ediciones, México, 1983.

DALE, Philip S., *Desarrollo del lenguaje. Un enfoque psicolingüístico,* Trillas, México, 1980.

DÍAZ COVARRUBIAS, Juan, *Gil Gómez El Insurgente,* Premiá editora, S.A., Publicaciones y Bibliotecas **CULTURASEP** (La matraca, 7), México, 1982.

DUEÑAS, Guadalupe, *Tiene la noche un árbol,* FCE (Colección popular, 91), México, 1979.

GONZÁLEZ TORRES, Yólotl, *El culto a los astros entre los mexicas,* SepSetentas-Diana, México, 1979.

GREENLEAF, Richard E., *La Inquisición en Nueva España. siglo XVI,* FCE, México, 1981.

GUDIÑO KIEFFER, Eduardo, "Juegos de Madame la Comtesse", *El cuento Revista de Imaginación,* No. 88, **CULTURASEP,** México, (septiembre/octubre).

GUTIÉRREZ NÁJERA, Manuel, *La novela del tranvía y otros cuentos,* FCE/SEP **CULTURASEP** (Lecturas mexicanas, 55), México, 1984.

HENESTROSA, Andrés, *El remoto y cercano ayer,* Miguel Ángel Porrúa, S.A. (Col. Tlatollo, 1). México, 1980.

HENESTROSA, Andrés, *Los caminos de Juárez,* FCE/SEP **CULTURASEP** (Lecturas mexicanas, 77), México, 1985.

HERNANDEZ, Felisberto, *Obras completas,* vol. 1, Siglo veintiuno editores, México, 1983.

LUNA TRAILL, Elizabeth, *Sintaxis de los verboides en el habla culta de la ciudad de México,* UNAM (Publicaciones del Centro de Lingüística Hispánica, 8), México, 1980.

MARTÍN VIVALDI, Gonzalo, *Curso de Redacción. Del pensamiento a la palabra,* Paraninfo, Madrid, 1977.

MOLINA, A.F., "La lluvia de los paraguas", *El cuento Revista de Imaginación,* No. 88, **CULTURASEP,** México, (septiembre/octubre).

MORENO DE ALBA, José G., *Minucias del lenguaje,* Océano, México, 1987.

MUÑOZ, Rafael F., *Relatos de la Revolución,* Sep (SepSetentas, 151), México, 1974.

OCAMPO, Flama, "El ladrón de ilusiones", *El Cuento Revista de Imaginación,* No. 88, **CULTURASEP,** México, (septiembre/octubre).

OTHÓN, Manuel José, *Cuentos de espantos y novelas rústicas,* Premiá Editora, S.A., **CULTURASEP,** (La matraca, 17), México, 1984.

PACHECO, Cristina, *Para vivir aquí,* Grijalbo (Colección Autores Mexicanos), México, 1982.

PEÑA, Antonio (compilador), *La biología contemporánea,* UNAM, México, 1983.

PEZA, Juan de Dios, *Cuentos y Recuerdos personales,* Premiá Editora, S.A., **CULTURASEP** (La matraca, 14), México, 1984.

PONIATOWSKA, Elena, *Lilus Kikus,* Grijalbo, México, 1976.

QUIROGA, Horacio, *Cuentos,* Porrúa, México, 1972.

REAL ACADEMIA ESPAÑOLA, *Diccionario de la lengua española,* Espasa-Calpe, Madrid, 1984.

SÁINZ DE ROBLES, Federico Carlos, *Diccionario español de sinónimos y antónimos,* Aguilar, Madrid, 1979.

SAMPERIO, Guillermo, *Textos extraños,* Folios Ediciones, México, 1981.

SEGOVIA, Tomás, *Trizadero,* FCE (Letras mexicanas, 113), México, 1974.

SIERRA, Justo, *Prosas,* UNAM (Biblioteca del estudiante universitario, 10), México, 1963.

URQUIZO, Francisco I., *Memorias de campaña,* FCE/SEP **CULTURASEP** (Lecturas mexicanas, 85), México, 1985.

VASCONCELOS, José, *Textos Una antología general,* SEP/UNAM (Clásicos Americanos, 8), México, 1982.

VICENS, Josefina, *El libro vacío,* Ediciones Transición, S.A., México, 1978.

VICENS, Josefina, *Los años falsos,* Martín Casillas Editores (Serie La invención), México, 1982.

YÁÑEZ, Agustín, *Al filo del agua,* Porrúa (Colección de Escritores Mexicanos, 72), México, 1975.

ZEPEDA, Eraclio, *Benzulul,* FCE/SEP **CULTURASEP** (Lecturas mexicanas, 66), México, 1984.

ZHUKOVI, E.M., *La primera guerra mundial,* Editorial Grijalbo, S.A. (Colección 70, 131), México, 1973.

COMPROBACIONES

En ocasiones, no es fácil ofrecer en esta sección una comprobación exacta. Hay casos, marcados con***, que constituyen simplemente una aproximación o una posible versión de lo que se pide en el ejercicio correspondiente.

LEC. COMP.

1	1	pantorrilla. Movía juramento. Llegó trapiche. Los entero. La tensa. Quiso reseca. La devoraba.''

1   2   1. el desorden, la corrupción,
            2. exaltarse, ni gritar,
            3. claridad, precisión,
            4. lápiz, regla, goma, compás,

1   3   1. Regresaron tarde, se prepararon un café, revisaron las ventanas,
            2. El hombre se quedó allí, inmóvil, a la espera,
            3. con claridad, lo veía a él, oía sus palabaras,
            4. Oímos el disparo, pensamos en Jorge, salimos corriendo hacia el patio. Nadie entendía nada, nos empujábamos unos a otros,

1   4   1. mi hermano mayor   4. Licenciado
            2. Carmen   5. nuestro perro
            3. capital de Cuba   6. Jorge

266

LEC. COMP.

1   5   1. Es necesario que, además,
        2. la hemeroteca y, por último,
        3. Es, quizá, la parte
        4. muy reservados, es decir, no hablar
        5. el instructivo, o sea, lo más importante
        6. Hasta cierto punto, yo— Sin embargo, no apruebo
        7. Por-último, nos gustaría —muchos de ustedes, por ejemplo
        8. Creo que, en efecto, la reunión

1   6   1. aquéllos, aburridos
        2. Tú, aquí, conmigo
        3. Las otras, el mes entrante
        4. ellos, a la biblioteca

1   7   1. digo, pues,
        2. vendría, pues no tenían
        3. importante, pues,
        4. tarde, pues ya
        5. callada, pues sabía

1   8   1. ese viaje, pero no creo
        2. volúmenes, sino que
        3. en sociedad, aunque todavía
        4. del asunto, mas nos

1   9   1. Lenta y silenciosamente, caminaron hacia el río.
        2. Acompañándola hasta el amanecer, nos quedamos allí.
        3. Cada uno en la medida de sus posibilidades, lo ayudaron todos sus vecinos.
        4. Desde aquel día, no volvieron a pasar por allí.

1   10 1. En cuanto esté todo listo, te llamaremos.
        2. Si tienen tiempo para buscarlos, nos van a prestar esos artículos.
        3. Aunque tuviera el dinero, Luisa no compraría esa blusa.
        4. Siempre que tienen la oportunidad, tratan de practicar inglés.

1   11 1. Los animales, que sirven para los experimentos,
        2. El señor, que fue agredido por esos muchachos,
        3. Los empleados, que no estaban de acuerdo con las decisiones tomadas,
        4. Los abogados, que no saben nada sobre ese asunto,

LEC. COMP.

1   12   1. La verdad, dijo la maestra,
          2. Las olas, que en esa región alcanzan gran fuerza,
          3. La deuda externa, que tiene graves repercusiones en nuestra economía,
          4. Todos nosotros, aseguró el licenciado,
          5. Los campesinos, con gran atención y seriedad,

1   13   1. Ya dices una cosa, ya dices otra,
          2. Unas veces dicen que van a trabajar, otras que a estudiar,
          3. Ora piensas una cosa, ora otra,

1   14   El hombre pisó algo blanduzco, y en seguida sintió la mordedura en el pie. Saltó adelante, y al volverse, con un juramento, vio a una yararacusú que, arrollada sobre sí misma, esperaba otro ataque.

El hombre echó una veloz ojeada a su pie, donde dos gotitas de sangre engrosaban dificultosamente, y sacó el machete de la cintura. La víbora vio la amenaza y hundió más la cabeza en el centro mismo de su espiral; pero el machete cayó de plano, dislocándole las vértebras.

El hombre se bajó hasta la mordedura, quitó las gotitas de sangre y durante un instante contempló. Un dolor agudo nacía de los dos puntitos violeta y comenzaba a invadir todo el pie. Apresuradamente se ligó el tobillo con su pañuelo y siguió por la picada hacia su rancho.

El dolor en el pie aumentaba, con sensación de tirante abultamiento, y de pronto el hombre sintió dos o tres fulgurantes puntadas que, como relámpagos, habían irradiado desde la herida hasta la mitad de la pantorrilla. Movía la pierna con dificultad; una metálica sequedad de garganta, seguida de sed quemante, le arrancó un nuevo juramento.

Llegó por fin al rancho y se echó de brazos sobre la rueda de un trapiche. Los dos puntitos violetas desaparecían ahora en una monstruosa hinchazón del pie entero. La piel parecía adelgazada y a punto de ceder, de tensa. Quiso llamar a su mujer, y la voz se quebró en un ronco arrastre de garganta reseca. La sed lo devoraba.

—¡Dorotea! —alcanzó a lanzar en un estertor—. ¡Dame caña!

Su mujer corrió con un vaso lleno, que el hombre sorbió en tres tragos. Pero no había sentido gusto alguno.

—¡Te pedí caña, no agua! —rugió de nuevo—. ¡Dame caña!

—¡Pero es caña, Paulino! —protestó la mujer, espantada.

—¡No, me diste agua! ¡Quiero caña, te digo!

La mujer corrió otra vez, volviendo con la damajuana. El hombre tragó uno tras otro dos vasos, pero no sintió nada en la garganta.

—Bueno; esto se pone feo —murmuró entonces, mirando su pie, lívido y ya con lustre gangrenoso. Sobre la honda ligadura del pañuelo la carne desbordaba como una monstruosa morcilla.

Los dolores fulgurantes se sucedían en continuos relampagueos y llegaban ahora hasta la ingle. La atroz sequedad de garganta, que el aliento

LEC. COMP. parecía caldear más, aumentaba a la par. Cuando pretendió incorporarse un fulminante vómito lo mantuvo medio minuto con la frente apoyada en la rueda de palo.

Pero el hombre no quería morir, y descendiendo hasta la costa subió a su canoa. Sentóse en la popa y comenzó a palear hasta el centro del Paraná. Allí la corriente del río, que en las inmediaciones del Iguazú corre seis millas, lo llevaría antes de cinco horas a Tacurú-Pacú.

HORACIO QUIROGA
*A la deriva**

2   15   1. prevista; tanto que

2. siguiente; salimos

3. puerto nuevo; y que

4. paraje; había caminado

5. médula; nada de esto

6. cesado; la paz

2   16   1. machete; pero

2. alumnos, aunque

3. a salir; pero en su estado

4. estudiado mucho, pero

5. del animal; mas también

6. la bibliografía; sino

2   17   1. desee expresar; emplear

preciso; evitar

2. de la dirección; el licenciado

como siempre; algunos

2   18   1. Y piensa:

Y mira:

2. la mujer dijo:

3. los dientes apretados:

4. Ella sollozaba:

Y él:

LEC. COMP.

2   19   1. precisamente: en salir
2. la canoa: más arriba del talón
3. no sentía: remaba
4. en vano: no podíamos
5. largo plazo: Se está muriendo
6. último pudor: no bebía

2   20   1. por ejemplo: periodismo
2. Pues bien: cuando
3. tornillo: el almacén
4. los siguientes: ''El almohadón
5. personas: dos hombres
6. Óigame: ¿la ha visto
7. querido: noble, bueno

2   21   El hombre, con sombría energía, pudo efectivamente llegar hasta el medio del río; pero allí sus manos dormidas dejaron caer la pala en la canoa, y tras un nuevo vómito —de sangre esta vez— dirigió una mirada al sol, que ya trasponía el monte.

La pierna entera, hasta medio muslo, era un bloque deforme y durísimo que reventaba la ropa. El hombre cortó la ligadura y abrió el pantalón con su cuchillo: el bajo vientre desbordó hinchado, con grandes manchas lívidas y terriblemente doloroso. El hombre pensó que no podría jamás llegar él solo a Tacurú-Pacú y se decidió a pedir ayuda a su compadre Alves, aunque hacía mucho tiempo que estaban disgustados.

La corriente del río se precipitaba ahora hacia la costa brasileña, y el hombre pudo fácilmente atracar. Se arrastró por la picada en cuesta arriba; pero a los veinte metros, exhausto, quedó tendido de pecho.

—¡Alves! —gritó con cuanta fuerza pudo; y prestó oído en vano.

—¡Compadre Alves! ¡No me niegue este favor! —clamó de nuevo, alzando la cabeza del suelo.

En el silencio de la selva no se oyó un solo rumor. El hombre tuvo aún valor para llegar hasta su canoa, y la corriente, cogiéndola de nuevo, la llevó velozmente a la deriva.

El Paraná corre allí en el fondo de una inmensa hoya, cuyas paredes, altas de cien metros, encajonan fúnebremente el río. Desde las orillas, bordeadas de negros bloques de basalto, asciende el bosque, negro también. Adelante, a los costados, detrás, la eterna muralla lúgubre, en cuyo fondo el río arremolinado se precipita en incesantes borbollones de agua fangosa. El paisaje es agresivo y reina en él un silencio de muerte. Al atardecer, sin embargo, su belleza sombría y calma cobran una majestad única.

El sol había caído ya, cuando el hombre, semitendido, en el fondo de la canoa, tuvo un violento escalofrío. Y de pronto, con asombro, enderezó pesadamente la cabeza: se sentía mejor. La pierna le dolía apenas, la sed disminuía, y su pecho, libre ya, se abría en lenta inspiración.

El veneno comenzaba a irse, no había duda. Se hallaba casi bien, y aunque no tenía fuerzas para mover la mano, contaba con la caída del rocío para reponerse del todo. Calculó que antes de tres horas estaría en Tacurú-Pacú.

El bienestar avanzaba, y con él una somnolencia llena de recuerdos. No sentía ya nada ni en la pierna ni en el vientre. ¿Viviría aún su compadre Gaona en Tacurú-Pacú? Acaso viera también a su ex patrón míster Dougald y al recibidor del obraje.

¿Llegaría pronto? El cielo, al Poniente, se abría ahora en pantalla de oro, y el río se había coloreado también. Desde la costa paraguaya, ya entenebrecida, el monte dejaba caer sobre el río su frescura crepuscular en penetrantes efluvios de azahar y miel silvestre. Una pareja de guacamayos cruzó muy alto y en silencio hacia el Paraguay.

Allá abajo, sobre el río de oro, la canoa derivaba velozmente, girando a ratos sobre sí misma, ante el borbollón de un remolino. El hombre que iba en ella se sentía cada vez mejor, y pensaba entre tanto en el tiempo justo que había pasado sin ver a su ex patrón Dougald. ¿Tres años? Tal vez no, no tanto. ¿Dos años y nueve meses? Acaso. ¿Ocho meses y medio? Eso sí, seguramente.

De pronto sintió que estaba helado hasta el pecho. ¿Qué sería? Y la respiración también. . .

Al recibidor de maderas de míster Dougald, Lorenzo Cubilla, lo había conocido en Puerto Esperanza un Viernes Santo. . . ¿Viernes? Sí, o jueves. . .

El hombre estiró lentamente los dedos de la mano.

Un jueves. . .

Y cesó de respirar.

HORACIO QUIROGA
A la deriva

3   22   1. —decía—.
2. —tendría yo cuatro años—
3. —Perdóname
—Pero si no
—No, mamá
—No faltaba más
4. —todo mezclado, revuelto, como
un guiso plebeyo—
5. —dirías tú—

3   23   1. sino para . . . no sé que.
2. acuérdate. . .!
3. a veces me desespero. . .
tan distinto. . .
4. ha sido cuate. . ."
no se me raje. . ."
luego hablamos. . ".".

LEC. COMP.

3 24 1. ¡Pues no, señor, no vas a ser médico!
¿quemarte las pestañas. . . Seguro Social?
¡No hijo,. . . muy alto!
2. ¿Y por qué no te matas?
¡Ay, hijo. . . dices!
¿o sí?
3. ¿qué sabe ella de eso?
¿yo que soy?
¡No puedo,. . . del diablo!
¿Es tonta o perversa o qué?

3 25 A. "escombran"
"alta categoría"
B. "hacer pulmones"
"hasta las manitas"
C. "El Quelite"
D. "Déjala. . . hacer ruido"
"eras el más macho. . . disparador"
"pisado fuerte. . . muy alto"
"Vivirás. . . esposa"
"Abnegada mujer. . . recuerdo"
"a este hombre. . . quieren"
"al oírlo palideció"
"su palidez. . . un muerto"
"la revelación. . . mudo"

3 26 ¡Cuánto he escrito esta noche! Todo para decir que aquel miércoles pude no hacerlo. ¿Y qué hice hoy? Contar deshilvanadamente que llevé a mi mujer a oír música y que mi hijo ya tiene una amante. ¿Para decir sólo eso, Dios mío?

¿Cómo harán los que escriben? ¿Cómo lograrán que sus palabras los obedezcan? Las mías van por donde quieren, por donde pueden. Cuando ya las veo escritas, cuando con una vergüenza golosa las releo, me dan pena. Siento que van desprendiéndose de mí y cayendo en mi cuaderno. Cayendo solamente, sin forma, sin premeditada colocación.

Yo quisiera algo distinto. Por ejemplo, al ver una bonita tarde, pensar: veo que esta tarde es bella. Me gusta la tarde. Me gusta sentir lo que me hace sentir esta tarde. Me gustaría describir la tarde y lo que siento. ¿Qué hay que hacer entonces? Primero, creo yo, sentir la tarde. Después, hacer el intento de ir cercando sus elementos, la luz, la temperatura, la tonalidad. Después observar su cielo, los árboles, las sombras, en fin, todo lo que le pertenece. Y cuando estos elementos queden reflejados en palabras y expresado ese temblor gozoso y esa estremecida sorpresa que

LEC. COMP. siento al contemplarla, entonces, seguramente quien me leyera, o yo mismo, podría encontrar en mi cuaderno una bella tarde y a un hombre que la percibe y la disfruta.

¿Y si lo intentara así, con ese sistema?

JOSEFINA VICENS
El libro vacío

4   27
1.	Fulgencio	9.	niño	17.	sociedad
2.	hombre	10.	fortuna	18.	ricos
3.	fortuna	11.	abogado	19.	matrimonio
4.	padres	12.	desgracias	20.	fusión
5.	usureros	13.	lágrimas	21.	capitales
6.	pelillos	14.	infelices	22.	alianza
7.	rigor	15.	Fulgencio	23.	corazones
8.	ley	16.	jóvenes		

4   28   pararse nunca en pelillos

4   29
arribo-llegada   locuciones-frases
algazara-alegría   índole-clase
camaradas-amigos   damisela-joven
colegas-compañeros   testa-cabeza
agasajo-fiesta, reunión   arteria-calle
desposada-novia   pitillo-cigarro
mutación-cambio   turbonada-tempestad
labores-trabajos   sujetos-personas
vocablos-palabras

4   30   Aquel niño creció con más cuidados que una flor de estufa. Le pusieron nodriza para que su mamá no desmejorase con la crianza; le cuidaban el sueño regando arena en el patio para que no se oyera el ruido de los carruajes; tenía una criada especial para que levantara lo que se le caía de las manecitas y sus juguetes representaban un capital capaz de hacer dichoso al más ambicioso comerciante de la clase media.

Chicho no salía de la alcoba antes de las diez de la mañana; lo llevaban en el coche dentro de cristales a dar una vuelta por la Alameda; a la hora de comer, cuando fue ya grandecito, un reputado maestro de piano lo entretenía tocando para que estuviera de buen humor, antes de las seis de la tarde lo encerraban, divirtiéndolo con un pequeño teatro de títeres hasta que se dormía, y en la noche tres sirvientes se turnaban velando para cuidar su sueño o satisfacer sus caprichos.

Don Fulgencio y su señora no eran capaces de dar a un pobre un centavo, pero protegían algunas iglesias, daban pensiones a algunas comunida-

LEC. COMP. des religiosas y socorrían a dos o tres pintores, mandándoles hacer
cuadros sagrados para los templos de mayor renombre.

Creció Chicho y por el miedo de que no se corrompiera con las malas
compañías, nunca le mandaron a la escuela, pero le pusieron un maestro
que iba a darle cátedra a su casa.

¿Qué le enseñaba?, nadie lo sabe.

Sus padres cuidaron que desde muy niño lo llevara el cochero en el pescante, enseñándole a manejar las riendas; y en consecuencia, antes de
cumplir dieciséis años, ya llevaba él solo su carruaje por esas calles de la
ciudad, llenas entonces de hoyancos y promontorios.

Chicho no tenía amigos, porque el director espiritual de sus padres
había prohibido que le pusieran en comunicación con las gentes, y hasta
en las mayores solemnidades de su vida, como el día en que hizo su primera comunión, no le acompañaron más que sus progenitores y los viejos
criados de la casa.

Cuando Chicho cumplió los veintiún años, entró de socio en la Cofradía
de San Luis Gonzaga, porque su padre juzgó prudente que empezara a
mezclarse en los asuntos de la vida pública.

Recuerdo todavía el aspecto de aquel joven: era alto, flaco, descolo-
rido, de grandes ojos, con marcada expresión de tristeza, su cabello fino y
espeso caía en dos gajos sobre sus sienes; vestía correctamente; hablaba
poco y sus maneras revelaban, desde luego, que había sido educado con
el estricto rigor que caracterizaba a los señorones de otros tiempos.

A Chicho le ruborizaba estrechar la mano de una doncella de dieciséis
años; desconocía el baile; no sabía conversar en estrado; nunca había tenido una novia, y la vez en que inocentemente dijo a su padre que le gustaban
los ojos de su prima Lola, le ordenaron que se confesara y comulgara, y que
nunca volviera a hablar ni a pensar en eso.

JUAN DE DIOS PEZA
Chicho

5   31   1. nueva
2. exclusiva
3. cáustica
4. toda
5. otras
6. seis
7. silenciosas

8. embalsamados
9. tantos
10. impresionante
11. diminuta
12. largas
13. maravillosas

5   32   1. los ojos y el pelo
2. su esfuerzo
3. la carne y la ensalada
4. el vocabulario y las frases

5   33   1. El personal, irritado y molesto, exigía hablar con el director.

LEC. COMP. 2. El grupo, en desorden, sucio y gritando, entró a la oficina.
3. El conjunto, dos guitarras, una batería y un cantante, tocó durante varias horas.
4. El equipo de la Universidad, jugadores y entrenadores, celebró el triunfo.
5. La tropa, ansiosa por saber, esperaba la información.

5 34 1. La concurrencia compuesta de todo tipo de personas: jóvenes, adultos, profesionistas, campesinos acompañantes de sus familias, etc., parecía muy molesta.
2. La orquesta, pianistas, violinistas, trombonistas y todos los demás, estaba disgustada.
3. El auditorio, sobre todo los jóvenes fanáticos del grupo, se puso como loco.
4. Ese día la multitud, aficionados, fanáticos y estudiantes, estuvo controlada y tranquila.
5. La biblioteca, compuesta de toda clase de libros y revistas de temas muy diversos, está desordenada.

5 35 1. difícil
2. arreglado
3. blanco, claro
4. aburrido
5. fácil
6. posterior
7. oscuro
8. limpio
9. sano, saludable
10. innecesario
11. educado
12. listo, inteligente

5 36   Nunca llegué a saber por qué nos mudábamos de casa con tanta frecuencia.

Siempre que esto pasaba, nuestra única preocupación consistía en investigar en qué lugar colocarían a Mariquita.

En la pieza de mi madre no podía ser: siendo ella excesivamente nerviosa, la presencia de la niña la llenaría de angustia. Ponerla en el comedor era del todo inconveniente; en el sótano, mi papá no lo hubiera permitido y en la sala resultaba imposible, ya que la curiosidad de las visitas nos hubiera enloquecido con sus preguntas. Así que siempre acababan por instalarla en nuestra habitación. Digo «nuestra» porque era de todas. Contando a Mariquita, allí dormíamos siete.

Mi papá era un hombre práctico que había viajado mucho y conocía los camarotes. En ellos se inspiró para idear aquel sistema de literas que economizaba espacio y que nos facilitó dormir a cada quien en su cama.

Como explico, lo importante era descubrir el lugar de Mariquita. En ocasiones quedaba debajo de una cama, otras en un rincón estratégico; pero la mayoría de las veces la localizábamos arriba del ropero.

El detalle, en sí, sólo nos interesaba a las dos mayores; las demás eran tan pequeñas que no se preocupaban.

A mí en lo personal, pasada la primera sorpresa, me pareció su compañía una cosa muy divertida; pero mi pobre hermana Carmelita vivió

LEC. COMP. bajo el terror de su existencia. Nunca entró sola a la pieza y estoy segura de que fue esto lo que la sostuvo tan amarilla, pues aunque solamente la vio una vez, me asegura que la perseguía por toda la casa.

Mariquita nació primero; era nuestra hermana mayor. Yo la conocí cuando ya llevaba diez años en el agua y me dio mucho trabajo averiguar su historia.

Su pasado es corto, pero muy triste. Llegó una mañana, baja de temperatura y antes de tiempo. Como nadie la esperaba, la cuna estaba fría y hubo que calentarla con botellas ardiendo; trajeron mantas y cuidaron que la pieza estuviera bien cerrada. Llegó la que iba a ser madrina en el bautizo y la vio cual una almendra descolorida, como el tul de sus almohadas. La sintió tan desvalida en aquel cañón de vidrios, que sólo por ternura se la escondió en los brazos. Le pronosticó tendría unos rizos rubios y ojos más azules que los suyos. Sólo que la niña era tan sensible y delicada que empezó a morirse.

GUADALUPE DUEÑAS
Historia de Mariquita

6   37   1. había   8. horrorizaba
         2. corrió   9. era
         3. buscó   10. tenía
         4. pensó   11. regocijaba
         5. habían ido   12. daba
         6. refrenó   13. había llegado
         7. estaba

6   38   1. Nos impidieron viajar el año pasado, el costo de la vida, el problema de mi hijo y mi propia enfermedad.
         2. Aceleraron su muerte el alcohol, la vida desordenada y su afición por el juego.
         3. Los responsables de muchos errores lingüísticos son, en ocasiones, la televisión, el radio y las malas publicaciones.
         4. Al niño le gustaron mucho la piñata, la fiesta y el pastel.

6   39   A. fumar (sust)   B. subrayadas (adj)
             hablar (sust)   visitado (vb)
             saber (vb)   recibido (vb)

         C. gritando (adv)
             visitando (vb)
             comprendido (vb)

6   40   1. haciendo groserías, actuando de mala manera, etc.
         2. burlándose y riéndose

LEC. COMP. 3. gritando
          4. sonriendo
          5. prometiendo volver

6   41   1. que es tan guapa
         2. al darse cuenta de su error
         3. al reconocer la situación
         4. que contenía fruta
         5. que considera estas posibilidades
         6. al oír el ruido
         7. que son tan traviesos
         8. Al conocer la situación

6   42   1. (cond.) Si me lo pides tú
         2. (caus.) Porque saben que eres tan educado
         3. (caus.) Porque pensamos que no tienen tiempo
         4. (cond.) Si consideramos estas pruebas
         5. (caus.) Porque llueve así
         6. (cond.) Si sabes todo esto
         7. (cond.) Si piensan así
         8. (caus.) porque sé lo que sé

6   43   Córdoba, en el verano, se puebla de insectos voladores. La noche se
llena de minúsculos monstruos y las habitaciones de sombras movibles.
Tratan de atravesar los vidrios de las ventanas o el cristal de las lámparas,
intentan arder inútilmente en la incandescencia mortecina de los focos, se
les oye golpear y golpear, desesperados, cada cual como un fénix sin hoguera. Por la mañana las fuerzas se les acaban, también la vida: caen
marchitos entonces, dando débiles aletazos de un lado a otro de los burós,
llueven en los manteles, dejan un polvillo sutil y repugnante sobre el pan o
naufragan entre la leche próxima a los labios (y entonces, un grito y un vaso roto pueden ser pompas fúnebres).
   Carlos no supo nunca si le desagradaban más esos monstruos enormes, negros, de la caparazón y el cuerno único, o las grandes mariposas
del nombre prostituido, las falenas de color sucio y caras de mal agüero.
   Infalible, la palomita (eso era esta vez) cayó en su vaso. Nerviosamente
lo hizo a un lado; la tía Rocío le trajo otro sin decir nada y apartó aquél para
la gata. Carlos dijo «gracias, tía» con los labios, para no interrumpir al
padre, que desgranaba una lección interminable sobre el cuidado de los
animales.
   Carlos no había bañado al chivo, a Carlos se le había olvidado darle de
comer al chivo, Carlos no lo había amarrado bien y el chivo entonces se
había tragado un camisón de dormir muy fino, que la vecina había traído
de los Estados Unidos.
   —Era náilon, lleno de encajes —acotó suspirando Rocío.
   —Porque si no lo amarras y no lo cuidas, ya sabes: barbacoa.

LEC. COMP.   —Cuando lo vi todavía le colgaba de la boca una tirita. Ya ni se la quité, me dio miedo que me mordiera. —Rocío y sus miedos.

Si cuando menos no hiciera tanto calor. Desde esa hora, empezar a sudar.

—No van a valerte lágrimas ni ruegos. Quiero ver blanco a ese animal, ¡y bien amarrado! O si no, ya sabes, con mucho gusto nos lo comeremos todos, y a ti voy a obligarte a que te comas un pedazo.

E. CARBALLIDO
Los huéspedes

7   44   1. **(las flores)** Lupe **las** puso sobre la mesa del comedor.
        2. **(un amigo americano)** **Lo** necesito para practicar mi inglés.
        3. **(la verdad)** Siempre **la** digo en mi casa.
        4. **(los problemas laborales)** El abogado **los** entiende.
        5. **(un diccionario de sinónimos)** **Lo** voy a conseguir.
        6. **(Las páginas correspondientes a este asunto)** No **las** encuentro.
        7. **(Mi perrita)** En ocasiones **la** traigo a jugar aquí.
        8. **(los libros)** No me **los** llevo ahorita porque no voy a mi casa.

7   45   1. le   6. la
        2. les   7. le
        3. los   8. la
        4. las   9. lo
        5. le   10. Les

7   46   1. Le voy a dar un regalo.
        2. Les presté el libro a tus amigos.
        3. Conocí a Luis ayer.
        4. No les traje nada a ustedes.
        5. Les compró un regalo a los niños.
        6. Les pedí a ellos el favor.
        7. Me gusta cuando le veo esa ropa.
        8. Luis le dijo que la quería.
        9. Ya le pagamos la deuda.
        10. No los (las) vimos pasar.
        11. Les contó un cuento a los niños.
        12. Yo no les pedí el favor a ellos.
        13. Lo (la) respeto y lo (la) admiro.
        14. Lo (la) llamé ayer por teléfono.
        15. Le pedimos las cartas al cartero.

7   47   1. les   6. les
        2. la   7. les
        3. les   8. les
        4. lo (la), lo (la)   9. las
        5. le   10. los (las)

LEC. COMP.

7   48   1. No se la pedí.   6. No se lo comenté.
          2. ¿Se la dijiste?   7. Se la conté.
          3. Se la recomendé.   8. No se la traje.
          4. Se la di.   9. Se lo dieron.
          5. Se lo pedí.   10. ¿Se la compraste?

7   49   1. Pensamos que eres un buen maestro.
          2. Por eso firmó el documento el licenciado.
              Por eso el licenciado firmó el documento.
          3. Hay que lavar las toallas hoy.
          4. Tenemos quizá un poco de miedo.
              Quiźa tenemos un poco de miedo.
          5. No me acuerdo por esa razón.
              Por esa razón no me acuerdo.
          6. Tenemos que tapar la caja por las moscas.
          7. Dedica su tiempo libre al deporte.
              Dedica al deporte su tiempo libre.
          8. Por eso llamamos al doctor.

7   50   1. rasgos, parecido con
          2. obra de Arte, obra
          3. una palabra, una idea
          4. un secreto
          5. ropa, prendas
          6. producto, quitamanchas
          7. darte un recado, un mensaje
          8. actividad, práctica
          9. un ejemplo, unas palabras
          10. sucesos, acontecimientos
          11. un argumento, una estructura, un personaje
          12. aportación
          13. una molestia, un fastidio
          14. vicio, mal hábito
          15. la alegría
          16. asunto, litigio, caso
          17. una ociosidad, una pérdida de tiempo
          18. estudios, pruebas, requisitos
          19. puntos, aspectos, debilidades
          20. una cobardía

7   51   A. 1. miente   4. anunciaron
              2. detallando   5. informó
              3. nombró a   6. detalló

LEC. COMP.

7	52	B.	1. queda	4. hallarse
	***		2. reside	5. viven, se encuentran
			3. se encuentra	6. existe

7	53	C.	1. practican	4. construyeron
	***		2. realiza	5. producen
			3. elaboran	6. efectuó

7	54	D.	1. acomodar	4. recargar, apoyar
	***		2. depositar	5. coloca
			3. instalar	6. ordenamos

7	55	E.	1. le pertenece a	4. le corresponde a
	***		2. representa	5. significa
			3. constituye	6. sirve

7	56	F.	1. actuó muy bien	4. mide
	***		2. padece	5. sufro
			3. ocupas	6. conservar, mantener

7	57	G.	1. revisar, conseguir	4. notó
	***		2. admirar	5. examine
			3. Advierte	6. vigila

7	58	H.	1. existe	4. efectuarse
	***		2. guardan	5. sucedió
			3. se ve, manifiesta	6. se ve

7	59		1. tuviéramos	5. comprara
	***		2. pudiera	6. hubiera molestado
			3. hubiera tenido	7. llegáramos
			4. supiera	8. dieran

LEC. COMP.
7   60   No cabe duda de que los seres humanos somos diferentes de los demás animales, entre otras causas menos evidentes, por el lenguaje. Sólo el hombre tiene la capacidad de comunicarse con sus semejantes haciendo uso y poniendo en práctica un sistema de signos doblemente articulado, como en su momento explicó certeramente André Martinet. La primera articulación nos permite, con un número finito de signos orales construir una ilimitada cantidad de enunciados. Gracias a la segunda articulación, con sólo unos pocos sonidos o fonemas, formamos un gran número de palabras, es decir todos los signos orales que requerimos.

Por tanto, estudiar el lenguaje humano es interiorizarse en lo más profundo del hombre. Si la curiosidad científica nos lleva a conocer, por ejemplo, nuestro cuerpo cada vez con mayor detalle y perfección y los médicos pueden así prevenir sus males y remediarlos, debemos igualmente interesarnos en el lenguaje, pues cuanto más lo conozcamos, mejor conoceremos al hombre en lo que le es privativo y esencial.

Asimismo puede pensarse que lo que mejor identifica a los grupos humanos es su lengua. Si el lenguaje humano es uno solo, como capacidad de intercomunicación simbólica, tantas lenguas hay cuantos grupos humanos culturalmente diferenciados existen. Conocer nuestra lengua es entonces conocernos como pueblo, como nación, entendida ésta como el conjunto de personas que tienen un mismo origen étnico, que tienen una tradición común y que, evidentemente, hablan un mismo idioma.

JOSÉ G. MORENO DE ALBA
Minucias del lenguaje

8   61   1. **La niña** salió a la calle.
2. Un **hombre gordo** y mal encarado se le acercó sospechosamente.
3. (**el hombre gordo**) Le pidió un dulce.
4. **La niña** lo miró sorprendida.
5. (**la niña**) No dijo nada.
6. (**la niña**) No pronunció una sola palabra.
7. (**la niña**) Se quedó muda de miedo y de sorpresa.
8. (**la niña**) Corrió nuevamente hacia su casa.
9. (**la niña**) Llegó a la puerta.
10. (**la niña**) No aguantó la curiosidad.
11. (**la niña**) Volteó a ver al hombre gordo.
12. (**el hombre gordo**) Ahí estaba todavía parado, con cara de infinita tristeza.
13. **La niña** se quedó inmóvil, con la mirada perdida.
14. **El hombre** se acercó nuevamente a ella.
15. (**la niña**) Se puso un poco pálida.
16. Le corrieron por la cara **dos gruesas lágrimas**.

LEC. COMP. 17. **El señor** la miraba.
18. **La niña** abrió la boca.
19. No pronunció **una sola palabra**.
20. **El señor** se alejó lentamente.
21. **Su cara** estaba llena de dolor y desconcierto.
22. **La niña** corrió hacia el señor.
23. **(yo)** No tengo dulces.
24. **(la niña)** le dijo.

8   62   1. todos   6. La muchedumbre
          2. María Luisa   7. Los perros
          3. Los alumnos   8. El doctor y la enfermera
          4. Jorge y Carlos   9. La mayoría
          5. Muchos de ustedes   10. Ella y yo

8   63   1. indefinido   7. expresado por el contexto
          2. simple   8. tácito
          3. tácito   9. compuesto
          4. compuesto   10. indefinido
          5. indefinido   11. expresado por el contexto
          6. simple   12. indefinido

8   64   1. Me gusta mucho
          2. vino con sus primas ayer
          3. A ellos no les interesó
          4. son parte integral de tu formación
          5. Ya cerca de las nueve llegaron
          6. Anoche no se querían dormir
          7. A veces llueve mucho por aquí
          8. Va a haber tumultos en el futbol
          9. Nos interesa
          10. Hicieron una reunión

       NOTA: Las comprobaciones 65, 66 y 67 son simplemente una posible ver-
             sión de la redacción del texto. Puede haber otras versiones igual-
             mente aceptables y correctas. Debemos recordar que la redacción
             está relacionada con el estilo de cada persona.

8   65   Antes de principiar el juego el estadio, que tiene capacidad para 63 mil es-
    ***   pectadores, estaba repleto. De pronto, miles de británicos, que estaban
          en estado de embriaguez, atacaron a los aficionados italianos, valiéndose
          de (con) garrotes, bombas y otros objetos. Provocaron además varios in-
          cendios y obligaron a los aterrados aficionados a replegarse hasta un muro
          en donde no había escapatoria posible, según aseguró el jefe de bombe-
          ros. Agregó el funcionario: el muro cedió a la presión y se derrumbó.

LEC. COMP.   Cayeron sobre la multitud piedras, trozos de hormigón y botellas pero la
policía no intervino. Por su parte, la policía antimotines se lanzó con bastones, perros y caballos contra el público que había invadido la cancha y
se golpeaba. Tardaron una hora en dejarla en condiciones para jugar.

A pesar de las numerosas protestas, el partido se llevó a cabo con el fin
de evitar peores disturbios.

Los sucesos han causado gran consternación ya que (puesto que) son
una muestra de la violencia que hay en el mundo, que llega incluso al ámbito deportivo y (donde) causa tragedias absurdas.

8   66   Roberto, que había esperado ansiosamente ese día, se arregló con esme-
*** ro. Llegaba Marisa después de haber pasado varios años en el extranjero.
¿Sería la misma? ¿Lo amaría como siempre?

Llegó al aeropuerto con casi una hora de anticipación. Preguntó en el
mostrador si el avión venía a tiempo. Sí, a tiempo, le contestaron. Se paseó nervioso por el ancho corredor: vio las tiendas de curiosidades, compró unos cigarros, tomó un trago. Sin embargo, parecía que el tiempo no
pasaba nunca.

Finalmente el altavoz anunció el vuelo que, por cierto, llegaba doce minutos retrasado. Se acercó a la puerta por donde salen los pasajeros y se
dedicó a mirar a cada uno con ansiedad. Un poco después apareció Marisa. La vio, encontró su mirada, reconoció su sonrisa de siempre y supo entonces que era la misma mujer por quien tanto tiempo había esperado.

8   67   Los niños jugaban en el patio de atrás de la casa de Pepe, cerca de la casa
*** de la vieja que estaba irritada y molesta porque los chiquillos hacían demasiado ruido y le impedían dormir. Además, era una pobre mujer solitaria y
amargada.

De pronto, tuvo una maligna idea. Salió sigilosamente, sin ruido, y se
dirigió a la casita donde, apacible y amodorrado, estaba "Júpiter", feroz y
nervioso animal.

La vieja lo soltó y lo azuzó contra los niños que aterrados lo veían llegar
mientras cada uno corría a ponerse a salvo donde podía: en los árboles,
arriba de la barda, en la casa de Pepe. . . "Júpiter", más nervioso por el
alboroto de los niños, alcanzó un brazo de Pepe que se puso a gritar por el
dolor y por el miedo.

Salió don Jorge, el padre de Pepe, y logró desprender al niño del animal
mientras profería insultos y amenazas contra la vieja, que se reía y se
burlaba.

El hombre entró a su casa y mientras la madre cuidaba al niño, don Jorge llamó a la policía y expuso el asunto. No es la primera vez que sucede,
aseguró.

Un rato después se oyeron las sirenas de la policía. Se presentaron en
casa de la vieja y mientras uno de ellos le entregaba un citatorio, otro
amarraba al animal para llevárselo. ¡Nunca más causaría problemas con el
perro! ¡Pobre "Júpiter"! Porque aunque él no era el responsable, iba a recibir el castigo.

LEC. COMP.

8   68   Hubo un tiempo en que tuve muchas ilusiones. Sé que no hay nada extraño en eso y que todos las tenemos. Pero yo se las quitaba a otros y las
coleccionaba. Iba por la vida con aire distraído y de repente pasaba un
hombre cuya ilusión me gustaba. Entonces, cerraba los ojos muy fuerte y
un sueño ajeno, lentamente, se apoderaba de mí.

¿Cómo reconocía a mis víctimas?: por cierta expresión en la mirada que
los identifica. Hay, en cambio, quienes no tienen ni brillos ni sombras en la
cara. A ellos, jamás pude robarles nada.

Tuve ilusiones de toda clase, aunque al principio mis preferencias fueron masculinas. Por eso, despojé a algunos hombres y cargué con sus
sueños de poder. No fue tan desagradable: fui sabio y militar sucesivamente, tuve medallas y estatuas; en aquellas ocasiones subí al cielo como
un cometa y luego, sobre el piso de la realidad, me estrellé en mil pedazos.
Pero también robé ilusiones desesperadas. Como a aquel hombre que
quería ser poeta. Anduve por rincones sórdidos y paisajes "exaltantes"
buscando una copla que me reconfortara, y fue en una canaleta donde me
despojé de ese sueño de eternidad. Entonces fui tras un anciano que pasaba y le quité la esperanza de tener veinte años. Fue una época feliz: creí
que tendría todo el tiempo para vivir mi vida.

Poco a poco tuve curiosidad por conocer las ilusiones femeninas y por
eso me apoderé de la de una linda rubia. Durante algún tiempo soñé con
ser la señora de alguien y construí mi casa con la ilusión de esa mujer, pero
otra que pasó me la destruyó con su bohemia. Amé a un hombre desconocido y vino una chica joven y soberbia que con su ilusión desamorada, me
lo hizo recuerdo y olvido.

Ahora pienso que despojé a hombres y mujeres de sus esperanzas porque no podía tolerar que se quebrantaran las mías. Era más fácil tener y
perder la de los otros.

Hasta que llegó ella. La distinguí a lo lejos, con su cara iluminada. Pensé que era la mujer más bonita que había visto en mi vida y que seguramente tanta belleza se debía a su ilusión. Me preparé para quitársela y
cuando ella estuvo cerca, muy cerca, le noté la mirada tan tranquila, tan
indolora que de repente entendí. Pero ya era demasiado tarde. La vi alejarse y me pareció oírla cantar. Simulaba tanta alegría y yo ahí, en medio de
la calle, quedé con su ilusión de muerte hecha un nudo en las entrañas.

FLAMA OCAMPO
El ladrón de ilusiones

9   69   1. Mis   primos   regresaron   ayer.
             MOD   NC   NC   MOD

2. La   casa   blanca   está   allá.
   MOD NC   MOD   NC   MOD

3. Luisa   y   Pepe   no   vienen   hoy.
   NC   NX   NC   MOD   NC   MOD

4. Rosa   canta   muy   bien.
   NC   NC   MOD   MOD

LEC. COMP.
5. Esa pluma nueva no sirve.
   MOD NC   MOD MOD NC

6. Nunca terminamos temprano.
   MOD   NC   MOD

7. El perro ladra mucho.
  MOD NC   NC   MOD

8. El papel y el lápiz están aquí.
  MOD NC NX MOD NC   NC   MOD

9. El gato y el perro molestan.
  MOD NC NX MOD NC   NC

10. Hoy no viene el doctor.
   MOD MOD NC MOD   NC

9 70
1. Ese libro de historia
  mod.   ↓
  inmed. núcleo   mod. med.

2. Las palabras que pronunciaste
  mod.   ↓
  inmed. núcleo   mod. med.

3. El café con leche
  mod.   ↓
  inmed.núcleo mod. med.

4. El lugar donde viven
  mod.   ↓
  inmed.núcleo   mod. med.

5. El libro que te ofrecí
  mod.   ↓
  inmed. núcleo   mod. med.

6. Los ojos de ese niño
  mod.   ↓
  inmed. núcleo   mod. med.

7. La pluma que me prestaste
  mod.   ↓
  inmed. núcleo   mod. med.

8. Mis zapatos nuevos
  mod.   ↓
  inmed. núcleo   mod. med.

9. los vasos de vidrio
  mod.   ↓
  inmed. núcleo   mod. med.

10. La casa donde fue la fiesta
  mod.   ↓
  inmed. núcleo   mod. med.

9 71
1. no hay equivalente
2. rabioso
3. no hay equivalente
4. ausente

LEC. COMP. 5. enferma
            6. no hay equivalente
            7. tan gritona, gritona
            8. no hay equivalente
            9. no hay equivalente
           10. verde

9   72   1. El maestro López, que tuvo un accidente, está en el hospital donde es-
            tuve yo.
         2. Vivía en Puebla en aquella época, cuando todavía no conocía a ese
            muchacho que resultó ser primo de Teresa.
         3. Verónica está triste porque van a demoler la casa donde ella nació,
            que perteneció a sus abuelos.
         4. Paty, que vive en el edificio donde ocurrió la tragedia, está muy impre-
            sionada.
         5. Los libros, que son sumamente interesantes, me los prestó Juan
            quien (que) sabe mucho de historia y literatura.
         6. Las mujeres que nos avisaron son vecinas de Gonzalo, quien está bas-
            tante alterado por la noticia.
         7. Ese hombre, cuya hija murió en el accidente, no ha pronunciado una
            sola palabra que pueda aclarar la situación.
         8. Conocí a su hijo, que es muy agradable, en aquellos años cuando es-
            tudiábamos en París.
         9. El concierto, que por cierto estuvo maravilloso, fue en el jardín donde
            frecuentemente hay actos culturales.
        10. La actriz que estaba muy nerviosa se peleó con Héctor quien (que)
            había venido desde Guadalajara sólo a verla.
        11. El hijo del jardinero que ha trabajado aquí varios años ganó una beca
            para ir a Italia donde va a estudiar música.
        12. Voy a llevar el radio que no sirve a la tienda donde lo compramos la se-
            mana pasada.

9   73   1. Aumenta la ceguera en el Tercer Mundo
         2. Usarán agua de mar para generar energía
         3. La lucha contra el sarampión
         4. Murió el actor español Alfredo Mayo
         5. El dinosaurio más viejo del mundo
         6. China ya no regalará más pandas

9   74   Mis primeros recuerdos emergen de una sensación acariciante y melo-
         diosa. Era yo un retozo en el regazo materno. Sentíame prolongación
         física, porción apenas seccionada de una presencia tibia y protectora, casi
         divina. La voz entrañable de mi madre orientaba mis pensamientos, de-
         terminaba mis impulsos. Se diría que un cordón umbilical invisible y de
         carácter volitivo me ataba a ella y perduraba muchos años después de la
         ruptura del lazo fisiológico. Sin voluntad segura, invariablemente volvía al

LEC. COMP. refugio de la zona amparada por sus brazos. Rememoro con efusiva complacencia, aquel mundo provisional del complejo madre-hijo. Una misma
sensibilidad con cinco sentidos expertos y cinco sentidos nuevos y ávidos,
penetrando juntos en el misterio renovado cada día.

En seguida, imágenes precursoras de las ideas inician un desfile confuso. Visión de llanuras elementales, casas blancas, humildes; las estampas
de un libro; y así se van integrando las piezas de la estructura en que lentamente plasmamos. Brota el relato de los labios maternos, y apenas nos
interesa y más bien nos atemoriza descubrir algo más que la dichosa convivencia hogareña. Por circunstancias especiales, el relato solía tomar
aspectos temerosos. La vida no era estarse tranquilos al lado de la madre
benéfica. Podía ocurrir que los niños perdiesen pasando a manos de gentes crueles. Una de las estampas de la Historia Sagrada representaba al
pequeño Moisés abandonado en su cesta de mimbre entre las cañas de la
vega del Nilo. Asomaba una esclava atraída por el lloro para entregarlo a
la hija del Faraón. Insistía mi madre en la aventura del niño extraviado,
porque vivíamos en el Sásabe, menos que una aldea, un puerto en el desierto de Sonora, en los límites con Arizona. Estábamos en el año 85,
quizás 86, del pasado siglo.

JOSÉ VASCONCELOS
El comienzo

10 75   1. desde que la llamaron por teléfono. (T)
2. a donde le dijimos. (L)
3. como si no tuvieras ninguna prisa. (M)
4. Siempre que sea posible. (T)
5. por donde vivo yo. (L)
6. mientras llega Juan. (T)
7. del mismo modo que lo hacía mi abuela. (M)
8. como me lo indicó el maestro. (M)
9. en donde te dije. (L)

10 76   1. Lo atenderé como si tratara de mi propio hijo. (M)
2. Esa actriz no vive en donde dicen los periódicos. (L)
3. Lo leerá cuando tenga tiempo. (T)
4. ¿Fuiste adonde te recomendé? (L)
5. Cuidaremos tu libro lo mismo que si fuera nuestro. (M)
6. Revisaré tu trabajo siempre que no me quite demasiado tiempo. (T)
7. El libro no está en donde me dijiste. (L)
8. Hazlo del mismo modo que hiciste el trabajo anterior. (M)

10 77   1. menos de lo que se esperaba.   COMP (INF)
2. Tanto insistieron   CONSEC
3. tan seriamente como usted.   COMP. (IGUAL)
4. de tal modo que no pueden ni hablar. CONSEC

LEC. COMP. 5. mucho mejor que Arturo.   COMP (sup)
            6. más de lo que confiesa.   COMP (sup)
            7. tanto como no te imaginas.   CONSEC
            8. de modo que lo pudieras entender.   CONSEC

10 78 1. Hablaron tanto que se quedaron sin voz. CONSEC
        2. Trabajan mucho mejor de lo que me habías dicho. COMP (sup)
        3. Ha trabajado tanto que está un poco enfermo. CONSEC
        4. Leo menos de lo que quisiera. COMP (inf)
        5. Se ha resuelto de modo que sea justo para todos. CONSEC
        6. Es tan interesante que no puedes abandonarlo. COMP (igual)
        7. Haz la composición de modo que resulte clara. CONSEC
        8. Conseguí menos de lo que necesito. COMP (inf)

10 79 1. porque están enfermos (causal)
        2. Siempre que pueda (condicional)
        3. aunque no lo merecen (concesiva)
        4. Puesto que no dices la verdad (causal)
        5. para que todos lo supieran (final)
        6. con tal que lo devuelvas a tiempo (condicional)
        7. por más que se diga lo contrario (concesiva)
        8. Ya que estás aquí (causal)

10 80 1. Hice la ensalada como Carlos me dijo.
           Como Carlos me dijo, hice la ensalada.
        2. Nos visitamos mucho desde 1980.
           Desde 1980, nos visitamos mucho.
        3. Busqué el libro en donde me dijo el maestro.
           En donde me dijo el maestro, busqué el libro.
        4. Lo quiero tanto como a Felipe.
           Tanto como a Felipe, lo quiero.
        5. Necesitan el libro menos que el diccionario.
           Menos que el diccionario, necesitan el libro.
        6. Llovió tanto que se inundó la escuela.
           Se inundó la escuela de tanto que llovió.
        7. Veremos esa película siempre que tú digas que es buena.
           Siempre que tú digas que es buena, veremos esa película.
        8. No pienso salir hoy por más que ellos me insistan.
           Por más que ellos me insistan, no pienso salir hoy.
        9. Dijo todo eso a fin de que tú te molestaras.
           A fin de que tú te molestaras, dijo todo eso.
       10. Va a sacar al bebé puesto que ya salió el sol.
           Puesto que ya salió el sol, va a sacar al bebé.

LEC. COMP.

	OR. PRINCIPAL	ADJETIVA	ADVERBIAL
10 81 A. 1.	Margarita, la hija de Luisa, va a publicar un libro	quien por cierto vive en Barcelona	donde tiene un departamento agradable.
2.	Ella vive ahí desde hace ya dos años		porque ganó una beca en la universidad
3.	La beca le permite vivir en Barcelona	que ganó en un concurso muy reñido	aunque con economía
		que es, sin duda, una de las ciudades más bellas de España	
4.	Margarita va a estar allá dos años más		a menos que pierda la beca
			aunque parece bastante improbable
			ya que es una persona
		cuyo principal interés es el estudio y la investigación	
10 82 B. 1.	No estaría tan disgustado		si no hubiera gastado en eso todos mis ahorros
2.	Estuve ahorrando dinero	que gano con bastante esfuerzo	para dar el primer pago de un coche
3.	fui a la agencia	que me recomendó Carlos	Cuando por fin pude hacerlo
4.	Vi un cochecito	que parecía en buenas condiciones	
5.	Lo compré		porque realmente era lo ideal para mí
6.	Fui a casa de Carlos		para que lo viera
7.	Tomamos una copa		
8.	Brindamos por mi primer coche	que había deseado	desde que era una chiquilla

LEC. COMP.	OR. PRINCIPAL	ADJETIVA	ADVERBIAL
	9. Salimos a la calle		
	10. ¡el coche no estaba!		
	11. No lo pudimos encontrar		por más que lo buscamos
	12. Me disgusté		tanto que hasta me enfermé
10 83	C. 1. La señora López se rompió una pierna	que estaban en la parte de arriba de un clóset	cuando intentaba bajar unas maletas
	2. Muchas veces sus hijos habían temido un accidente	que tiene más de noventa años	puesto que la señora es una anciana
	3. Ella tiene muchas energías		aunque es muy vieja
	4. Está muy sana y bien		porque es muy activa
	5. Esa es la opinión de los médicos		
	6. Ella hace los quehaceres de su casa		siempre que puede
	7. lee varios periódicos		
	8. Se mantiene informada		tanto como le es posible
	9. La señora López es admirable		

10 84   Para distinguir los libros, hace tiempo que tengo en uso una clasificación que responde a las emociones que me causan. Los divido en libros que leo sentado y libros que leo de pie. Los primeros pueden ser amenos, instructivos, bellos, ilustres, o simplemente necios y aburridos; pero, en todo caso, incapaces de arrancarnos de la actitud normal. En cambio los hay que, apenas comenzados, nos hacen levantar, como si de tierra sacasen

LEC. COMP. una fuerza que nos empuja los talones y nos obliga a esforzarnos como para subir. En éstos no leemos: declamamos, alzamos el ademán y la figura, sufrimos una verdadera transfiguración. Ejemplos de este género son: la tragedia griega, Platón, la filosofía indostánica, los Evangelios, Dante, Espinosa, Kant, Schopenhauer, la música de Beethoven, y otros, si más modestos, no menos raros.

Al género apacible de lo que se lee sin sobresalto pertenecen todos los demás, innumerables, donde hallamos enseñanza, deleite, gracia, pero no el palpitar de conciencia que nos levanta como si sintiésemos revelado un nuevo aspecto de la creación; un nuevo aspecto que nos incita a movernos para llegar a contemplarlo entero.

Por lo demás, escribir libros es un triste consuelo de la no adaptación a la vida. Pensar es la más intensa y fecunda función de la vida; pero bajar del pensamiento a la tarea dudosa de escribirlo mengua el orgullo y denota insuficiencia espiritual, denota desconfianza de que la idea no viva si no se la apunta; vanidad de autor y un poco de fraternal solicitud de caminante que, para beneficio de futuros viajeros, marca en el árido camino los puntos donde se ha encontrado el agua ideal, indispensable para proseguir la ruta. Un libro, como un viaje, se comienza con inquietud y se termina con melancolía.

JOSE VASCONCELOS
Libros que leo sentado
y libros que leo de pie

11 85 1. Los que llegaron temprano   (S)
2. lo que te presté   (OD)
3. lo que dijo   (S)
4. para quienes perdieron todo   (OI)
5. a quien quieras   (OD)
6. Quienes escribieron esto   (S)
7. a quien sí sabe   (OI)
8. lo que te comentó el maestro   (OD)
9. para los que quieran   (OI)
10. Lo que tú sabes   (S)
11. a quienes deben saberla   (OI)
12. a quien tú sabes   (OD)

11 86
1. (OI)   6. (OD)
2. (OD)   7. (OI)
3. (S)   8. (OD)
4. (OI)   9. (S)
5. (S)   10. (OD)

LEC. COMP.

11   87   NUEVA VACUNA EN EU CONTRA EL HERPES

Investigadores estadounidenses han desarrollado una nueva vacuna, en fase experimental todavía, para eliminar el herpes facial y combatir el genital, en lo que se considera uno de los mayores logros en este campo. Los primeros estudios muestran que la nueva vacuna ataca las células nerviosas que provocan el herpes facial más común, y puede ser usada en el tipo de herpes genital, que sólo en Estados Unidos afecta entre cinco y 20 millones de personas. Existen posibilidades de que la vacuna sirva para proteger contra los dos tipos de herpes conocidos.

11   88   DIEZ MILLONES DE ALCOHÓLICOS EN EU

Prevalece la creciente preocupación en Estados Unidos por el abuso de alcohol, que ha causado una serie de problemas sociales, incluyendo una pérdida humana anual de más de 20 mil choferes borrachos y sus víctimas inocentes. Hay ahora en el país diez millones de alcohólicos, que incluyen tres millones 300 mil menores de 18 años de edad. Un estudio realizado por el Departamento de Agricultura en noviembre pasado, demuestra que los estadounidenses consumen un promedio de 133 galones de bebidas anuales, de las cuales el 21.4 por ciento son alcohólicas. Esto significa que cada persona consume 28.4 galones de cerveza, vino y licor al año, por comparación a 27 galones de leche.

11   89   LÁSER CONTRA EL REUMATISMO EN JAPÓN

Dos equipos médicos japoneses han conseguido un importante éxito en el tratamiento del reumatismo mediante la utilización de rayos láser. El grupo del hospital de Kanagawa, cercano a la capital japonesa, dirigido por el profesor Junichi Obata, proyectó rayos láser en unos 40 pacientes reumáticos de una a tres veces por semana durante un tiempo de 15 a 60 segundos. En un mes se logró disminuir el dolor en todos ellos y eliminarlo por completo en el 60 por ciento de los casos. Por su parte, el equipo médico del hospital Hanamaki en la provincia de Iwate, utilizó un rayo láser de helio en el tratamiento de 50 pacientes, de diez a 20 minutos cada dos días unas 20 veces, eliminando totalmente los dolores de 14 pacientes y reduciéndolos en los 36 restantes.

11   90   BAJA EL CRECIMIENTO DE POBLACIÓN MUNDIAL

El índice de crecimiento de la población mundial se va debilitando, pero no puede predecirse cuándo dejará de aumentar la población del mundo, según el nuevo informe bianual publicado por la Secretaría General de la ONU. El informe pronostica que a finales de este siglo habrá casi 6 mil 100 millones de seres humanos, mil 500 millones más que actualmente. El índice de crecimiento de la población mundial era en los años sesenta del 2

LEC. COMP. por ciento, y ahora es aproximadamente de 1.65 por ciento, aunque hay diferencias regionales: en los últimos cinco años, el crecimiento de la población de África fue de tres por ciento, en el oeste de Asia de 2.9 por ciento, mientras que en China se redujo en los últimos años el índice de crecimiento a la mitad y fue, en 1983, del 1.15 por ciento. Actualmente la población mundial aumenta cada año en 79 millones de personas.

11   91   CAPTURAN TIBURÓN DE GROENLANDIA EN CUBA

Un ejemplar de tiburón de Groenlandia, una especie cuyo hábitat es el océano glaciar ártico, fue capturado en aguas de la plataforma cubana, en una zona muy cercana a La Habana. La captura ocurrió a mil metros de profundidad, con el sistema de palangre de fondo que se utiliza para las operaciones de pesca entre 500 y mil metros. Hasta ahora los especialistas cubanos han identificado 43 especies de la fauna de escualos del archipiélago. De éstas cuatro son nuevas familias de tiburones y otra es conocida en el Mar Mediterráneo y las Islas Canarias. Los escualos hallados en Cuba pueden dividirse en tres grupos: de plataforma, oceánicos y de aguas profundas. De los primeros existen diez especies, de las cuales siete son menores de metro y medio y el resto mayores. Se caracterizan por su actividad alejada de las costas. En cuanto a las trece especies oceánicas —casi todas migratorias, más eficientes en velocidad y todas mayores de metro y medio de largo, hasta los seis metros— se dice que son las posibles atacantes de buzos, aunque en la mayoría de las ocasiones el hombre puede evitar la confrontación. Al tercer grupo, los tiburones de las aguas profundas, pertenecen 18 especies; de ellas doce menores de metro y medio de largo.

11   92   Perfectas. Exactas y perfectas. Mmm. . . Sí. Pálido oriente, pequeñas lunas caídas. El engarce es maravilloso, una pequeña obra de arte. Esta noche seré otra. Después de la Opera, en el souper de Delphine, podré comprobar la sorpresa de todos. Lo disfruto de antemano. El gesto asombrado de Simone, disimulado rápidamente con una pregunta banal. La mirada admirativa de Roger cuando me bese la mano. . . (Roger. Cuando éramos jóvenes la gente hablaba de nosotros. Hay que ser joven para dar motivo a ciertas charlas). Sí, esta noche seré otra y me reiré de las otras, de los cuchicheos de las otras. Envidiosas, siempre envidiosas. Criticarán. Dirán seguramente que quiero recuperar un tiempo perdido para siempre. Y yo sonreiré, segura de mí misma, segura de que mi encanto no tiene edad. Parece mentira, pero las perlas. . . Un pequeño detalle basta para que una mujer se sienta hermosa. Y en verdad: es un aderezo incomprable. Parejo, todo del mismo brillo, hecho con auténtico amor. Podré sonreír para asombrar a todos, sonreír como antes, sonreír abiertamente. Sonreír. ¡Siempre digo que monsieur Giraud debió haber sido joyero! ¿Por qué se habrá hecho dentista?
Y Madame la Comtesse se coloca los dientes postizos.

EDUARDO GUDIÑO KIEFFER
Las perlas de madame La Comtesse

LEC. COMP. ¿Aló? ¿Es Bagatelle 43-35? Quisiera hablar con Monsieur Gilb. . . ¡Ah, mi querido Gilbert, es usted! ¿Cómo que quién habla? Madame la Comtesse, por supuesto. Sí, yo, Gilbert, yo. . . ¡Atormentada, trastornada! Por eso lo llamo. No se imagina la tranquilidad que me produce encontrarlo. Sí, sí. . . Siempre lo mismo. No pude dormir, eso. ¡El ruido, el ruido atroz toda la noche! Con mi segundo marido, el príncipe Wu, viajamos para nuestra luna de miel a las Cataratas del Niágara. En mil novecientos treinta y tres. ¿Importa la fecha? Bien, sí, en el treinta y tres. Y le aseguro, Gilbert, que era el mismo ruido, el mismo ruido atroz de aguas desplomándose. ¡Ese ruido que me persigue, Gilbert, como una culpa, como un castigo, como un ángel con espada flamígera, como. . .! ¿Cómo? Sí, sí, toda la noche, toda la noche. . . ¿Usted cree? ¡Ah Gilbert, Gilbert! ¡Qué sería de mí sin su voz para serenarme! ¡Por qué ese ruido me hace tanto daño! No sé qué fantasmas de mi subconsciente, no sé qué pensamientos terribles. . . ¿EH? ¿Que viene usted en seguida? ¡Oh, Gilbert, cómo agradecérselo! Usted es único, único, único. . . ¡El único plomero que acepta venir en domingo para arreglarme el WC!

EDUARDO GUDIÑO KIEFFER
Madame la Comtesse se psicoanaliza por teléfono

12 93 1. Los boletos para el teatro serán conseguidos por Martha Elena.
2. El asunto ha sido comentado varias veces por el licenciado.
3. Las comunidades indígenas fueron visitadas por el Presidente.
4. Los niños son golpeados frecuentemente por esa mujer.
5. La inversión extranjera será promovida por el gobierno.
6. Esa obra será distribuida por todas las librerías.

12 94 1. Se publicó varias veces el libro.
2. Se vacuna regularmente a los niños.
3. Se ha llamado a declarar a los testigos.
4. Se profirieron insultos por ambas partes.
5. Se levantarán las actas correspondientes.
6. Se trasladó al herido al hospital.

12 95 1. No merece la expulsión del club.
2. A los niños les gusta tener el cariño de todos.
3. Prefiere el temor que el desprecio de Luis.
4. Nos interesa la atención personal de ese doctor.
5. Quieren obtener el respeto de los alumnos.
6. No ha logrado la estima de sus compañeros.

12 96 1. por quienes eran responsables
2. por los que estaban allí
3. por los pocos que asistieron

LEC. COMP. 4.   por quienes presenciaron el accidente
5.   por el que resulte responsable
6.   por quien lo desee

12   97   A. Descripción de una marisquería.

B. Descripción de un mango.

12   98   Cuando murió papá, yo tenía la edad de Alicia, del pequeño escribiente florentino, del grumete que llegó a almirante. Entonces los enfermos se morían en casa, rodeados de parientes y amigos inoportunos al llegar, que dejaban, generosos, un poco de su salud desperdigada por la habitación al despedirse. Lo primero que hice cuando mis hermanos me despertaron para decirme que ya, fue sentarme, todavía amodorrado, en la enorme silla giratoria y husmear los cajones del escritorio de papá. Mi hermana mayor me dijo, indignada, cierra ahí. Yo no pretendía robarme, como ella seguramente pensó, los objetos que siempre había codiciado: el desarmador diminuto, los papeles de colores, el lapicero negro, la perforadora de pinza, que hacía un hoyo rombal, como las que usaban los inspectores del camión para marcar los boletos húmedos y arrugados. Yo sólo quería creer, a fuerza de nostalgia —aunque fuera prematura—, que papá estaba muerto en el cuarto de al lado.
Desde que se jubiló, cuando yo no tenía más lecturas que las de mi libro *Poco a poco* y sufría paralelamente el texto de gramática española de Gutiérrez Esquilzen, papá transcurría por los días y los insomnios sentado en su escritorio, inventando artilugios que nunca triunfarían o que ya eran moneda corriente en otras partes y aun en otros tiempos sin que él se hubiera enterado siquiera. A fin de cuentas daba lo mismo porque vivió, al menos los últimos años, para inventar y no para urdir el éxito de sus inventos. La única vez que trató de vender una de sus ocurrencias cayó en franca desgracia. Cabalgaba en el despropósito del tránsito sexenal, como dijo algún ministro, y se vio instado a abandonar el servicio diplomático que a la sazón prestaba en La Habana. Regresó a México, con mamá y mis hermanos cubanos, pendiendo sólo de un *clip:* un broche especial de su invención, tan común hoy en día que no se le echa de ver el ingenio, cuya patente estaba tramitando aquí el mejor de sus amigos.

GONZALO CELORIO
Para la asistencia pública
(primera parte)

13   99   1.   Es necesario que todos los alumnos hagan una exposición sobre el tema **y** redacten un trabajo escrito.
(copulativas)
2.   en la biblioteca no ha sido posible encontrar toda la bibliografía **así que** tendrán que buscar los libros en otra parte.
(continuativas)

LEC. COMP.   3.   los muchachos están muy interesados en estas actividades **pero** no van a poder terminar a tiempo.
(adversativas)

4.   no van a poder terminar a tiempo, **por tanto**, piensan hablar con el maestro sobre el asunto.
(continuativas)

5.   piensan hablar con el maestro sobre el asunto **y** exponerle el problema
(continuativas)

6.   Van a nombrar un representante del grupo, **sin embargo**, todavía no han decidido
(adversativas)

7.   nombrar a Juan **o** votar por María Luisa.
(disyuntivas)

13   100   1. si no   5. si no
2. sino   8. si no
3. si no

13   101   1.   No pueden salir si no terminan su trabajo.
2.   A Luis no le gusta el cine, sino el teatro.
3.   No va a venir si no consigue las medicinas.
4.   No es necesario que grites sino que nos expliques.
5.   No me interesan los antecedentes sino el resultado.
6.   Si no se presentan hoy, puede haber problemas.

13   102   Está mal empleada en las oraciones
2, 3, 4, 5, 6, 7, 9, 10, 11, 13, 14, 15

13   103   Se agrega en las oraciones
1, 4, 5, 8, 9

13   104   Cuando llegaban a La Habana las cartas alusivas, mamá invariablemente musitaba qué raro que tu amigo siempre diga *el* invento y no *tu* invento, y papá invariablemente respondía desconfiado, qué raro que siempre digas *tu* amigo y no *nuestro* amigo. Como era de esperarse, *su* amigo le robó la patente y papá, tras meses de privaciones, pasó de diplomático a inspector fiscal de provincia, y de espantar conversaciones perfumadas en lujosos salones a espantar iguanas que esperaban con ansia el excremento de sus vísceras en campo abierto. No fueron siquiera patentados el semáforo de celuloide que se colocaba al final de la cuartilla y permitía saber cuántos renglones de escritura quedaban al final de la página en la vieja Remington, ni los círculos fosforescentes puestos en los respaldos de las butacas del cine, que delataban, iluminados por el reflejo de la luz de la

pantalla, los asientos desocupados en los maravillosos tiempos de la permanencia voluntaria.

Cuando ya no tenía otra ocupación que la de inventar, papá se procuró una retahíla de comodidades que le consentían quedarse sentado en su escritorio. No existía entonces la pastilla disolvente que puede llevarse a cualquier parte si usted padece agruras. Papá inventó un salero en forma de pluma que, al ser girada, dejaba al descubierto unas perforaciones por donde se vaciaba, sobre un simple vaso de agua, su contenido efervescente, útil para usted que va de aquí para allá y ni manera de andar cargando con el frascote de Picot. Pero papá no salía jamás de casa y su invención no tenía otro objeto que la permanencia en su escritorio cuando lo asaltaban las agruras.

Tanto cuento para decir solamente que soy hijo de papá; que amo los enseres del escritorio —los papeles y los lápices y sobre todo las gomas de borrar— tanto o más que la escritura; que me interesa más la letra que su publicación; que acaso, sin saberlo, escribo lo que ya escribieron otros; en fin, que estar sentado en mi escritorio (aval de mi acidia y mi jubilación, tan prematura como mi nostalgia) justifica mi vida. Escribir es una manera de quedarse en casa: tener la sal de uvas a la mano para aliviar la acidez sin necesidad de levantarse.

GONZALO CELORIO
Para la asistencia pública
(segunda parte)

14   105   Era un rostro lívido, cárdeno, al que la inmensa luz lunar prestaba matices azules y verdes, casi fosforescentes. Unos ojos abiertos y fijos, fijos, sobre un solo punto invariable, y aquel punto en tal instante eran los míos, más abiertos aún, tan abiertos como el abismo que traga tinieblas y tinieblas sin llenarse jamás. Eran unos ojos que fosforecían opacos y brillantes a un tiempo mismo, como un vidrio verde. Era una nariz rígida y afilada, semejante al filo de un cuchillo. De sus poros colgaban coágulos sangrientos, detenidos sobre el escaso o hirsuto bigote, que sombreaba labios delgadísimos y apretados.

Eran unas mandíbulas donde la piel se restiraba tersa y manchada de pelos ásperos y tiesos; y del lienzo que ceñía la frente se escapaba hacia arriba un penacho de greñas que el viento de la noche azotaba macabramente.

Debajo de aquel rostro lóbrego y trágico a la vez, un tronco enhiesto y duro dejaba caer los brazos como dos látigos, sobre las piernas dislocadas. Del extremo de aquellos látigos, envueltos en manta gris, surgían dos manos, que se encogían desesperadamente, cual si se apretaran asidas a alguna invisible sombra. Y todo aquel conjunto era un espectro, un espectro palpable y real, con cuerpo y forma, destacado inmensamente sobre la divina claridad del horizonte.

LEC. COMP.   ¿Cómo pude resistir a tal aparición? ¿Cómo logré sobreponerme a mis
terrores y dominar la debilidad de mis nervios tan trabajados por las repetidas y tremendas emociones de aquella noche?

        ¿Cómo alcancé, por último, a conservar un punto de lucidez y desviar-
me de tan horrenda larva, lanzando mi cabalgadura, como quien se lanza
hacia el vértigo, por entre las intrincadas selvas del bosque, para ir después a tomar de nuevo el camino que mi instinto solamente me señalaba?
Lo ignoro todavía, sólo sé que al cabo de algún tiempo pude orientarme
hacia el sendero antes seguido y ya sobre él proseguí la marcha, como a
través de un sueño.

        Como a través de un sueño proseguía, que todo en derredor tomaba los
tintes y el aspecto de las cosas entrevistas cuando soñamos. Pero la realidad se imponía tiránicamente a mis sentidos, y en vano me figuraba estar
bajo el aterrador influjo de una pesadilla.

        Galopaba, corría frenético por el blanco sendero que otra vez tomara al
salir de la selva. El viento me azotaba el rostro, mis oídos zumbaban y una
especie de vértigo me impelía. Pero la misma frescura de la noche y aquel
furioso galopar fueron parte a calmar mi excitación. El perfume acre y resinoso que venía arropado en el aliento de la montaña, al penetrar en mi
pecho, ensanchó mi ánimo a la par que mis pulmones. Ya la aparición iba
separándose de mí, no por la distancia ni el espacio transcurridos; veíala
en mi mente como a través de muchas leguas y de muchos años.

MANUEL JOSÉ OTHÓN
Encuentro pavoroso

15 106   Clave para encontrar los barbarismos o solecismos

1.	de quien	—de quienes
2.	sport	—deportivo
3.	parquear	—estacionar
4.	los	—lo
5.	queríanle	—les quería
6.	le saludamos	—lo saludamos
7.	en sí	—en mí
	sentíme	—me sentí
8.	hubieron	—hubo
9.	cualquiera	—ninguno
10.	gustó	—gustaron
11.	plantiar	—plantear
	idiales	—ideales
12.	solda	—suelda
13.	los precios son a	—cuesta
14.	cuyos papeles	—que
15.	habían	—había
16.	infligir	—infringir
17.	interview	—entrevista

LEC. COMP. 18. sino   —si no
            19. los   —lo
            20. pasiar   —pasear
                tiatro   —teatro

15   107   1. cacofonía (letra erre)
            2. Vino No —ando, ando
            3. ¿comentarle a quién, al doctor o a su esposa?
            4. ¿en la casa de quién?
            5. sin sinceridad — va a
            6. ¿quién tenía tres hijos?
            7. ¿quién está enferma?
            8. cacofonía (ese) — sólo-sol
            9. ¿quién se fue corriendo?
           10. estación, canción, predilección
           11. ¿le dije con la mano o avisa haciendo un movimiento con la mano?
           12. cacofonía (te) — té y te
           13. ¿Van a rentar el cuarto o a las señoritas?
           14. ¿La casa es de las cucarachas?
           15. ¿El hijo de Luis, de Marcela o de ambos?
           16. ¿A quién le interesaba el asunto: al abogado o al médico?
           17. cacofonía (te) — tantas, tabletas
           18. ¿No sirve el cheque o la pluma?
           19. ¿A quién le dije la verdad: a Jorge o a Pepe?
           20. ¿De quién es el bebé? ¿Cada una llevaba un bebé?
           21. están tan ta
           22. Siempre he escrito
           23. decisión, amputación — cacofonía (de) depende de Delia
           24. Lucía decía
           25. ¿Quién agredió a quién? ¿En la casa de quién?
           26. ¿De quién son los anteojos: de Carmen, de Martha, de ambas?

—oρo—

Impreso en Programas Educativos, S.A. de C.V. • 516707 000 06 98 657
EMPRESA CERTIFICADA POR EL INSTITUTO MEXICANO DE NORMALIZACIÓN Y CERTIFICACIÓN, A.C.
BAJO LA NORMA ISO-9002: 1994 / NMX-CC-004: 1995 CON EL No. DE REGISTRO RSC-048

IMPRESO EN LOS TALLERES DE ... S. DE C.V. ... TELÉFONO 01(...) ...
... ESTA EDICIÓN CONSTA DE ... EJEMPLARES ...
PAUTA... IMPRESIÓN ... 1994 ... DE ... EL PRESENTE LIBRO ...